Der
Schutz der Bauglänbiger

vor dem

Deutschen Juristentage.

Abdruck der dem XXVI. Deutschen Juristentage erstatteten Gutachten und des stenographischen Berichtes der Verhandlungen vom 10. und 12. September 1902.

Berlin 1903.
J. Guttentag, Verlagsbuchhandlung, G. m. b. H.

Vorwort.

Der durch das Entgegenkommen der Verlagsbuchhandlung ermöglichte Sonderabdruck der Gutachten und Verhandlungen des 26. Deutschen Juristentages über den Schutz der Baugläubiger verdankt seine Veranstaltung der Erwägung, daß jene Berathungen zu einem gewissen Abschlusse der Erörterungen hinsichtlich dieser schwierigen Frage geführt haben. Die Entscheidung des Juristentags, daß der amtliche Entwurf B als die geeignetere Grundlage für eine legislatorische Regelung zu betrachten sei, räumt mit Vielem, was früher über dieses Thema geschrieben und gesprochen worden ist, auf und schafft die Basis, auf der alle weiteren Maßnahmen zu fußen haben werden. Es erschien deshalb angezeigt, das Ergebniß dieser Arbeiten von der Fülle sonstigen rechtswissenschaftlichen und volkswirthschaftlichen Stoffs zu sondern, den die Berliner Tagung des Deutschen Juristentags bewältigt hat, und dadurch den Interessenten die Möglichkeit zu verschaffen, sich über den Inhalt dieser Verhandlungen und der sie vorbereitenden, übrigens bereits vergriffenen, Gutachten unmittelbar zu unterrichten.

Es ist ein weiter Weg, den das Problem des Baugläubigerschutzes bis zu seiner nunmehr vorliegenden Gestaltung zurückgelegt hat. Auf Grund thatsächlicher Vorkommnisse zuerst formulirt, ist es in langsamer, mühevoller Arbeit, zu der sich Männer der produktiven Berufe, wie besonders Heinrich Freese, mit wissenschaftlichen Forschern und thätigen Juristen verbanden, so weit gefördert worden, daß die Justizvertretungen Preußens und des Reichs an Stelle des vielfach bekämpften Entwurfs vom Jahre 1897 endlich im Jahre 1901 in den Entwürfen A und B zwei Lösungen zur Wahl stellen konnten, denen Niemand meisterhafte Beherrschung und Verwerthung des gesammten weitschichtigen Materials absprechen wird. Daß der Juristentag sich für die in dem Entwurf B verkörperte, bedeutend kühnere und durchgreifendere Regelung entschieden hat, ist von Allen, denen der Schutz der Baugläubiger am Herzen liegt, mit Freuden zu begrüßen und verdient, in seinen Folgen an der Hand der hiermit gebotenen Gutachten, Referate und Verhandlungen besonders gewürdigt zu werden.

Aber auch abgesehen von diesem speziellen Zwecke kann die vorliegende Zusammenstellung vielleicht noch in anderem Sinne nutzbar werden. Der oft kecke Muth, mit dem die amtlichen Entwürfe römischen Rechtsdogmen, wie dem Satze: „**superficies solo cedit**“ zu Leibe gehen oder sie, wie das Prinzip der **versio in rem**, in ihren letzten Konsequenzen in moderne Anschauungen umsetzen, ist das Ergebniß der Berührung heimischer Kultur mit transatlantischen Ideen. Dieser Kontakt deutscher wissenschaftlicher Methodik mit der, zwar systematischer Entwicklung baren, dafür aber die wirthschaftlichen Thatsachen mit um so hellerem Blicke erfassenden amerikanischen Rechtsprechung hat es ermöglicht, in der Kenntniß des behandelten Problems eine große Spanne zu überspringen, die sonst nur auf dem mühseligen Wege langsamer Praxis zu durchmessen gewesen wäre. Vielleicht ermuthigt dieser Erfolg, auch auf anderen Gebieten des Rechts der neuerlichen Expansion heimischer Verhältnisse Rechnung zu tragen und durch eindringendes Studium aus Erfahrungen Nutzen zu ziehen, die in der weiteren Welt unter wirthschaftlichen Zuständen gesammelt wurden, denen wir selbst noch entgegengehen.

Der Inhalt dieses Sonderdrucks ist, derart geordnet, daß nach Voranstellung des Textes der Entwürfe zunächst die dem Juristentage erstatteten Gutachten der Herren Justizrat Harnier und Heinrich Freese folgen, an die sich die Verhandlungen vom 10. und 12. September 1902 anschließen, beginnend mit dem Referat und Korreferate des Unterzeichneten und des Herrn Prof. Heymann und endend mit dem von Letztgenanntem erstatteten Berichte an die Plenarversammlung. Eingefügt sind eine von Herrn Prof. Heymann verfaßte Ergänzung der Ausführungen seines Korreferats und die Wiedergabe der von dem Unterzeichneten bei seinem Referate benutzten statistischen Tafel der Boden- und Bau-Spekulation in Berlin während der Jahre 1867—1901.

Berlin, im Dezember 1902.

Solmssen.

Inhalts-Verzeichniß.

Entwurf eines Reichsgesetzes,
betreffend die Sicherung der Bauforderungen.

Die vom Entwurfe A abweichenden Vorschriften des Entwurfs B sind durch Fettdruck hervorgehoben.

Erster Abschnitt.
Sicherung der Bauforderungen.

§ 1.

Durch landesherrliche Verordnung kann angeordnet werden, daß für einzelne Gemeinden im Falle der Errichtung eines Neubaues eine Sicherung der Bauforderungen nach den Vorschriften dieses Gesetzes stattfindet. Die Sicherung erfolgt durch Eintragung einer Hypothek (Bauhypothek) und, soweit die der Bauhypothek vorgehenden Belastungen den Baustellenwerth übersteigen, durch Hinterlegung von Geld oder Werthpapieren.

§ 2.

Neubau im Sinne dieses Gesetzes ist jedes zu Wohn- oder gewerblichen Zwecken bestimmte Gebäude, das auf einer Baustelle errichtet wird, welche zur Zeit der Ertheilung der Bauerlaubniß unbebaut oder nur mit Gebäuden untergeordneter Art besetzt ist.

Ist für ein versichertes Gebäude die Versicherungssumme nach den Versicherungsbedingungen nur zur Wiederherstellung zu zahlen, so finden auf den Wiederaufbau die Vorschriften dieses Gesetzes keine Anwendung.

§ 3.

Zur Sicherung des Ranges der Bauhypothek ist vor dem Beginne des Baues der Vermerk, daß das Grundstück bebaut werden soll (Bauvermerk), in das Grundbuch einzutragen.

§ 4.

Die Bauerlaubniß darf von der Baupolizeibehörde nur ertheilt werden, wenn der Bauvermerk eingetragen ist und entweder die dem Bauvermerke vorgehenden Belastungen den Baustellenwerth nicht übersteigen oder gemäß § 1 durch Hinterlegung Sicherheit geleistet ist.

Bei der Feststellung der Belastungen kommen nur in Ansatz:

1. Hypotheken und Grundschulden mit ihrem Kapitalbetrag und zweijährigen Zinsen;
2. Rentenschulden und solche Reallasten, welche die Leistung von Geldrenten zum Gegenstande haben, mit ihrer Ablösungssumme;
3. nicht ablösbare Geldrenten mit ihrem nach § 9 der Civilprozeßordnung zu berechnenden Werthe;
4. öffentliche Lasten, die nicht in wiederkehrenden Leistungen bestehen, insbesondere die Verpflichtung zur Leistung von Beiträgen für die Kosten der Herstellung einer Straße, mit dem von der Baupolizeibehörde zu schätzenden Betrage dieser Lasten.

Rechte, die durch Eintragung einer Vormerkung oder eines Widerspruchs gesichert sind, stehen eingetragenen Rechten gleich.

Zu einer Rangänderung, durch die dem Bauvermerke der Vorrang vor anderen Rechten eingeräumt wird, genügt an Stelle der Einigung des zurücktretenden und des vortretenden Berechtigten die Erklärung des zurücktretenden Berechtigten gegenüber dem Grundbuchamte.

§ 5.

Ueber die Eintragung des Bauvermerkes hat das Grundbuchamt von Amtswegen eine Bescheinigung zu ertheilen; in dieser Bescheinigung ist der Gesammtbetrag der im § 4 Abs. 2 Nr. 1 bis 3 bezeichneten Belastungen anzugeben, soweit sie dem Bauvermerke vorgehen.

Der Baustellenwerth ist durch eine Bescheinigung der zuständigen Behörde nachzuweisen.

Die Grundsätze für die Bemessung des Baustellenwerths und das Feststellungsverfahren werden, sofern sie nicht landesgesetzlich geregelt sind, durch landesherrliche Verordnung bestimmt. Das Gleiche gilt von den für das Feststellungsverfahren und die Eintragung des Bauvermerkes sowie der Bauhypothek zu erhebenden Gebühren.

Zweiter Abschnitt.

Baugläubiger.

§ 6.

Als Baugläubiger gelten die an der Herstellung des Bauwerkes oder eines einzelnen Theiles des Bauwerkes auf Grund eines Werk- oder Dienstvertrags Betheiligten, **sowie Diejenigen, welche zur Herstellung des Bauwerkes zu verwendende Sachen geliefert haben,** wegen ihrer Ansprüche auf die in Geld vereinbarte Vergütung, sofern die

Werk-, Dienst- oder Lieferungsverträge von dem Eigenthümer der Baustelle oder für dessen Rechnung geschlossen worden sind (unmittelbare Bauforderungen). Dem Eigenthümer der Baustelle steht gleich, wer den Bau mit Zustimmung des Eigenthümers als Bauherr ausführt. Durch eine nachträgliche Veräußerung der Baustelle werden die Rechte der Baugläubiger nicht berührt.

§ 6 a.

Ist die einem Unternehmer übertragene Herstellung des Bauwerkes oder eines einzelnen Theiles des Bauwerkes an andere Unternehmer (Nachmänner) weiter übertragen worden, so gelten auch die Nachmänner wegen der ihnen aus dem Werkvertrage gegen ihre Vormänner zustehenden Ansprüche als Baugläubiger (mittelbare Bauforderungen).

§ 6 b.

Mittelbare Bauforderungen dürfen den Betrag nicht überschreiten, für welchen dem unmittelbaren Vormann eine Bauforderung erwachsen ist; mehrere Bauforderungen von Nachmännern desselben Vormanns sind soweit erforderlich verhältnißmäßig herabzusetzen. Ist die Bauforderung eines Nachmanns nach Satz 1 herabzusetzen, so ist der herabgesetzte Betrag für den Umfang der Bauforderungen seiner Nachmänner maßgebend.

§ 6 c.

Sind vor der Eintragung der Bauhypothek Zahlungen an einen Vormann auf dessen Bauforderung geleistet, so ist der verbleibende Rest der Bauforderung des Vormanns für den Umfang der Bauforderungen seiner Nachmänner maßgebend.

§ 6 d.

Hat ein Nachmann seine Bauforderung dem Schuldner eines Vormanns angezeigt, so tritt die angezeigte Forderung bis zur Höhe der an den Vormann nach der Anzeige geleisteten Zahlungen an die Stelle der Bauforderung des Vormanns. Sind mehrere gegen denselben Vormann bestehende Bauforderungen, deren Summe die an den Vormann geleistete Zahlung übersteigt, angezeigt, so findet eine verhältnißmäßige Herabsetzung der jedem Nachmanne zufallenden Beträge der Bauforderungen des Vormanns statt. Bestehen mehrere angezeigte Bauforderungen gegen verschiedene Vormänner, so schließt der frühere Nachmann den späteren aus, soweit die von ihnen angezeigten Beträge sich decken.

Die Anzeige ist durch Gerichtsvollzieher zuzustellen; sie verliert ihre Kraft, wenn nicht binnen drei Wochen eine schriftliche Anerkennung der Bauforderung durch den Vormann oder eine die Aufrechterhaltung der Anzeige anordnende einstweilige Verfügung zugestellt wird. Auf die Erlassung der einstweiligen Verfügung finden die Vorschriften des § 13 entsprechende Anwendung.

§ 7.

Der Eigenthümer hat vor dem Beginne des Baues dem Grundbuchamt eine Erklärung einzureichen, aus welcher ersichtlich sind:

1. die Personen der nach § 6 als Baugläubiger anzusehenden Unternehmer des Bauwerkes oder einzelner Theile des Bauwerkes;
2. der Betrag der jedem Unternehmer zu zahlenden Vergütigung;
3. die Fristen, in denen die Vergütung zu zahlen ist.

Werden die Verträge mit den Unternehmern abgeändert oder erst später geschlossen, so hat der Eigenthümer unverzüglich dem Grundbuchamt eine Erklärung einzureichen, welche die im Abs. 1 vorgesehenen Angaben enthält oder berichtigt.

Die Erklärungen sind von dem Eigenthümer zu unterzeichnen.

Ist ein schriftlicher Vertrag geschlossen, so kann statt der Erklärung der Vertrag in Urschrift oder in einer von dem Eigenthümer unterzeichneten Abschrift eingereicht werden. Die Einsicht der Erklärungen und Verträge ist Jedem gestattet.

Erfüllt der Eigenthümer die im Abs. 1 bis 4 obliegenden Verpflichtungen nicht, so ist er jedem Betheiligten zum Ersatze des daraus entstehenden Schadens verpflichtet.

Die sich auf den Eigenthümer beziehenden Vorschriften der Abs. 1 bis 5 finden auf diejenigen Unternehmer entsprechende Anwendung, welche die Herstellung des Bauwerkes oder einzelner Theile des Bauwerkes an andere Unternehmer weiter übertragen.

§ 7 a.

Soweit ein Nachmann nach § 7 Schadensersatz gegen den Eigenthümer beanspruchen kann, gilt seine Bauforderung als unmittelbare Bauforderung; die Vorschriften der §§ 6 b, 6 c finden keine Anwendung.

Soweit ein Nachmann nach § 7 Schadensersatz gegen einen Unternehmer beanspruchen kann, gilt der Unternehmer als unmittelbarer Vormann.

§ 7 b.

Wird an einen Vormann eine Zahlung auf Grund eines Vertrags geleistet, der nicht nach § 7 angezeigt worden ist, oder war die Zahlung nach Maßgabe der abgegebenen Erklärungen noch nicht fällig und kannte in diesem Falle der Zahlende die Absicht des Empfängers, seine Nachmänner zu benachtheiligen, so treten die Bauforderungen der Nachmänner bis zur Höhe der Zahlung an die Stelle der Bauforderung des Vormanns. Die Vorschriften des § 6 d Abs. 1 Satz 2, 3 finden entsprechende Anwendung.

Ist eine Erklärung nicht vor dem Beginne des Baues eingereicht, so ist sie nur zu berücksichtigen, wenn sie mindestens eine Woche vor der Zahlung durch Anschlag auf dem Baue bekannt gemacht ist.

§ 7 c.

Jeder Unternehmer haftet dem Besteller dafür, daß von den Nachmännern des Unternehmers Bauforderungen nur bis zur Höhe des von dem Besteller an den Unternehmer oder dessen Rechtsnachfolger geschuldeten Betrags geltend gemacht werden.

§ 8.

Dem Baugläubiger steht eine Bauforderung nur insoweit zu, als seine Leistungen in den Bau verwendet worden sind. Ist diese Verwendung nicht vollständig erfolgt, so ist die vereinbarte Vergütung in dem Verhältnisse herabzusetzen, in welchem bei dem Abschlusse des Vertrags der Werth der vereinbarten Leistung zu dem Werthe der in den Bau verwendeten Leistung gestanden haben würde.

§ 9.

Uebersteigt die vereinbarte Vergütung die übliche Vergütung offenbar in erheblichem Maße, so kann jeder Betheiligte verlangen, daß bei der Berechnung der Ansprüche aus der Bauhypothek an Stelle des vereinbarten Preises der übliche Preis zu Grunde gelegt wird.

Dritter Abschnitt.

Bauvermerk. Bauhypothek.

§ 10.

Die Eintragung des Bauvermerkes erfolgt auf Antrag des Eigenthümers. Bildet die Baustelle nur einen Theil eines Grundstücks, so ist sie von dem Grundstück abzuschreiben und als selbständiges Grundstück einzutragen.

Der Eigenthümer kann bei der Baupolzeibehörde beantragen, daß sie die Eintragung des Bauvermerkes veranlasse. In diesem Falle erfolgt die Eintragung auf Ersuchen der Baupolizeibehörde; das Ersuchen soll erst gestellt werden, wenn die Baupolizeibehörde die Ertheilung der Bauerlaubniß für wahrscheinlich erachtet.

§ 11.

Der Bauvermerk wird gelöscht, wenn dem Grundbuchamt eine Bescheinigung der Baupolizeibehörde vorgelegt wird, daß vor dem Beginne des Baues die Bauerlaubniß erloschen oder von dem Baue Abstand genommen ist.

§ 12.

Die Baugläubiger können ihre Bauforderungen bei dem Grundbuchamte binnen einer Frist von drei Monaten anmelden, nachdem die Baupolizeibehörde in dem für ihre Bekanntmachungen bestimmten Blatte veröffentlicht hat, daß baupolizeiliche Bedenken, das Gebäude in Gebrauch zu nehmen, nicht bestehen, oder daß die Bauerlaubniß nach dem Beginne des Baues erloschen ist. Die Frist beginnt mit dem Tage, an welchem das die Veröffentlichung enthaltende Blatt ausgegeben wird. Die Veröffentlichung soll spätestens einen Monat nach der Gebrauchsabnahme oder nach dem Erlöschen der Bauerlaubniß erfolgen. Von der erfolgten Veröffentlichung hat die Baupolizeibehörde dem Grundbuchamt unverzüglich Mittheilung zu machen.

§ 13.

Die Anmeldung einer Bauforderung ist nur wirksam, wenn bis zum Ablaufe der Anmeldungsfrist die schriftliche Zustimmung des Eigenthümers zur Anmeldung oder eine gegen den Eigenthümer ergangene, die Anmeldung zulassende einstweilige Verfügung zu den Akten des Grundbuchamts eingereicht wird. **Bei mittelbaren Bauforderungen müssen der unmittelbare Vormann und die weiteren Vormänner in der Zustimmungserklärung oder in der einstweiligen Verfügung angegeben sein.** Das Grundbuchamt hat, sobald eine Anmeldung wirksam geworden ist, dem Anmeldenden eine Bescheinigung über die Anmeldung zu ertheilen.

Zur Erlassung der einstweiligen Verfügung sind glaubhaft zu machen:

1. der von dem Anmeldenden abgeschlossene Vertrag;
2. die Verwendung seiner Leistungen in den Bau und bei theilweiser Verwendung der nach § 8 zu berechnende Betrag der Bauforderung;
3. **bei Bauforderungen eines Nachmanns die Angemessenheit der vereinbarten Vergütung;**
4. **bei unmittelbaren Bauforderungen und, wenn ein Anderer als der Vertragsgegner als unmittelbarer Vormann bezeichnet wird, die in den §§ 6, 6 d, 7 a oder 7b bestimmten Voraussetzungen;**
5. **bei mittelbaren Bauforderungen die Reihenfolge der Vormänner, sofern sich diese nicht aus den nach § 7 erstatteten Anzeigen ergiebt.**

Wird Widerspruch gegen die einstweilige Verfügung erhoben, so ist die Verfügung auch aufzuheben, soweit das Nichtbestehen der Bauforderung in Gemäßheit der Vorschriften der §§ 6 b, 6 c glaubhaft gemacht wird.

§ 14.

Liegen bei dem Ablaufe der Anmeldungsfrist wirksame Anmeldungen nicht vor, so wird der Bauvermerk von Amtswegen gelöscht.

Die Zurücknahme einer Anmeldung bedarf der für Eintragungsbewilligungen in der Grundbuchordnung vorgeschriebenen Form.

Der Zurücknahme einer Anmeldung steht es gleich, wenn dem Grundbuchamte nachgewiesen wird, daß für die angemeldete Forderung Sicherheit geleistet ist.

Die Sicherung ist durch Hinterlegung von Geld oder Werthpapieren zu bewirken.

Das Grundbuchamt hat auf Antrag dem Anmeldenden eine Frist zu bestimmen, binnen welcher dieser dem Grundbuchamte die Einwilligung in die Rückgabe der Sicherheit zu erklären oder die Erhebung der Klage wegen seiner Ansprüche nachzuweisen hat. Nach dem Ablaufe der Frist hat das Grundbuchamt auf Antrag die Rückgabe der Sicherheit anzuordnen, wenn nicht inzwischen die Erhebung der Klage nachgewiesen ist. Auf das Verfahren finden die Vorschriften des Gesetzes über die Angelegenheiten der freiwilligen Gerichtsbarkeit entsprechende Anwendung; gegen den Beschluß, durch welchen der Antrag auf Bestimmung einer Frist abgelehnt wird, steht dem Antragsteller, gegen die Entscheidung über die Rückgabe der Sicherheit beiden Theilen die sofortige Beschwerde zu.

§ 15.

Liegen bei dem Ablaufe der Frist wirksame Anmeldungen vor, so wird von Amtswegen unter Löschung des Bauvermerkes eine als Bauhypothek zu bezeichnende Hypothek mit dem Range des Bauvermerkes eingetragen. Mit der Eintragung entsteht die Hypothek. Die Bauhypothek gilt als Sicherungshypothek, auch wenn sie im Grundbuche nicht als solche bezeichnet ist.

Bei der Bestimmung des Betrags der Bauhypothek sind zu berücksichtigen:

1. **die Anmeldungen der unmittelbaren Bauforderungen;**
2. **die Anmeldungen der mittelbaren Bauforderungen, soweit sie nicht in Anmeldungen der Vormänner Deckung finden.**

Zinsen der Bauforderungen werden nicht berücksichtigt.

Bei der Eintragung der Bauhypothek sind außer ihrem Gesammtbetrage die den einzelnen Baugläubigern zustehenden Theilbeträge anzugeben.

Wird gemäß § 1 durch Hinterlegung Sicherheit geleistet, so vermindert sich der Betrag der Bauhypothek um den Betrag der Sicherheit unter verhältnißmäßiger Herabsetzung der den einzelnen Baugläubigern zustehenden Theilbeträge.

§ 15 a.

Für mittelbare Bauforderungen ist, soweit diese in Anmeldungen der Vormänner Deckung finden, zugleich mit der Bauhypothek ein Pfandrecht einzutragen. Das Pfandrecht entsteht mit der Eintragung und geht anderweit begründeten dinglichen Rechten im Range vor.

Das Pfandrecht besteht an der Bauforderung des unmittelbaren Vormanns. Hat der unmittelbare Vormann seine Bauforderung nicht oder nicht in einem zur Deckung der Bauforderung des Nachmanns ausreichenden Betrag angemeldet, so besteht das Pfandrecht in Höhe des nicht gedeckten Betrags an der Bauforderung des nächsten anmeldenden Vormanns und soweit erforderlich weiterer Vormänner. Die Bauforderungen mehrerer Nachmänner desselben Vormanns haben unter sich gleichen Rang.

Ergiebt sich, daß die von einem Vormann angemeldete Bauforderung zur Zeit der Eintragung der Bauhypothek nicht bestand, so haben die Nachmänner dieselben Rechte, welche sie haben würden, wenn die Anmeldung des Vormanns nicht erfolgt wäre.

§ 16.

Bis zur Löschung des Bauvermerkes ist die Einsicht des Grundbuchs und der im § 11 der Grundbuchordnung bezeichneten Urkunden sowie der Mittheilungen der Baupolizeibehörde Jedem gestattet.

§ 17.

Beruht die Wirksamkeit einer Anmeldung auf einer einstweiligen Verfügung und wird diese nach der Eintragung der Bauhypothek durch rechtskräftige Entscheidung aufgehoben, so erwirbt der Eigenthümer des Grundstücks den dem Anmeldenden zustehenden Theilbetrag der Bauhypothek; **die Vorschrift des §15a Abs. 3 wird hierdurch nicht berührt.**

§ 18.

Leistet der Eigenthümer für eine angemeldete Bauforderung Sicherheit, so erwirbt er den dem Anmeldenden zustehenden Theilbetrag der Bauhypothek **oder das dem Anmeldenden zustehende Pfandrecht.** Die Vorschriften des § 14 Abs. 4, 5 finden entsprechende Anwendung.

§ 19.

Mehrere bei der Eintragung der Bauhypothek berücksichtigte Bauforderungen haben unter sich gleichen Rang.

Verwandelt sich ein Theil der Bauhypothek in eine dem Eigenthümer des Grundstücks zufallende Grundschuld, so kann diese zum Nachtheile der den Baugläubigern verbleibenden Bauhypothek nicht geltend gemacht werden.

Die Vorschrift des Abs. 2 findet entsprechende Anwendung, wenn ein Theil der Bauhypothek in eine gewöhnliche Hypothek, eine Grundschuld oder Rentenschuld umgewandelt oder wenn an die Stelle einer Bauforderung, für welche die Bauhypothek besteht, eine andere Forderung gesetzt wird.

§ 20.

Der Rang der Bauhypothek gegenüber anderen Rechten bestimmt sich nach der Eintragung des Bauvermerkes. Ist jedoch nach dem Bauvermerk eine Hypothek zu Gunsten eines Gläubigers eingetragen, welcher die Gewährung von Baugeldern übernommen hat, so gelten für diese Hypothek, falls sie bei der Eintragung als Baugelderhypothek bezeichnet ist, die Vorschriften der §§ 21, 22.

Das Grundbuchamt soll eine Baugelderhypothek nur eintragen, wenn der Baugeldervertrag zu den Akten des Grundbuchamts eingereicht ist.

§ 21.

Die Baugelderhypothek geht der Bauhypothek im Range um den Betrag derjenigen Zahlungen vor, welche in Anrechnung auf die Baugelder von dem Baugeldgeber zum Zwecke der Tilgung einer Bauforderung an den Baugläubiger oder in Höhe einer von dem Eigenthümer getilgten Bauforderung an diesen geleistet worden sind. Der Vorrang ist ausgeschlossen, soweit dem Baugeldgeber zur Zeit der Zahlung bekannt war, daß die Bauforderung nicht bestehe; der Kenntniß steht eine auf grober Fahrlässigkeit beruhende Unkenntniß gleich.

In Ansehung des fünften Theiles der Baugelder finden die Vorschriften des Abs. 1 keine Anwendung, wenn binnen einer Frist von zwei Wochen seit dem Beginne der Anmeldungsfrist ein Baugläubiger Widerspruch gegen die Auszahlung erhoben hat. Wird Widerspruch erhoben, so ist der Baugeldgeber berechtigt, den fünften Theil des Baugeldes mit der Wirkung zu hinterlegen, daß die Baugelderhypothek in Höhe des hinterlegten Betrags der Bauhypothek im Range vorgeht. Auf den hinterlegten Betrag finden die Vorschriften des vierten Abschnitts entsprechende Anwendung.

Der Widerspruch gegen die Auszahlung ist dem Baugeldgeber durch einen Gerichtsvollzieher zuzustellen. Der Widerspruch verliert seine Wirkung, wenn nicht dem Baugeldgeber vor dem Ablaufe der Anmeldungsfrist die im § 13 Abs. 1 Satz 3 bezeichnete Bescheinigung des Grundbuchamts vorgelegt wird. Wird der Widerspruch zurückgenommen, so gilt er als nicht erfolgt.

§ 22.

Auf Antrag des Baugeldgebers ist zur Vermittelung der von ihm zu leistenden Zahlungen ein Treuhänder zu bestellen. In diesem Falle begründen alle nach Maßgabe der Anweisungen des Treuhänders geleisteten Zahlungen den Vorrang vor der Bauhypothek, sofern der Baugeldgeber durch Anschlag auf dem Baue bekannt gemacht hat, daß er durch Vermittelung des Treuhänders Zahlung leisten werde. Der Treuhänder darf die Anweisung zur Zahlung nur ertheilen, soweit der Baugeldgeber nach Maßgabe des § 21 zur Zahlung mit Wirkung gegen die Baugläubiger berechtigt ist.

Dem Treuhänder ist der Widerspruch gegen die Auszahlung des fünften Theiles der Baugelder zuzustellen und die Bescheinigung des Grundbuchamts vorzulegen.

Soweit die Leistung von Zahlungen durch Vermittelung des Treuhänders **oder die nach § 21 Abs. 2 erfolgte Hinterlegung von dem Treuhänder** in öffentlich beglaubigter Form bescheinigt wird, hat das Grundbuchamt den Vorrang der Baugelderhypothek vor der Bauhypothek in das Grundbuch einzutragen.

Auf den Treuhänder finden die für einen Pfleger geltenden Vorschriften des Bürgerlichen Gesetzbuchs, mit Ausnahme des § 1785, entsprechende Anwendung.

Der Treuhänder kann für die Führung seines Amtes eine angemessene Vergütung verlangen. Vor der Festsetzung der Vergütung soll der Baugeldgeber soweit thunlich gehört werden.

Durch Anordnung der Landes-Justizverwaltung können die dem Vormundschaftsgericht in Ansehung der Treuhänder obliegenden Verrichtungen für mehrere Amtsgerichtsbezirke einem Amtsgericht übertragen werden.

§ 23.

Ist im Falle der Zwangsversteigerung oder der Zwangsverwaltung zur Zeit der Eintragung des Vollstreckungsvermerkes die Eintragung der Bauhypothek noch nicht erfolgt, so können die Baugläubiger auf Grund des Bauvermerkes Befriedigung aus dem Grundstücke verlangen; die Vorschriften der §§ 15, 15a, 18 bis 22 finden entsprechende Anwendung.

§ 24.

Das Grundbuchamt hat im Falle des § 23 nach der Eintragung des Vollstreckungsvermerkes dem Vollstreckungsgericht eine beglaubigte Abschrift der wirksamen Anmeldungen zu ertheilen. Baugläubiger, für die nach der Mittheilung des Grundbuchamts zur Zeit der Eintragung des Vollstreckungsvermerkes eine wirksame Anmeldung vorlag, stehen für das Vollstreckungsverfahren Gläubigern, die zu dieser Zeit im Grundbuch eingetragen waren, gleich.

Liegt später eine wirksame Anmeldung vor, so hat das Grundbuchamt sie dem Vollstreckungsgerichte nachträglich mitzutheilen; die Mittheilung ersetzt die Anmeldung und Glaubhaftmachung der Forderung im Vollstreckungsverfahren.

§ 25.

Hatte zur Zeit der Eintragung des Vollstreckungsvermerkes die Anmeldungsfrist bereits begonnen, so darf der Versteigerungstermin nicht auf einen früheren Zeitpunkt als zwei Wochen nach dem Ablaufe der Frist bestimmt werden. Ist diese Vorschrift verletzt, so ist der Zuschlag zu versagen.

Beginnt die Anmeldungsfrist im Laufe des Vollstreckungsverfahrens, so kann jeder an dem Verfahren Betheiligte die Aufhebung des Termins und die Bestimmung eines anderen Termins verlangen, wenn der Termin auf einen früheren als den nach Abs. 1 zulässigen Zeitpunkt bestimmt ist. Im Falle der Verletzung dieser Vorschrift ist der Zuschlag zu versagen, es sei denn, daß das Recht des Betheiligten durch den Zuschlag nicht beeinträchtigt wird oder der Betheiligte das Verfahren genehmigt. Die Genehmigung ist durch eine öffentlich beglaubigte Urkunde nachzuweisen.

§ 26.

Soweit durch ein Urtheil der Widerspruch eines Baugläubigers gegen die Aufnahme der Forderung eines anderen Baugläubigers in den Vertheilungsplan rechtskräftig als begründet anerkannt ist, wirkt das Urtheil für alle Baugläubiger. Der widersprechende Baugläubiger kann Erstattung seiner Prozeßkosten aus dem bei der Vertheilung auf die Baugläubiger entfallenden Betrag insoweit verlangen, als in Folge des Widerspruchs der Antheil des Prozeßgegners an diesem Betrage vermindert ist. **Ist der Prozeßgegner ein Nachmann, so kann die Erstattung nur denjenigen Baugläubigern gegenüber verlangt werden, denen der Wegfall des Nachmanns zum Vortheile gereicht.**

Vierter Abschnitt.

Sicherheitsleistung.

§ 27.

Eine gemäß § 1 durch Hinterlegung bestellte Sicherheit haftet den Baugläubigern in der gleichen Weise, wie ihnen kraft der Bauhypothek das Grundstück haftet.

§ 28.

Wird der Bauvermerk nach § 11 oder § 14 gelöscht, so hat das Grundbuchamt auf Antrag die Rückgabe der Sicherheit anzuordnen. Das Gleiche gilt, wenn dem Grundbuchamte nach dem Ablaufe der Anmeldungsfrist die Zustimmung aller Baugläubiger, für welche wirksame Anmeldungen vorliegen, in der für Eintragungsbewilligungen durch die Grundbuchordnung vorgeschriebenen Form nachgewiesen wird; die Zustimmung eines Baugläubigers kann dadurch ersetzt werden, daß zu seinen Gunsten Sicherheit geleistet wird. Auf die Sicherheitsleistung finden die Vorschriften des § 14 Abs. 4, 5 Anwendung.

§ 29.

Nach dem Ablaufe der Anmeldungsfrist kann der Eigenthümer sowie jeder Baugläubiger, welchem die Sicherheit haftet, die Einleitung eines Vertheilungsverfahrens beantragen.

Für das Vertheilungsverfahren ist das Amtsgericht zuständig, in dessen Bezirke das Grundstück belegen ist.

Gegen den Beschluß, durch welchen der Antrag auf Einleitung des Vertheilungsverfahrens zurückgewiesen wird, steht dem Antragsteller die Beschwerde zu.

Der Beschluß, durch welchen der Antrag eines Baugläubigers zugelassen wird, ist auch dem Eigenthümer zuzustellen; dem Eigenthümer steht gegen den Beschluß die sofortige Beschwerde zu.

Auf die Beschwerde finden die Vorschriften der Civilprozeßordnung entsprechende Anwendung.

§ 30.

Wird der Antrag zugelassen, so hat das Gericht gleichzeitig das Grundbuchamt um Ertheilung einer beglaubigten Abschrift der wirksamen Anmeldungen zu ersuchen.

Sind Werthpapiere hinterlegt, so hat das Gericht die Veräußerung der Papiere nach Maßgabe der Vorschriften über die Zwangsvollstreckung anzuordnen; der Erlös ist zu hinterlegen. Ist das Verfahren auf Antrag eines Baugläubigers eingeleitet worden, so darf die Veräußerung erst angeordnet werden, wenn der Beschluß, durch welchen der Antrag zugelassen wird, rechtskräftig geworden ist.

§ 31.

Das Gericht hat nach dem Eingange der beglaubigten Abschrift der wirksamen Anmeldungen, im Falle des § 30 Abs. 2 jedoch nicht vor der Hinterlegung des Erlöses, einen Termin zur Vertheilung zu bestimmen.

Die Terminsbestimmung ist dem Eigenthümer sowie jedem Baugläubiger, für welchen eine wirksame Anmeldung vorliegt, zuzustellen; sie soll an die Gerichtstafel angeheftet werden.

§ 32.

Auf das Vertheilungsverfahren finden die Vorschriften des § 106, des § 107 Abs. 1 Satz 1, des § 111, des § 113 Abs. 1, des § 114 Abs. 1, der §§ 115, 117, 119, 120, 124, 126, des § 127 Abs. 2, 3 und der §§ 135, 137 bis 142 des Gesetzes über die Zwangsversteigerung und die Zwangsverwaltung entsprechende Anwendung. Ansprüche, für die nach der Mittheilung des Grundbuchamtes eine wirksame Anmeldung vorliegt, gelten im Sinne des § 114 Abs. 1 als Ansprüche, die zur Zeit der Eintragung des Versteigerungsvermerkes aus dem Grundbuch ersichtlich waren.

§ 33.

Sind ein Vertheilungsverfahren in Ansehung der Sicherheit und ein Vertheilungsverfahren über den Erlös des mit der Bauhypothek belasteten Grundstücks gleichzeitig anhängig, so hat das Gericht beide Verfahren zu verbinden. Die Verbindung findet nicht mehr statt, sobald in einem der Verfahren der Vertheilungstermin abgehalten ist.

§ 34.

Im Falle des § 23 erstreckt sich das Vertheilungsverfahren über den Erlös des Grundstücks zugleich auf die gemäß § 1 durch Hinterlegung geleistete Sicherheit. Die Vorschriften des § 30 Abs. 2 finden entsprechende Anwendung.

Fünfter Abschnitt.

Schlußbestimmungen.

§ 35.

Soll das Gebäude von einem Erbbauberechtigten errichtet werden, so ist der Bauvermerk auf dem Grundbuchblatte des Erbbaurechts einzutragen. Der Werth des Erbbaurechts tritt an die Stelle des Baustellenwerths.

Bei der Feststellung der Belastungen sind sowohl die auf dem Erbbaurecht als die auf dem Grundstücke haftenden, dem Erbbaurechte vorgehenden Belastungen zu berücksichtigen.

Die sich auf den Eigenthümer beziehenden Vorschriften dieses Gesetzes finden auf den Erbbauberechtigten Anwendung.

§ 36.

Auf die durch dieses Gesetz den Baugläubigern gewährten Rechte kann erst nach dem Beginne der Anmeldungsfrist oder nach der Anordnung der Zwangsversteigerung oder der Zwangsverwaltung verzichtet werden.

§ 37.

Durch Landesgesetz können die nach diesem Gesetze der Baupolzeibehörde obliegenden Verrichtungen einer anderen Behörde, die nach § 22 einem Treuhänder obliegenden Verrichtungen einer Behörde übertragen werden.

§ 38.

Auf Grundstücke des Fiskus und solche Grundstücke, welche einem dem öffentlichen Verkehre dienenden Bahnunternehmen gewidmet sind, sowie auf Grundstücke, die nach landesherrlicher Verordnung ein Grundbuchblatt nur auf Antrag erhalten, finden die Vorschriften dieses Gesetzes keine Anwendung.

Das Gleiche gilt von den Grundstücken eines Landesherrn und den Grundstücken, welche zum Hausgut oder Familiengut einer landesherrlichen Familie, der Fürstlichen Familie Hohenzollern oder der Familie des vormaligen Hannoverschen Königshauses, des vormaligen Kurhessischen und des vormaligen Herzoglich Nassauischen Fürstenhauses gehören.

§ 39.

Wird die im § 1 vorgesehene landesherrliche Verordnung zurückgenommen, so finden die Vorschriften dieses Gesetzes nur noch in Ansehung der Grundstücke Anwendung, bei denen ein Bauvermerk oder eine Bauhypothek bereits eingetragen ist.

Gutachten

des Herrn Justizrath Dr. Harnier

über die Frage:

Welchem der neuerdings veröffentlichten beiden Entwürfe eines Reichsgesetzes, betreffend die Sicherung der Bauforderungen gebührt der Vorzug?

Selten hat die Lösung einer Aufgabe, welche von der öffentlichen Meinung in weitesten Kreisen gefordert wird, der Gesetzgebung eine solche Schwierigkeit bereitet, wie die Schaffung einer Sicherung der Bauforderungen, welche einerseits den Betheiligten einen wirklich ausreichenden Schutz ihrer Interessen gewährt und andrerseits es vermeidet, in unbedingt schonungsbedürftige Interessen anderer Kreise schädigend einzugreifen. Darüber, daß und aus welchen Gründen der Erlaß eines solchen Gesetzes an sich für das Deutsche Reich wünschenswerth ist, braucht bei dem gegenwärtigen Stande der Sache nicht mehr gestritten zu werden. Grundsätzliche Gegner eines jeden Eingriffs in die völlige Verkehrsfreiheit würden auch durch eine Fortsetzung der bez. Erörterungen kaum bekehrt werden.—Für den bevorstehenden Juristentag insbesondere genügt der Hinweis darauf, daß bereits der 24. Juristentag in Posen 1898 „mit erheblicher Majorität" den Antrag:

> „Es empfiehlt sich, zum Schutze der Baugläubiger in Neubaubezirken die Bauerlaubniß von der Eintragung eines Bauvermerks in das Grundbuch abhängig zu machen, an den die Sicherung der Bauforderungen zu knüpfen ist"

angenommen hat. Damit ist die Wiederaufrollung der grundsätzlichen Frage, ob ein gesetzlicher Schutz der Bauforderungen überhaupt angestrebt werden soll, ausgeschlossen. Es handelt sich vielmehr jetzt nur noch darum, in welcher Form dieser Schutz einzuführen ist. Nur möge zunächst noch im Anschluß an die früheren Verhandlungen über die allgemeine Begründung der Nothwendigkeit eines Schutzes darauf verwiesen werden, daß die inzwischen veröffentlichten ausführlichen Untersuchungen von Salomonsohn (Solmssen[1]) in dessen gründlichem Werk: „Der gesetzliche Schutz der Baugläubiger in den Vereinigten Staaten von Nordamerika" (Berlin 1900) unzweifelhaft dargethan haben, daß dort den unsrigen ganz ähnliche wirthschaftliche Verhältnisse bestehen und daß die gleichen Mißstände, welche bei uns beklagt werden, dort schon seit mehr als 100 Jahren zu einem bis in die neueste Zeit immer weiter durchgebildeten gesetzlichen Schutz auf ähnlichen Grundlagen geführt haben, wie sie bei uns in's Auge gefaßt sind, sowie schließlich, daß der mit diesem Schutz verbundene Zwang trotz des gerade in den Vereinigten Staaten besonders raschen Aufblühens der Städte nirgends als unerträglich empfunden ist. Solmssen bezeugt allerdings mit voller Objektivität, daß auch in den Vereinigten Staaten in Folge seiner Umfragen einzelne Stimmen den Werth der Schutzgesetzgebung in Zweifel gezogen haben, sowie daß der Versuch, an die Stelle der zahllosen einzelstaatlichen Schutzgesetze ein einheitliches Gesetz für die ganze Union zu setzen, gescheitert ist. Allein er weist überzeugend nach, daß die gegen diese sog. Lien-Gesetze erhobenen Stimmen eben durchaus vereinzelt sind, daß die weitaus überwiegende Mehrheit der maßgebenden Beurtheiler, darunter auch die Vertreter gerade der größten Banken, das Bestehen der Gesetze als durchaus nützlich und nothwendig und mit den Interessen auch des entwickeltsten Geldverkehrs vereinbar erklären, und er macht insbesondere mit Recht geltend, daß man in keinem einzigen Staate der Union einen Versuch der Abschaffung der Lien-Gesetze gemacht, vielmehr umgekehrt dieselben nur immer sorgfältiger ausgebaut hat. — Gerade in diesen allgemeinen Beziehungen sind die Ausführungen des interessanten Buches, auf welche hier nur hingedeutet werden kann, äußerst lesenswerth und für die Nutzanwendung auf deutsche Verhältnisse wichtig (vgl. a. a. O. S. 408—459). —

Weiter mag auch noch einleitend darauf hingewiesen werden, daß der § 648 B.G.B. die gewünschte Abhilfe nicht gebracht hat. Es war vielfach das Verlangen ausgesprochen, daß man vor einer weiteren gesetzlichen Regelung erst die Wirkungen dieses Paragraphen abwarten möge. Die Praxis seit nun mehr als 2 Jahren hat ergeben, daß von demselben nur in seltenen Fällen Gebrauch gemacht wird und daß er auch nicht etwa durch sein bloßes Bestehen die allseitig beklagten Mißstände im Baugewerbe beseitigt oder wesentlich verringert hat.

---

[1]) Der Verfasser hat nach dem Erscheinen des Buches den Namen Solmssen angenommen, unter welchem er demgemäß im nachstehenden Aufsatz zitirt werden wird.

Das Kgl. Preußische Staatsministerium hat nun bekanntlich neuerdings zwei Entwürfe zur öffentlichen Kenntniß gebracht, welche von einer Kommission, bestehend aus Vertretern der betheiligten Preußischen Ministerien und der Reichsämter der Justiz und des Innern, aufgestellt sind. Durch diese Entwürfe ist vielen der Bedenken, welche gegen Bestimmungen des im Dezember 1897 veröffentlichten Entwurfs geäußert worden sind, Rechnung getragen worden. Die umfassende Zusammenstellung über die zu dem früheren Entwurf ergangenen Aeußerungen, welche der neuen Veröffentlichung beigefügt ist, spricht für die Gründlichkeit der vorgenommenen Prüfung, beweist aber auch den erheblichen Nutzen der stattgehabten öffentlichen Besprechung und zeigt die vielfachen großen Fortschritte der neuen Entwürfe gegenüber dem früheren. —

Wenn nun auch eine amtliche Stellungnahme der Reichsregierung so wenig zu den jetzigen Entwürfen wie zu dem früheren erfolgt ist, so ist es doch zweifellos, daß ein etwa den gesetzgebenden Faktoren des Reichs vorzulegender Entwurf sich auf den neuen Grundlagen aufbauen würde. Die betheiligten Kreise, also neben den Baugewerbetreibenden insbesondere die Juristen, werden sonach zu diesen neuen Grundlagen Stellung nehmen müssen. Dabei wird es aber nicht genügen, die Erörterung streng im Anschluß an die gestellte Frage lediglich darauf zu beschränken, welcher der beiden Entwürfe den Vorzug verdiene. Denn der 2. Entwurf (B) unterscheidet sich von dem 1. (A) lediglich durch 3 Zusätze, über deren Einfügung Einigkeit in der Kommission nicht erreicht werden konnte: Einbeziehung der Lieferanten und der Nachmänner und Sperrung eines Theils der Baugelder. Dem Wortlaute der Fragestellung würde also ein Gutachten bloß darüber entsprechen, ob diese 3 Punkte des Entwurfs B in das Gesetz aufzunehmen seien oder nicht. Der Entwurf A selbst aber ist in vieler Richtung auf durchaus neuen Grundlagen aufgebaut, so daß es sich empfehlen wird, die wesentlichsten Grundsätze desselben ebenfalls der Besprechung zu unterziehen.

Der Zweck derselben, eine Beschlußfassung des Juristentages vorzubereiten, bedingt es, daß ein Eingehen in sämmtliche Einzelheiten und namentlich in Fragen der Fassung des Gesetzestextes thunlichst vermieden und die Besprechung überwiegend auf die leitenden Gesichtspunkte selbst beschränkt wird. — Der Text der Gesetzentwürfe findet sich im Eingange dieser Schrift. Entwurf A ist mit gewöhnlichen Buchstaben, die Abweichungen des Entwurfs B sind mit fetten Buchstaben gedruckt. Die mit den Entwürfen veröffentlichte Denkschrift (Berlin 1901 bei R. von Decker) wird nachstehend mit „D.“ zitirt. —

Von eingehenden kritischen Aeußerungen zu dem Entwurf ist mir seither bloß die Schrift von Schneider: „Die Gesetzentwürfe zur Sicherung der Bauhandwerker vom Jahr 1901" (Berlin bei Guttentag 1901) bekannt geworden; sie ist nachstehend, soweit erforderlich, berücksichtigt. —

§ 1.

Die Grundlagen des beabsichtigten Schutzes im Allgemeinen.

1. Schon der 1897er Entwurf war davon ausgegangen, daß der den Baugläubigern zu gewährende Schutz ein privatrechtlicher sein müsse. Er hatte damit den vom preußischen Abgeordnetenhaus gebilligten Grundgedanken des Antrags Wallbrecht, welcher durch Einsetzung von Bauschöffenämtern und Ertheilung der Bauerlaubniß nur an finanziell leistungsfähige Unternehmer Abhülfe schaffen wollte, zurückgewiesen. In der seitherigen öffentlichen Besprechung ist zwar theilweise auf ähnliche Vorschriften aus dem Gebiete des Gewerberechts oder des Strafrechts zurückgegriffen (s. D. S. 154 ff.). Der neue Entwurf hält jedoch den früheren Standpunkt fest. Der 24. Juristentag hat denselben im Anschluß an das Gutachten von Thinius (III. S. 55—64) und im Gegensatz zu dem entgegengesetzten Gutachten von Eckels (III. S. 111 bis 116) gebilligt. Für die bevorstehende Erörterung scheiden also andere, als privatrechtliche Schutzmaßregeln aus. —

2. Ebenso besteht Einverständniß darüber, daß der Schutz erfolgen soll durch ein Reichsgesetz, welches jedoch nur für einzelne bestimmte Bezirke durch landesherrliche Verordnung in Kraft gesetzt werden soll. Man könnte ja allerdings sagen, daß der innere Grund für einen Schutz der Baugläubiger, die nützliche Verwendung in einen Bau, überall gleichmäßig zutrifft. Indessen empfiehlt es sich aus praktischen, auch vom 24. Juristentag gebilligten Gründen (IV. S. 75), es mit dem neuen Entwurf bei der Verhängung des „zivilrechtlichen Belagerungszustandes" über besonders zu bestimmende Bezirke zu belassen.

Dagegen nimmt der neue Entwurf insofern einen von dem früheren abweichenden Standpunkt ein, als er die Verhängung dieses Belagerungszustandes nur für einzelne Gemeinden, nicht mehr für Theile von solchen vorsieht. Die Bedenken, welche gegen den früheren Vorschlag von den verschiedensten Seiten geltend gemacht sind (D. S. 108 ff.) sind in der That überzeugend. Sie werden auch nicht widerlegt durch die Ausführungen von Schneider (a. a. O. 29), der wieder auf den früheren Vorschlag zurückgreift. Daß Theile einer Gemeinde von der Bauspekulation ergriffen werden, während in anderen Theilen noch ländlicher Wirthschafts-Betrieb vorherrscht, wird selbst in Großstädten vorkommen, namentlich wenn solche, wie vielfach geschehen, nachbarliche Dorfgemeinden eingemeindet haben. Die Lage ist also für Nachbargemeinden nicht anders, als für die Großstadt selbst. Irgendwo muß der Schnitt gemacht werden, wenn man nicht ein allgemein giltiges Gesetz erlassen will, und dann ist es gewiß am besten, wenn der Schnitt mit der Gemeindegrenze zusammenfällt. — Daß die Entscheidung durch landesherrliche Verordnung getroffen werden soll, ist zwar auch von manchen Seiten als nicht genügend elastisch bemängelt (D. S. 110), doch hält der Entwurf mit Recht daran fest, zumal eine Aeußerung der betr. Gemeindebehörde wohl zweifellos vor Erlaß einer jeden derartigen Verordnung erfordert werden wird. —

3. Festgehalten wird sodann im Entwurf auch weiter daran, daß der Schutz gewährt werden soll nur für Neubauten, nicht für Umbauten oder Anbauten. Auch dieser Punkt hat in der öffentlichen Besprechung zu lebhafter Bekämpfung Anlaß gegeben (vgl. D. S. 112 ff.). Weiter aber hat inzwischen auch Solmssen eingehend dargelegt, daß wenigstens in einem Theil der Vereinigten Staaten der dortige Lien-Schutz unterschiedlos auch für An- und Umbauten gewährt wird. Er ist der Ansicht, daß sich durch eine Beschränkung des Gesetzes auf Neubauten Schwierigkeiten in der Praxis für deren Abgrenzung gegen Umbauten ergeben würden, die er durch Beispiele aus der amerikanischen Rechtsprechung belegt, und will deshalb auch in einem deutschen Gesetze die An-, Um- und Ausbesserungsbauten mit berücksichtigt haben (a. a. O. S. 214 ff., S. 465 Anm. 7).

Ich glaube nicht, daß die von Solmssen befürchteten Zweifel angesichts der klaren Fassung des Begriffs des Neubaus im § 2 des Entwurfs und der dazu gegebenen Begründung (D. S. 25 ff.) besonders ins Gewicht fallen können. Umgekehrt aber ist es ganz zweifellos, daß die von dem Entwurf geplante Regelung jedenfalls in dieser Form mit der Ausdehnung auf Umbauten nicht vereinbar ist. Ist schon die Feststellung des Werthes einer Baustelle schwierig, so ist eine ausreichend zuverlässige Feststellung des Werthes eines Gebäudes selbst überhaupt kaum denkbar. Zudem ist von den verschiedensten Seiten nachdrücklich darauf hingewiesen, daß Umbauten im allgemeinen weit weniger Gegenstand schwindelhafter Unternehmungen sind als Neubauten. Wer ein Haus abreißen will, um es durch einen Neubau zu ersetzen, muß sich mit den Hypotheken-Gläubigern einigen und regelmäßig, um ihre Zustimmung zum Abbruch zu erlangen, Sicherheiten leisten. Ein mittelloser Unternehmer kann sich an ein solches Unternehmen überhaupt nicht wagen. Wenn irgendwo, so gilt hier die Regel, daß das Bessere des Guten Feind ist. Die Bepackung des Gesetzes mit Umbauten würde m. E. die Gefahr mehren, daß das ohnehin schon schwer genug beladene Schiff zum Sinken käme. —

4. Endlich hält der neue Entwurf daran fest, daß der erstrebte Schutz erreicht werden soll durch Eintragung eines Bauvermerks in das Grundbuch vor Beginn des Baues und durch die den Baugläubigern gewährte Möglichkeit, demnächst nach Vollendung des Baues an der Stelle des Bauvermerks durch Anmeldung ihrer Forderung beim Grundbuchamt eine Hypothek und zwar zu gleichem Recht untereinander zu erwerben (§ 10 ff.). Diese Anmeldung muß, um „wirksam" zu sein, entweder mit schriftlicher Zustimmung des Eigenthümers oder auf Grund einer gegen ihn ergangenen einstweiligen Verfügung erfolgen, für welche Glaubhaftmachung der Forderung verlangt wird, wie dies ebenfalls in dem früheren Entwurf in gleicher Weise vorgesehen war. — Da der 24. Juristentag das dieser Regelung zu Grunde liegende Prinzip mit erheblicher Mehrheit angenommen hat, wird eine weitere Erörterung über diesen Punkt überflüssig sein.

Ich komme also zu dem Ergebnisse, daß der vorgeschlagene Weg: privatrechtlicher Schutz der Baugläubiger durch Reichsgesetz, welches für einzelne Gemeinden durch landesherrliche Verordnung in Geltung zu setzen ist, und zwar für Neubauten und durch Eintragung eines Bauvermerks mit nachfolgender Bauhypothek, durchaus zu billigen ist.

§ 2.
Das Verhältniß der Bauhypothek zu den Vorbelastungen. Differenzkaution.

In den seitherigen öffentlichen Erörterungen ist mehrfach ausgesprochen, daß zur Sicherung der Bauforderungen der bloße Eintrag eines Bauvermerks und der dadurch vorbereitete Erwerb einer Bauhypothek genügen, so z. B. von Hilse bei den Verhandlungen des 24. Juristentags (IV. S. 54). Auch das amerikanische Recht weicht von dem Grundsatz, daß die früher eingetragene Hypothek, mithin eventuell auch die Kaufgeld-Hypothek in unbeschränkter Höhe, unter allen Umständen den Vorrang vor dem Recht der Baugläubiger habe, nicht ab (vgl. Solmssen S. 287—307) und ebenso ist Solmssen selbst der Ansicht, daß an diesem Grundsatz auch bei dem zu erlassenden deutschen Gesetz festgehalten werden müsse (a. a. O. S. 474). Gleichwohl ist nicht zu verkennen, daß ein Schutz, welcher alle voreingetragenen Rechte völlig unberührt läßt, seinen Zweck nur sehr mangelhaft erfüllen würde. Gerade auf dem Eintrage schwindelhafter Vorhypotheken, insbesondere den wahren Werth weit übersteigender Kaufgelder, beruhen ja zum Theil die Mißstände, die man bekämpfen will. —

Deshalb hatte schon der frühere Entwurf einen Eingriff in die Rechte der Vorhypotheken vorgesehen, und zwar in der Weise, daß gleichzeitig mit dem Eintrage des Bauvermerks der durch eine landesrechtlich einzusetzende Behörde festgestellte Baustellenwerth in das Grundbuch eingetragen werden und daß die Bauhypothek vor dem den eingetragenen Baustellenwerth übersteigenden Theil der Vorhypotheken den Vorrang haben sollte. (§ 15 des früheren Entwurfes.) Diese Vorschrift, welche sich als ein erheblicher Eingriff in das System des Grundbuchrechts darstellte, war von vornherein Gegenstand lebhafter Angriffe. Auf dem 24. Juristentag wurde von Geh. Rath **Brunner** der vorher schon von Amtsgerichtsrath **Schneider** litterarisch vertretene Vorschlag begründet, statt dessen ein sog. Differenzkaution einzuführen, also eine Bestimmung zu treffen, daß, falls die vor dem Bauvermerk eingetragenen Belastungen den Baustellenwerth überstiegen, in Höhe der Differenz von dem Grundeigenthümer eine Kaution zur Sicherstellung der Bauforderungen geleistet werden solle. Dieser Vorschlag traf den damals versammelten Juristentag gleichsam unvorbereitet. Der Antrag auf Ablehnung desselben wurde von verschiedenen Rednern damit begründet, daß man sich über dessen Tragweite zur Zeit nicht klar sei. Die Ablehnung erfolgte, wie der Berichterstatter in der Plenarsitzung, Geh. Justizrath **Wilke**, feststellte, nur mit geringer Mehrheit und zwar nicht in Verwerfung des Prinzips des Antrages, sondern eben aus dem Grunde, weil der Antrag erst bei der Verhandlung gestellt war und deshalb nicht vollständig übersehbar erschin. (Bd. IV, S. 347.) —

Dieser damals abgelehnte Vorschlag ist nun von dem neuen Entwurf aufgegriffen und in § 1 desselben an die Spitze des jetzt vorgeschlagenen Gesetzes gestellt. Hat nach Obigem der 24. Juristentag diese Regelung gleichsam nur zur Zeit und angebrachtermaßen abgelehnt, so besteht nicht einmal formell irgend ein Bedenken dagegen, daß sich der bevorstehende Juristentag auf den entgegengesetzten Standpunkt stellt. —

In der That scheint dies dringend wünschenswerth, weil die Differenz-Kaution sich als das einzige Mittel zur Erreichung des Ziels darstellt, und weil eine wesentliche Belästigung durch dieselbe nicht zu befürchten ist. Auch **Schneider** befürwortet sie in seiner neueren oben angeführten Schrift, entsprechend seinem früheren Standpunkte, mit Entschiedenheit (a. a. O. S. 30).

Es ist gewiß an und für sich richtig und dem Grundgedanken der ganzen beabsichtigten Gesetzgebung entsprechend, daß den Baugläubigern nur der vor ihrer Thätigkeit vorhandene Werth des Grundes und Bodens vorgehen, daß dagegen der durch sie geschaffene Mehrwerth für sie gesichert werden müsse. Deshalb ist es nicht unbillig, daß derjenige, welcher Andere durch den Abschluß von Bauverträgen in die Lage setzt, eine solche Wertherhöhung herbeizuführen, diesen auch dafür aufkommen muß, daß ihm in der That nur Belastungen bis zur Höhe des seither wirklich vorhandenen Werthes des Grundes und Bodens vorgehen. Das läßt sich ohne Eingriff in das formelle Hypothekenrecht nur auf dem vorgeschlagenen Weg erreichen. Zweifellos ist der hiermit verbundene Eingriff weit weniger scharf, als wenn man mit dem 1. Entwurf an die — doch immerhin nicht absolut sichere — Feststellung des Baustellenwerths einen Verlust des Vorrangs der voreingetragenen Hypotheken knüpft. Wenn schließlich der Grundeigenthümer einmal eine etwas zu hohe Sicherheit leisten muß, so ist das nicht schlimm, weil dadurch niemandem, auch ihm selbst nicht, ein materieller Schaden verursacht wird. Die zu erwartenden Wirkungen, insofern ein leichtfertiges Verkaufen zu schwindelhaften Preisen ohne Anzahlung verhindert wird, sind in der Begründung zu dem neuen Entwurf (D. S. 13) m. E. zutreffend geschildert. — Der solide Bauunternehmer wird durch diese Vorschrift überhaupt nicht beeinträchtigt. Er kauft eben nicht zu Schwindelpreisen ohne Anzahlung. Man wird ohne Weiteres annehmen können, daß bei einer einigermaßen entsprechenden Anzahlung eine Sicherheitsleistung durch Hinterlegung, selbst bei hohem Kaufpreise, wohl stets ausgeschlossen sein wird. Aber auch, wenn keine Anzahlung geleistet worden ist, wird eine solche stets da ausgeschlossen sein, wo sich der Kaufpreis in den Grenzen des in der betreffenden Stadtgegend Ueblichen hält. Diese Grenzen werden sich ohne Schwierigkeit feststellen lassen. Will aber der Verkäufer durch seinen Verkauf einen ungewöhnlichen Spekulationsgewinn machen, dann ist es gerechtfertigt, wenn er entweder mit diesem Mehrgewinne dem Bauvermerk nachsteht oder wenn er sich einen einigermaßen zahlungsfähigen Käufer aussuchen muß, der wenigstens so viel baare Mittel besitzt, als zur Deckung dieses unverhältnißmäßigen Spekulationsgewinnes erforderlich sind. Diese Mittel mag der Käufer dann entweder anzahlen oder zur Sicherheitsleistung für die Baugläubiger verwenden — das praktische Resultat für dieselben ist in beiden Fällen das gleiche. —

Uebrigens sei noch in diesem Zusammenhang darauf verwiesen, daß es im Gegensatze zu dem von manchen Seiten, z. B. dem Bunde der deutschen Bodenreformer, vertretenen weitergehenden Standpunkt (D.

S. 98) in der That durchaus der Billigkeit entspricht, daß die Baugläubiger den vollen Werth des Grundes und Bodens sich vorgehen lassen müssen, daß sich insbesondere auch eine verhältnißmäßige Theilung des Zwangsversteigerungserlöses zwischen den Bodenwerth und den Bauwerth unter keinen Umständen empfiehlt. Zunächst wäre auch ein solcher Versuch der Lösung ohne einen schweren Eingriff in das formelle Hypothekenrecht nicht möglich. Allein auch abgesehen davon, wäre er materiell nicht billig. Denn er würde eine erhebliche Gefährdung der 1. Hypothek enthalten. Der Vorschlag selbst ist ja schon mehrfach gemacht, zuerst wohl von Baehr, dann auf dem 24. Juristentag von Wilke (Bd. IV, S. 47). Er ist aber bereits dort m. E. überzeugend aus der Praxis heraus von Baumert zurückgewiesen (das. S. 58). Auch die Ausführungen von Solmssen (vergl. S. 299, 303) zeigen, zu welch unhaltbaren Resultaten man auf dem angeführten Wege kommt. Es muß dabei stets in den Vordergrund gestellt werden, daß in dem Fall, in welchem allein, — abgesehen von der praktisch verhältnißmäßig unwichtigen Zwangsverwaltung — das Recht der Baugläubiger praktische Bedeutung gewinnt, in der Zwangsversteigerung, der Erlös fast niemals dem wahren Werth oder den Selbstkosten, welche ja häufig den wahren Werth noch übersteigen, entspricht. Ist ein dem wahren Werth entsprechender Kaufpreis zu erzielen, so läßt es der Eigenthümer ganz gewiß nicht zur Zwangsversteigerung kommen. Daß ein zur Zahlung des wahren Werths bereiter Kauflustiger erst in der Zwangsversteigerung auftaucht, kommt kaum je vor. Dritte Unbetheiligte geben erfahrungsgemäß nur Gebote ab, bei denen sie besonders billig zu kaufen gedenken. In der großen Mehrzahl der Fälle bestimmt sich das Meistgebot so, daß ein Gläubiger, welcher seine Forderung nicht verlieren will, die ihm vorgehenden Gläubiger ausbietet. Es würde als bei verhältnißmäßiger Theilung dieses hinter dem vollen Werth zurückbleibenden Erlöses keinenfalls der Baustellenwerth gedeckt. Nun kommt es aber gerade erst durch die Bebauung eines Grundstücks später leicht zur Zwangsversteigerung, während die 1. Hypothek ohne Bebauung desselben regelmäßig ruhig weiter bestanden hätte, ohne von der Gefahr des Erlöschens, welche die Zwangsversteigerung begründet, bedroht zu sein. Der 1. Hypotheken-Gläubiger müßte also regelmäßig allerdings, falls man den von uns bekämpften Weg einer verhältnißmäßigen Theilung des Erlöses einschlagen wollte, entweder den vollen Werth des bebauten Grundstücks seinerseits herausbieten oder einen Verlust an seiner Hypothek erleiden. Das darf ihm nicht zugemuthet werden. Vielmehr müssen die Baugläubiger die Gefahr eines Mindererlöses des von ihnen bebauten

Grundstücks ihrerseits tragen, wenn dasselbe, bevor sie es bebauten, mit einer 1. Hypothek belastet war. Der neue Entwurf zieht, auch in seiner Begründung, die Möglichkeit einer solchen Regelung nicht in Betracht, hält sie also offenbar, und zwar durchaus mit Recht, für ausgeschlossen.

Verdient sonach der Grundgedanke des Entwurfs, unbedingter Vorrang der voreingetragenen Hypotheken bei Leistung einer Differenz-Kaution für deren Mehrbetrag gegenüber dem Baustellenwerthe, volle Zustimmung, so scheint mir doch dessen Ausgestaltung im Einzelnen noch einiger Bemerkungen zu bedürfen.

Was die Festsetzung des Werthes der dem Bauvermerke vorgehenden Lasten betrifft (Entw. § 4 Nr. 1—4), so halte ich es nicht für nöthig, daß dabei, wie Schneider will (a. a. O. S. 47), auch Reallasten, die nicht in Geld bestehen, berücksichtigt werden. Solche werden in größeren Städten kaum vorkommen. Ebensowenig scheint mir die von Schneider gewollte besondere Regelung des etwa voreingetragenen Nießbrauchs erforderlich (a. a. O. S. 48). Die Bebauung eines mit einem Nießbrauche belasteten Grundstücks darf allerdings nicht gegen den Willen des Nießbrauchers erfolgen. Zum Schutze dieses Rechts wird es der besonderen Vorschrift, daß der Nießbraucher zum Eintrage des Bauvermerks seine Zustimmung ertheilen müsse, nicht bedürfen. Andererseits ist es aber m. E. auch nicht erforderlich, den Rücktritt des Nießbrauchs im Rang hinter den Bauvermerk vorzuschreiben. Das Bestehen eines eingetragenen Nießbrauchs setzt unter allen Umständen eine besondere Verhandlung und Verständigung mit dem Nießbraucher voraus, ohne welche wenigstens eine weitere Belastung des Grundstücks mit einer Baugeldhypothek praktisch ausgeschlossen ist. Es ist anzunehmen, daß dabei eine ausreichende Regelung der Verhältnisse im Vertragsweg erfolgt, ohne daß es einer besonderen gesetzlichen Vorschrift bedürfe. Gegen einen in betrüglicher Absicht, etwa zu Gunsten der Ehefrau oder sonstiger Verwandten, eingeschobenen Nießbrauch geben ohnehin die Anfechtungsgesetze genügenden Schutz (D. S. 29).

Dagegen weist Schneider (a. a. O. S. 31) m. E. mit Recht darauf hin, daß die Höhe der Differenz-Kaution nicht stets durch den Unterschied zwischen dem Bodenwerth und den eingetragenen Belastungen bestimmt werden darf, sondern daß dieselbe in den voraussichtlichen Baukosten ihre Grenze finden muß. Beispiele, wie das von ihm angeführte — Belastung des einer Aktiengesellschaft gehörigen großen Komplexes mit einer hohen Obligationsschuld, vielleicht von Millionen, während es sich um den Neubau eines einfachen Arbeiterwohnhauses auf einer einzelnen Parzelle handelt, — kommen oft vor und lassen sich leicht analog vermehren. Ein Zusatz in der von Schneider angedeuteten Richtung wird nöthig und unbedenklich sein.

Eine weitere besondere Vorschrift zu Gunsten der Baugelderhypothek wird in Zusammenhang mit dieser besprochen werden.

§ 3.

Das Verhältniß der Bauhypothek zu der Baugelderhypothek.

Der frühere Entwurf ging davon aus, daß die Baugelderhypothek regelmäßig vor dem Bauvermerk einzutragen sei. Entsprechend seiner Grundlage, nach welcher vorgehende Belastungen gegenüber dem Bauvermerke bezw. der Bauhypothek nur bis zum Baustellenwerth einen Vorrang genießen sollten, bestimmte er, daß sich der Baustellenwerth um den Betrag derjenigen Zahlungen erhöhen sollte, welche von dem Baugeldgeber in Anrechnung auf die Baugelder zum Zweck der Tilgung einer Bauforderung geleistet sind (§§ 15, 16 des 97 er Entw.).

Der jetzige Entwurf geht von dem umgekehrten Verhältnisse, dem Eintrag der Baugelderhypothek hinter dem Bauvermerk, als der Regel aus. Mit Rücksicht auf diesen veränderten Standpunkt sucht er das gleiche Ergebniß durch die Bestimmung zu erreichen, daß eine als Baugelderhypothek bezeichnete Hypothek der Bauhypothek im Rang um den Betrag der Zahlungen vorgehen solle, welche in Anrechnung auf die Baugelder zum Zweck der Tilgung einer Bauforderung an einen Baugläubiger oder in Höhe einer vom Eigenthümer getilgten Bauforderung an diesen geleistet sind (§§ 20 ff.).

Die Nothwendigkeit, besondere Vorschriften zu Gunsten der Baugelderhypothek zu treffen, wird allseits anerkannt, weil ohne solche das Bauen überhaupt erschwert und vielfach verhindert würde. Fraglich ist nur, ob die vorgeschlagene Regelung den berechtigten Ansprüchen des Verkehrs weit genug entgegenkommt. Von den Hypothekenbanken und den ihnen nahestehenden Kreisen ist dies gegenüber dem früheren Entwurf lebhaft bestritten (D. S. 100—107, 144—150). Es ist nicht unmöglich, daß aus diesen Kreisen auch gegenüber den neuen Vorschlägen, welche allerdings in nicht unerheblichen Punkten den früheren Bedenken entgegenkommen und Abhilfe bringen, der gleiche ablehnende Standpunkt aufrecht erhalten wird. Um so sorgfältiger muß geprüft werden, ob die Bedenken wirklich begründet sind oder ob sie auf übertriebenen Befürchtungen und unrichtigen thatsächlichen Voraussetzungen beruhen. Das Eine muß jedoch unter allen Umständen festgehalten werden, daß ein Eingriff in die volle Bewegungsfreiheit der Baugeldgeber — mag es sich um Erwerb eines Vorrangs für eine hinter dem

Bauvermerke stehende Hypothek oder um Beschränkung eines solchen für eine vor demselben stehende Hypothek handeln — unbedingt erforderlich ist. Wollte man ein beschränktes Vorrecht der Baugeldgeber zulassen, ohne daß eine Sicherheit dafür geschaffen würde, daß die Baugelder in den Bau verwandt werden, so würde das Gesetz zum Messer ohne Klinge, dem der Stiehl fehlt! —

Also eine Beschränkung müssen sich die Baugeldgeber gefallen lassen. Der Nachweis dafür, daß das an sich möglich und mit den Anforderungen eines hochentwickelten Verkehrs vereinbar ist, ist ein unzweifelhaftes großes Verdienst des Solmssen'schen Buches. Was in Amerika geht, geht auch in Deutschland, und in Amerika geht es! Zwar nicht ganz in der für Deutschland vorgeschlagenen Form — vielmehr tritt dort eine Beschränkung der Baugeldgeber nicht von vornherein, sondern erst mit der Anzeige einer Bauforderung durch den Baugläubiger an den Eigenthümer und den Geldgeber ein. Das ist aber in der Sache selbst ganz gleichgiltig. Denn sobald eine solche Anzeige erfolgt ist, ist die Rechtslage des Baugeldgebers ganz ähnlich der bei uns geplanten. — Allerdings fehlt es auch in den Vereinigten Staaten nicht ganz an Stimmen, welche den Werth der bez. gesetzlichen Vorschriften abfällig beurtheilen. Solmssen weist aber nach, daß diese Stimmen unzweifelhaft in einer verschwindenden Minderheit sind, daß umgekehrt die Vertreter gerade der größten, mit der Hergabe von Baugeldern befaßten Geldinstitute mit Bestimmtheit ausgesprochen haben, daß zwar der gesetzliche Schutz der Handwerker und Lieferanten eine gewisse Mehrarbeit beim Abschlusse von Baugeld-Darlehen veranlasse, daß jedoch dieses Mehrmaß von Arbeit und Sorgfalt nicht so groß sei, um in irgend welcher bemerkbaren Weise die Anlage von Kapitalien in Baugeld-Unternehmungen zu erschweren (a. a. O. S. 433). Es kommt hinzu, daß, wie die Ausführungen Solmssen zeigen, in den Vereinigten Staaten ein den unsrigen ähnliches Institut der Hypotheken-Banken noch nicht ausgebildet, sondern erst in der Entwicklung begriffen ist, daß aber diese Entwicklung, und zwar wesentlich nach dem Muster der Preußischen Central-Bodenkredit-Gesellschaft, trotz der Herrschaft der Lien-Gesetze einen überraschenden Aufschwung genommen hat (a. a. O. S. 415—424). Seither sind Baugelder in den Vereinigten Staaten wesentlich von den großen Versicherungs-Gesellschaften gegeben, denen naturgemäß für diesen Geschäftszweig ein weniger durchgebildeter Verwaltungs-Apparat zur Verfügung steht, als einer gut organisirten Hypotheken-Bank. Wenn gleichwohl aus diesen Kreisen derartig günstige Urtheile abgegeben werden, so liegt es auf der Hand, daß unsere großen deutschen

Hypotheken-Banken, soweit sie überhaupt Baugelder gewähren, bei einigem guten Willen das ihnen entstehende Maß von Mehrarbeit zweifellos noch viel leichter überwinden werden, als dies in Amerika geschieht. Beiläufig müssen dort die Banken gleichzeitig in einer Menge von Einzelstaaten mit durchgängig weit abweichenden Lien-Rechten arbeiten, und das Recht selbst kann nur mit fast unüberwindlichen Schwierigkeiten aus einem Wust von Gesetzen und Urtheilen herausgeschält werden. — Der dortige Rechtszustand ist also ein ganz ungemein verworrener und schwieriger und in keiner Weise mit dem zu vergleichen, welcher bei uns durch das geplante neue Recht geschaffen werden würde. —

Schon jetzt leisten eine ganze Anzahl von Baugeldgebern grundsätzlich ihre Zahlungen nicht an den Bauherren, sondern nach dessen Anweisung direkt an Baugläubiger. Für die meisten derselben dürfte es nicht schwer fallen, das, was seither freiwillig geschieht, in einer dem Gesetz entsprechenden Form zu organisiren, zumal ja doch selbst große Banken an entfernten Orten nur dann Baugelder geben, wenn sie dort eine geeignete Vertretung besitzen, mit deren Hülfe die Auszahlung der Baugelder leicht kontrollirt werden kann. — Eine zweckmäßige Erweiterung ist es übrigens, wenn der neue Entwurf, — im Gegensatz zu den von der Kritik (D. S. 146) bekämpften Bestimmungen des früheren Entwurfes, welcher nur die zur Tilgung einer Bauforderung geleisteten Zahlungen berücksichtigen wollte (§ 16 das.) — jetzt auch an den Eigenthümer selbst in Höhe einer von ihm getilgten Bauforderung geleisteten Zahlungen das Vorrecht gewährt. Da nur böser Glaube oder grobe Fahrlässigkeit des zahlenden Baugeldgebers diesen Vorrang ausschließen, kann derselbe also unbedenklich an den Eigenthümer gegen Vorlage von Quittungen der Baugläubiger durch denselben Zahlungen in gleicher Höhe leisten. (D. S. 40.)

Um aber alle Bedenken zu zerstreuen, hat der neue Entwurf in § 22 weiter noch die Einrichtung eines auf Antrag des Baugeldgebers vom Gericht zu bestellenden Treuhänders vorgesehen mit der Wirkung, daß alle auf dessen Anweisung geleisteten Zahlungen den Vorrang vor der Bauhypothek begründen, sofern der Baugeldgeber durch Anschlag auf dem Bau bekannt gemacht hat, daß er durch Vermittelung des Treuhänders Zahlung leisten werde. Durch diese Vorschrift scheint den wirklich begründeten Bedenken der Hypotheken-Banken genügend Rechnung getragen und ein Boden geschaffen zu sein, auf dem auch ferner das solide Baugeldgeschäft sich ungestört entwickeln kann. Wenn das unsolide oder mindestens leichtfertige Geschäft dadurch beschränkt wird, so ist das gerade erwünscht. —

Allerdings sind aus den Kreisen der interessirten Baugläubiger theilweise noch weiter gehende Wünsche geäußert. Daß die Baugelder-Hypothek in voller Höhe der wirklichen Baukosten gegeben wird, kommt wohl kaum vor. Richtig ist also, daß dann, wenn an erster Stelle der Baustellenwerth, an zweiter Stelle die Baugelderhypothek kommt, der durch diese nicht gedeckte Theil der Baugläubiger allerdings in gewissem Sinne doch das Risiko des Baues trägt. Kann der Bauherr den Bau nicht halten und kommt es zur Zwangsversteigerung, so müssen die Inhaber der Bauhypothek in diesem Fall entweder alle vorgehenden Belastungen herausbieten und die Gefahr der späteren Weiterverwerthung des Grundstücks selbst tragen, oder sie müssen, — falls nicht der volle Werth des bebauten Grundstücks von dem in der Praxis leider unbekannten Dritten herausgeboten wird! — eben einen Verlust erleiden. Allein daraus folgt nichts gegen die vorgeschlagene Regelung. Ein Mittel, durch welches es ermöglicht würde, daß ein Mensch ohne einen Pfennig eigenes Geld Grundstücke kaufen und bebauen könnte und dennoch für die Baugläubiger die Gefahr eines Verlustes beseitigt würde, das gibt es eben nicht! — Vorsicht gegenüber mittellosen Unternehmern bleibt also stets geboten! Wollten die Baugewerbetreibenden aber das, was ihnen der jetzige Entwurf bietet, als ungenügend zurückweisen und auf dem Vorrechte der Bauhypothek vor der Baugelderhypothek bestehen, so würden sie sich in das eigene Fleisch schneiden. Abgesehen davon, daß nach den überzeugenden Ausführungen in der Begründung des früheren und des jetzigen Entwurfs an die Aufnahme einer solchen Bestimmung in das Gesetz überhaupt nicht zu denken ist, würde sie, wenn sie wirklich getroffen würde, durch die Zerstörung des Baugeldgeschäfts und die dadurch bedingte Verhinderung zahlreicher, auch durchaus solider Bauten den Baugewerbetreibenden mehr Schaden als Nutzen bringen. Wenn auf dem vorgeschlagenen Weg erreicht wird, daß die Baugelder unter allen Umständen in den Bau verwendet werden, so ist das ein großer Gewinn für die Interessenten, der vielleicht werthvoller ist, als die ihnen vom Gesetz gewährte Bauhypothek selbst.

Ich stehe sonach grundsätzlich auch der im Entwurf vorgeschlagenen Regelung der Baugelderhypothek zustimmend gegenüber. Indessen bedürfen auch hier noch einige Fragen der Besprechung.

Zunächst: ist es richtig, wenn der Entwurf voraussetzt, daß die Baugelderhypothek in Zukunft regelmäßig hinter dem Bauvermerk eingetragen wird? Die §§ 20, 21 sichern ihr einen möglichen Vorrang doch nur vor der B a u hypothek, nicht aber vor anderen, insbesondere nicht vor der K a u f g e l d hypothek. Eine Anzahl von Baugeldgebern, die Hypothekenbanken, sind verpflichtet, Gelder nur an erster Stelle auszuleihen, andere, und gerade sehr solide Geldgeber halten ebenfalls an der Forderung des ersten Ranges ohne Verpflichtung fest. So pflegt der größere Kreditverein, in dessen Aufsichtsrath ich seit langen Jahren thätig bin, für die zahlreichen Baugelder, die er jahrein, jahraus bewilligt, stets den Vorrang vor dem Restkaufgelde zu beanspruchen, der ihm auch regelmäßig bereitwillig eingeräumt wird. Ich wüßte nicht, warum wir in Zukunft anders verfahren sollten. Wollte das Gesetz eine Wahl zwischen dem Eintrage der Baugelder-Hypothek vor oder nach dem Bauvermerk treffen, so würde ich meinerseits glauben, daß der im früheren Entwurf vorgesehene Eintrag vor dem Bauvermerke den Anschauungen und Anforderungen des Verkehrs mehr entsprochen hätte, als die jetzige Regelung. — Jedenfalls aber bin ich der Ueberzeugung, daß die Möglichkeit des Eintrags der Baugelder-Hypothek an erster Stelle vorgesehen und in ihren Folgen geregelt werden muß. —

Diese Rangstellung wird ja nun allerdings auch in Zukunft möglich sein — der neue Entwurf setzt sie nur nicht voraus, aber er verbietet sie doch nicht. Nur wird dann auch für die Baugelderhypothek gemäß § 4, der ja eine Ausnahme insoweit nicht macht, Sicherheit geleistet werden müssen. Und zwar würde dann, wenn die Kaufgeldhypothek nur hinter die an erster Stelle stehende Baugelderhypothek, nicht auch hinter den Bauvermerk zurücktritt, nach § 4 des Entwurfs der gesammte Betrag der Baugelder, dann, wenn die Kaufgeldhypothek auch noch hinter den Bauvermerk zurücktritt — was der Verkäufer häufig ablehnen wird — wenigstens das gesammte Baugeld abzüglich des Baustellenwerthes vor Ertheilung der Bauerlaubniß als Sicherheit hinterlegt werden müssen. — Daß dies die gewollte Folge des neuen Entwurfs ist, scheint mir nicht zweifelhaft. Insbesondere ist die Ausführung der Begründung, daß die Baugelderhypothek beim Vergleiche der voreingetragenen Hypotheken mit dem Baustellenwerth nicht in Betracht komme (D. S. 14), ganz klar nur auf den Fall bezogen, daß dieselbe eben hinter dem Bauvermerke steht. —

Zunächst dürfte es nun wohl aus praktischen Gründen kaum erforderlich sein, daß die Baugelderhypothek, falls sie dem Bauvermerke vorgeht, bei Berechnung der Differenz-Kaution mit in Berechnung kommt, sofern nur gesetzlich Vorsorge dafür getroffen wird, daß die Baugelder thatsächlich in den Bau verwendet werden. Geht die Baugelderhypothek dem Bauvermerke zunächst nach, so ist das praktische Resultat, falls nach den Vorschriften des Entwurfs verfahren wird, doch schließlich das, daß Baustellenwerth und Baugelder der Bauhypothek vorgehen, und zwar ohne daß insoweit Differenz-Kaution geleistet war. Es ist also ein innerer Grund, anders zu verfahren, falls die Baugelderhypothek von vornherein formell die Stelle hat, die sie sonst später materiell doch erhält, nicht vorhanden.

Abgesehen davon aber wollen beide Parteien doch Auszahlung der Baugelder nach Maßgabe des Fortschreitens des Baues. Wenn der ganze Betrag oder ein wesentlicher Theil der Baugelder schon vor Beginn des Baues als Sicherheit festgelegt werden soll, so würde dem Schuldner zum mindesten unnütz eine hohe Zinsenlast entstehen. Es ist aber sogar anzunehmen, daß der Baugeldgeber vielfach überhaupt nicht bereit sein wird, sein baares Geld, bevor ein Spatenstich gethan ist, und noch dazu als eine den künftigen Baugläubigern haftende Sicherheit, aus der Hand zu geben.

Ich bin also der Ansicht, daß der Fall des Eintrags der Baugelderhypothek vor dem Bauvermerk im Gesetz entsprechend berücksichtigt werden und insbesondere die Pflicht zur Sicherheitsleistung für diesen Fall wegfallen muß. — M. E. müßte zu diesem Zweck in § 4 unter Nr. 1 ein Zusatz etwa dahin gemacht werden:

— jedoch mit Ausnahme einer beim Eintrag als solcher bezeichneten Baugelderhypothek (s. § 20 —).

Weiter aber müßte dann im Anschluß an § 21 des jetzigen Entwurfs ein § 21 a etwa folgenden Inhalts eingefügt werden:

Ist eine Baugelderhypothek vor dem Bauvermerk eingetragen, so kommt dieselbe an dieser Stelle nur mit den in § 21 bezeichneten Beträgen in Betracht. —

Man wird sagen: Da haben wir wieder den glücklich beseitigten Eingriff in das System des Grundbuchrechts. Ich erwidere: ein solcher Eingriff ist zweifellos auch in § 21 des Entwurfs enthalten und im Grunde ist es ganz gleich, ob ein Eingriff dadurch erfolgt, daß der Baugelderhypothek ein Vorrang eingeräumt oder genommen wird. Außerdem ist es ein großer Unterschied, ob ein solcher Eingriff zum Nachtheil bereits bestehender Hypotheken geschieht, wie es der frühere Entwurf wollte, oder ob nur das Verhältniß der durch den Bau selbst veranlaßten Hypotheken, der Bau- und der Baugelder-Hypothek, in einer von dem sonstigen Systeme des Grundbuchrechts abweichenden Art geregelt wird. Und jedenfalls sehe ich nicht, wie der erststelligen Baugelder-Hypothek überhaupt auf anderem Wege die unbedingt nöthige Hülfe gewährt werden kann! — Vielleicht würde der Eingriff äußerlich in annehmbarerer Gestalt erscheinen, wenn die Baugelderhypothek im Sinne des Entwurfs ausdrücklich als Sicherheitshypothek bezeichnet wird. Die rechtliche Besonderheit dieser besonderen Art der Sicherungshypothek bestände dann darin, daß sie, falls hinter dem Bauvermerk eingetragen, unter Umständen vorrückt, dagegen, falls vorher eingetragen, zwar nicht zur Leistung der Differenz-Kaution verpflichtet, dafür aber auch ihren formellen Vorrang nur nach den gleichen Vorschriften behaupten kann. —

Wollen die Parteien aber statt einer solchen Sicherungshypothek eine selbständige Hypothek oder Grundschuld eintragen lassen, so mögen sie die Differenz-Kaution leisten! —

Ein weiterer Punkt, welcher der Besprechung bedarf, ist die Frage, ob sich die Bestimmungen über das Vorrecht der Baugelderhypothek auch auf die Zinsen beziehen. Auch der erste Entwurf hatte darüber geschwiegen. In den öffentlichen Besprechungen desselben war von den verschiedensten Seiten auf die Nothwendigkeit einer Verbesserung desselben in dieser Richtung verwiesen. Der Bericht über diese Besprechungen (D. S. 148) beschränkt sich darauf, diese Thatsache festzustellen, ohne etwas darüber zu sagen, ob er die Forderung für begründet oder etwa für überflüssig hält, weil die Anwendung der Bestimmungen des Gesetzes auf Zinsen selbstverständlich sei. Nun schweigt aber auch der neue Entwurf wieder vollständig über die Zinsenfrage. Gleichwohl ist sie von der allergrößten Wichtigkeit, weil selbstverständlich ohne den gesicherten Vorrang auch für die Zinsen niemand Baugelder hergeben wird. Die bloße Hoffnung, das geliehene Baugeld selbst dereinst wieder zu bekommen, kann doch keinen verständigen Menschen bewegen, es fortzugeben.

Wird der Entwurf so Gesetz, ohne daß die Zinsen erwähnt werden, so wird die Rechtsprechung sie aller Voraussicht nach nicht zubilligen. Man wird deduziren: „In den Vorverhandlungen vor Erlaß des Gesetzes war von den verschiedensten Seiten betont, daß Zinsen, wenn sie von den Bestimmungen des Gesetzes mit umfaßt werden sollten, der ausdrücklichen Erwähnung bedürfen würden. Wenn gleichwohl der Gesetzgeber es unterließ, eine solche Bestimmung zu treffen, so kann nicht angenommen werden, daß dies deshalb geschehen sei, weil er das Recht auf Zinsen für selbstverständlich angesehen habe. Vielmehr muß daraus umgekehrt geschlossen werden, daß er die Zinsen von dem der Baugelderhypothek verliehenen Vorrecht bewußt habe ausschließen wollen." Reichsgerichtlich wird eine solche Frage sobald nicht entschieden werden. Inzwischen aber wird das Baugeldgeschäft zerstört sein. Ich halte also eine Erwähnung der Zinsen, und zwar schlechthin der zwischen Bauherrn und Baugeldgeber vereinbarten Zinsen, ohne ängstliche Beschränkung auf einen bestimmten Satz, für unbedingt erforderlich. Provisionen dagegen gehören m. E. nicht zu dem der Sicherung würdigen Theil der Forderung eines Baugeldgebers. Wer sich eine solche bedingt, mag sie sich baar bezahlen lassen oder jedenfalls nicht zum Nachtheil der Bauläubiger geltend machen. Daß sie in dem Umfange vereinbart würden, wie Thinius (24. Juristentag III. S. 96) behauptet — „bei soliden Geschäften niemals weniger als 1 pCt." — muß ich übrigens bestreiten. Der von mir erwähnte Kredit-Verein, der doch nicht einzig in der Welt dasteht, berechnet überhaupt keine Provision, und ebensowenig entsteht für dessen Baugelder-Darlehen eine Mäkler-Provision.

Dagegen halte ich eine von manchen Seiten geforderte Bestimmung, daß die Abtretung oder Pfändung der Forderung des Bauherrn auf Auszahlung von Baugeldern ausgeschlossen sein solle, für überflüssig. Mit der Begründung des Entwurfs muß m. E. anerkannt werden, daß dem Baugeldgeber die Befugniß zur Auszahlung an Bauläubiger weder durch Abtretung, noch im Wege der Zwangsvollstreckung verkümmert, daß ihm vielmehr das Recht, durch alle Zahlungen auf die Baugelder den Rang einer Hypothek zu verbessern — was ja nur durch Zahlung an Bauläubiger geschieht — nicht beeinträchtigt werden kann. (D. S. 41.)

Ueber die Frage einer gleichmäßigen Vertheilung der Baugelder unter alle Bauläubiger endlich wird unten in anderem Zusammenhang (§ 8) gesprochen werden. —

§ 4.
Die Anzeigepflicht bezüglich der Bauverträge.

Eine wesentliche Neuerung gegenüber dem früheren enthält der neue Entwurf in § 7 dadurch, daß er im Anschluß an Vorschriften des amerikanischen Rechts dem Eigenthümer die Verpflichtung auferlegen will, vor Beginn des Baues dem Grundbuchamt eine Erklärung einzureichen, aus welcher die Personen der als Bauläubiger anzusehenden Unternehmer des Bauvertrags oder einzelner Theile desselben, der Betrag der jedem Unternehmer zu zahlenden Vergütung und die Fristen, in denen die Vergütung zu zahlen ist, ersichtlich sein sollen. Ebenso sollen alle späteren Aenderungen und spätere Verträge der gleichen Anzeigepflicht unterliegen. — Daß abgesehen davon auch beim Eintrag einer Baugeldhypothek der Baugeldvertrag zu den Akten des Grundbuchamts eingereicht werden soll (§ 20 Abs. 2), mag in diesem Zusammenhang ebenfalls erwähnt werden. Diese letztere Vorschrift erscheint unbedenklich, wenngleich irgend eine erhebliche Wirkung von ihr nicht zu erwarten ist. —

Dagegen können gegen die Anzeigepflicht bezüglich der Bauverträge die erheblichsten Bedenken nicht unterdrückt werden. —

Die Begründung entnimmt dieselbe, wie erwähnt, dem amerikanischen Recht. Solmssen hält im Anschluß an dasselbe analoge Bestimmungen für Deutschland für nöthig (a. a. O. S. 463 ff.). Ich glaube, daß dieser Vorschlag in den Kreisen der Interessenten scharfen und m. E. wohlbegründeten Widerspruch hervorrufen wird und daß der dadurch erzielte Nutzen von höchst zweifelhaftem Werth ist. —

Zunächst ist es zweifellos eine starke Zumuthung, daß der Bauunternehmer gezwungen sein soll, sämmtliche den Bau betreffende geschäftliche Beziehungen vor Jedermanns Augen offen zu legen. Bloß der Umstand, daß man in Amerika hieran gewöhnt ist, kann für uns nicht durchschlagen. Gerade über Fragen der Oeffentlichkeit gehen die Anschauungen in verschiedenen Ländern besonders weit auseinander. Hier handelt es sich in erster Linie nicht um die durch die Praxis zu beweisende Wirkung eines Rechtssatzes, sondern um eine Frage auf dem Gebiet der Sitte. Das Bestehen einer solchen ist die Voraussetzung dafür, daß der Rechtssatz in gewisser Weise gestaltet werden kann. Es würde m. E. bei uns als schwerer Eingriff empfunden werden, wollte man etwas im Rechtsweg erzwingen, woran man in Amerika keinen Anstoß nehmen mag, was aber unserer Sitte und Anschauung durchaus fremd ist. —

Auch Schneider (a. a. O. S. 32) erkennt das Ungewöhnliche und Bedenkliche des vorgeschlagenen Schrittes an, meint aber, daß man ihn trotzdem wagen könne. Ich könnte mich hierzu nur entschließen, wenn ich denselben für unbedingt erforderlich zu Erreichung des auf andere Weise nicht zu erreichenden Zieles ansehen müßte. Das ist aber keineswegs der Fall. Zuzugeben ist allerdings, daß diese Anzeigepflicht dann wünschenswerth ist, wenn man zu Bejahung der Frage kommen sollte, ob auch die Nachmänner in den Kreis der zu schützenden Baugläubiger aufzunehmen seien. Abgesehen davon aber scheint mir die Offenlegung der Bauverträge von höchst zweifelhaftem praktischen Werth, und es ist zudem nicht einmal völlig klar, welche rechtlichen Folgen nach dem Entwurf eigentlich an dieselbe geknüpft sein sollen. —

Zunächst: was soll es nutzen, wenn der Bauherr die Verträge, die er mit allen Handwerkern schließt, bekannt geben muß? Solche Fälle kommen doch, — gerade bei sehr soliden Bauherren — häufig vor. Ich selbst war als Mitglied eines Aufsichtsraths kürzlich an dem Bau eines größeren Wohn- und Geschäftshauses betheiligt, bei welchem der Wunsch, möglichst viele Handwerker zu beschäftigen, zu weitgehender Vertheilung der Arbeiten nach einzelnen Stockwerken unter ca. 30 Handwerker geführt hatte und bei dem im Laufe der Ausführung erhebliche Abänderungen der Pläne und demgemäß der Verträge stattfanden. Den Inhalt all dieser Verträge und ihrer Abänderungen anzuzeigen, wäre m. E. eine sehr erhebliche und selbst dann, wenn den Handwerkern ein unsolider Bauherr gegenüber gestanden hätte, völlig nutzlose Belästigung gewesen.

Es ist kaum anzunehmen, daß die Offenlegungspflicht dahin führen wird, daß jeder Interessent in die Lage versetzt würde, sich die gesammte Bilanz des Baus, die Kosten und die verfügbaren Mittel, daraus klar zu machen. Es ist aber völlig ausgeschlossen, daß Baugewerbetreibende, welche seither so sorglos waren, daß sie nicht einmal vor ihren Abschlüssen das Grundbuch des Bauherrn einsahen, sich in Zukunft dem Studium all' dieser Verträge hingeben und von den Ergebnissen dieses Studiums ihre Entschließungen abhängig machen sollten! Die Voraussetzung eines praktischen Nutzens solcher Vorschriften würde gerade umgekehrt sein, daß in den betheiligten Kreisen ein starker Trieb zu energischer Selbsthilfe, sorgsamer Prüfung aller einschlagenden Verhältnisse herrschte, wie er von Solmssen für Amerika betont wird. Unser ganzes Gesetz geht von der entgegengesetzten Voraussetzung aus. So wünschenswerth eine solche Erziehung zur Selbsthilfe sein mag, so würde doch dieser Versuch, wie die Verhältnisse bei uns nun einmal liegen, praktisch wirkungslos sein! —

Sodann: welche besonderen Rechtsfolgen knüpft denn der Entwurf an die Verletzung der Anzeigepflicht, deren Erfüllung ja nicht etwa durch Strafen &c. erzwungen werden soll? Er macht den Bauherrn jedem Betheiligten gegenüber schadenersatzpflichtig und bezeichnet dies Recht der Betheiligten als eine Bauforderung. —

Daß auf Grund falscher Angaben für Jemand, der schon Baugläubiger ist, irgend ein Anspruch entstehen könnte, der ihm nicht ohnehin zustände, scheint mir ausgeschlossen. Der Baugläubiger kann eben stets nur Bezahlung seiner Bauforderung von dem Bauherrn verlangen. Ist er zum Abschluß des Bauvertrags durch falsche Angaben über den Inhalt der mit anderen Baugläubigern oder auch mit dem Baugeldgeber geschlossenen Verträge verleitet, so deckt sich sein hierdurch begründeter Schadenersatzanspruch mit dem Anspruch aus dem Vertrag selbst. Weitergehende Ansprüche, etwa ein Schadenersatzanspruch wegen Nichterfüllung bei Rücktritt des Baugläubigers, kommen als Bauforderungen deshalb nicht in Betracht, weil § 8 die Bauforderung ausdrücklich auf die in den Bau verwandten Leistungen beschränkt. — Es bliebe also eine praktisch erhebliche Rechtsfolge nur in dem Falle übrig, — immer nach Entwurf A den Schutz bloß der unmittelbaren Baugläubiger vorausgesetzt — daß Jemand, der an sich nicht Baugläubiger ist, weil er im Vertragsverhältniß nicht mit dem Bauherrn, sondern mit einem Baugläubiger steht, durch solche unrichtige Angaben getäuscht und dadurch berechtigt würde, Schadenersatz von dem Bauherrn zu fordern, gegen welchen ihm ein Anspruch aus dem Vertrag selbst nicht zustehen würde. Ein solcher Anspruch würde — nach der Stellung des § 7 in dem von den „Baugläubigern" handelnden 2. Abschnitt des Entwurfs — ebenfalls als Bauforderung erscheinen und der Vorrechte einer solchen theilhaftig sein. — Daß aber ein solcher Fall eine irgend erhebliche praktische Bedeutung gewinnen könnte, scheint die Begründung des Entwurfs, welche sich in diesem Punkt sehr vorsichtig, fast zaghaft ausdrückt (D. S. 32) selbst kaum anzunehmen. Sie meint, „es werde im einzelnen Fall nicht immer leicht sein, die Entstehung eines Schadens durch Verletzung der Anzeigepflicht nachzuweisen." Ich will nicht geradezu behaupten, daß es umgekehrt stets unmöglich sein wird. Aber jedenfalls beneide ich keinen Gläubiger und keinen Rechtsanwalt, der einen solchen Anspruch auf die Beine bringen soll, und ich halte es für ausgeschlossen, daß damit ein Ergebniß erzielt werden könnte, welches mit der Belästigung des Verkehrs auch nur entfernt im Verhältniß stände. —

Ich möchte sogar bezweifeln, daß die Offenlegungspflicht „unbedingt erforderlich ist, wenn man auch denjenigen Gläubigern, die nicht mit dem Eigenthümer selbst ihren Vertrag abgeschlossen haben, Rechte an der Bauhypothek einräumen will". (D. S. 16.) Erleichtert würde deren Stellung durch sie allerdings werden. Allein das für die Nachmänner in Aussicht genommene gesetzliche Pfandrecht an der Forderung ihres Vormanns würde auch ohne genaue Kenntniß des von diesem geschlossenen Vertrags verfolgt werden können. Bei Begründung der betreffenden Anträge könnte unbedenklich von der Annahme, daß dem Vormann eine angemessene Vergütung zustehe, ausgegangen werden. — Und daß die Nachmänner neben der durch die Bauforderung des Vormanns bedingten mittelbaren Bauforderung auch noch eine unmittelbare Bauforderung gegen den Bauherrn gewinnen könnten, wird so wenig praktische Bedeutung haben, wie im obigen Fall.

Ich komme also zu dem Ergebniß, daß § 7 bei Beschränkung des Baugläubiger-Schutzes auf die unmittelbaren Baugläubiger unbedingt fallen muß. Ich fürchte, daß anderenfalls der Entwurf neben dem Widerstand seiner grundsätzlichen Gegner auch den seiner Freunde aus den Interessentenkreisen hervorrufen und dann scheitern würde! — Will man mit dem Entwurfe B auch die mittelbaren Baugläubiger schützen, so mag man darüber streiten, ob man dann auch die Belästigung des § 7 noch mit in den Kauf nehmen will. Für mich entsteht diese Frage nicht, da ich bez. des Schutzes der mittelbaren Baugläubiger zu einem ablehnenden Ergebniß komme (s. unten § 7).

§ 5.

Sonstige gemeinsame Vorschriften beider Entwürfe.

Die in den vorigen §§ besprochenen Vorschriften enthalten die beiden Entwürfen gemeinsamen wesentlichen Grundlagen derselben. Abgesehen von den in Entwurf B vorgesehenen drei besonderen Vorschriften, welche demnächst in besonderen §§ zu besprechen sind, bleibt noch übrig, entsprechend dem Zwecke dieses Gutachtens, welcher ein Eingehen auf alle Einzelheiten ausschließt, einige Punkte herauszugreifen, zu denen sich besondere Bemerkungen ergaben. Es kommt hier noch Folgendes in Betracht:

1. Die Einzelheiten des Verfahrens, welches zum Eintrag der Bauhypothek führt, sowie deren rechtliche Gestaltung sind im neuen Entwurf mehrfach praktischer geregelt, als in dem früheren.

Weggfallen ist die bedingte baupolizeiliche Erlaubniß, welche der frühere Entwurf als Voraussetzung des Eintrags des Bauvermerks vorsah. Jetzt soll die polizeiliche Erlaubniß überhaupt erst nach Eintrag des Bauvermerks, also gleich unbedingt, ertheilt werden. Wenn übrigens die Begründung ausführt, die bedingte Bauerlaubniß sei erforderlich gewesen, um den Eintrag der Baugelderhypothek an 1. Stelle zu ermöglichen (D. S. 28), so ist das vielleicht nicht ganz zutreffend. Auch in Zukunft würde nach meinen Ausführungen (oben § 3) die Möglichkeit des Eintrags der Baugelderhypothek an 1. Stelle wünschenswerth sein. Es dürfte aber unbedenklich sein, dieselbe gleichzeitig mit dem Bauvermerk (ev. also mit dem Rang vor diesem) eintragen zu lassen. Die Bauerlaubniß ist doch der Regel nach nur auf Einzelheiten des Projekts, nicht auf die Ausführung des Baus selbst von Einfluß. Abgesehen davon aber könnte eventl. eine Zusatzbestimmung dahin getroffen werden, daß die Baupolizeibehörde auf Antrag des Bauherrn diesem davon, ob sie die Ertheilung der Bauerlaubniß für wahrscheinlich erachtet (§ 10 Abs. 2 des Entw.), Nachricht zu geben hätte. Dadurch würde derselbe in die Lage versetzt, mit dem beabsichtigten Eintrage der Baugelder-Hypothek bis zum Eingang dieser Nachricht zu warten. —

Eine wesentliche Verbesserung ist die Verkürzung der Anmeldefrist für die Bauforderungen von 6 Monaten (§ 6 d. fr. Entw.) auf 3 Monate (§ 12). Die frühere Fristbestimmung war fast durchweg als zu lang bekämpft. (D. S. 123 fg.) Mehrfach war Herabsetzung auf noch kürzere Fristen (2 Monat, 6 Wochen, 1 Monat) gefordert. Doch dürfte die Frist von 3 Monaten zweckmäßig bemessen sein. —

Ferner ist es ein Fortschritt, daß der neue Entwurf (§ 12) für den Beginn der Frist eine öffentliche Bekanntmachung der Baupolizeibehörde, daß baupolizeiliche Bedenken gegen die Ingebrauchnahme des Baus nicht bestehen oder daß die Bauerlaubniß nach Beginn des Baus erloschen sei, vorschreibt. Der frühere Entwurf (§ 6) setzte seine Frist durch den Eingang der bezüglichen Mittheilung der Baupolizeibehörde beim Grundbuchamt in Lauf, ein Zeitpunkt, der sich naturgemäß der allgemeinen Kenntnißnahme entzieht. Auch dieser Mißstand war von der Kritik (Thinius, 24. Jur.-Tag III S. 91) mit Recht gerügt. —

Verbesserungen sind es ferner, daß der neue Entwurf die Löschung des Bauvermerks beim Ablaufe der Anmeldefrist (§§ 14, 15 Abs. 1), sowie den Eintrag der den einzelnen Baugläubigern zustehenden Theilbeträge der Bauhypothek (§ 15, Abs. 3) vorschreibt und ferner dieselbe der gewöhnlichen Sicherungshypothek rechtlich gleichstellt, mithin deren Umwandlung in eine Eigenthümer-Grundschuld vorsieht (§§ 17—19). Nach dem früheren Entwurfe sollte der Bauvermerk erst bei Löschung der Bauhypothek gelöscht (§ 13 das.) und nur der Gesammtbetrag der Bauhypothek eingetragen werden (§ 10 das.); auch sollte die Anwendung der Vorschriften über die Eigenthümer-Hypothek auf die Bauhypothek ausgeschlossen sein (§ 13 das.). Auch mit diesen Abänderungen ist den von der Kritik dem früheren Entwurfe gegenüber mehrfach geäußerten Bedenken (D. S. 135, 137—139) Rechnung getragen. — Ebenso sieht Schneider in seinem Gegenentwurfe (§§ 30, 33, a. a. O. S. 20, 22, 58) die Umwandlung der Bauhypothek in eine gewöhnliche Hypothek bezw. Grundschuld vor. —

2. Die Wirkungen einer Zwangsversteigerung oder Zwangsverwaltung, welche vor dem Eintrage der Bauhypothek eingeleitet wird, waren in den §§ 17—20 des früheren Entwurfs grundsätzlich dahin geregelt, daß die Baugläubiger auf Grund des Bauvermerks Befriedigung aus dem Grundstücke sollten verlangen können. — Hiergegen waren verschiedentlich Bedenken geltend gemacht. Namentlich hat Heinitz (D. S. 150/1) ausgeführt, es erscheine danach zweifelhaft, ob die mit der Terminsbestimmung erfolgende Aufforderung zur Anmeldung der aus dem Grundbuch nicht ersichtlichen Rechte sich auch auf die Baugläubiger beziehe, welche aus dem Grundstücke Befriedigung verlangen, sowie ob bejahendenfalls eine bloße Anmeldung, ohne Glaubhaftmachung,

genüge. Letztere sei nur auf Erfordern des betreibenden Gläubigers erforderlich; dieser werde, wenigstens wenn er dem Bauvermerke vorgehe, hieran kein Interesse haben. Durch unbeschränkte Zulassung auch nicht glaubhaft gemachter Bauforderungen entstehe aber eine unerträgliche Unsicherheit für die Baugläubiger selbst und die anderen Betheiligten, da sie nicht beurtheilen könnten, ob ein abgegebenes Gebot ihre Forderungen decke. —

Der neue Entwurf hat die alten Bestimmungen in den §§ 23—26 wörtlich übernommen. Eine Verbesserung enthält er nur insofern, als nach der bereits erwähnten Bestimmung des § 12 die Anmeldefrist, bis nach deren Ablauf der Versteigerungstermin nach den näheren Vorschriften des Gesetzes eventuell hinauszuschieben ist, jetzt von 6 auf 3 Monate herabgesetzt, mithin der mögliche Eingriff in das Zwangsversteigerungsverfahren wesentlich verkürzt ist. — Die angeregten Bedenken widerlegt die Begründung des neuen Entwurfs, m. E. völlig zutreffend, durch den Hinweis, daß Rechte von Baugläubigern, welche noch nicht im Grundbuch eingetragen sind, allerdings ebenso wie alle anderen, aus dem Grundbuch nicht ersichtlichen Rechte, um in der Zwangsversteigerung berücksichtigt zu werden, bei dem Vollstreckungsgericht angemeldet werden müssen, sowie daß diese Anmeldung beim Widerspruch nicht nur des betreibenden Gläubigers, sondern eines j e d e n Betheiligten, glaubhaft gemacht werden muß. (D. S. 41.)

Ebenso unbegründet sind m. E. die Bedenken, durch welche neuerdings S c h n e i d e r (a. a. O. S. 62 ff.) dazu gelangt, die Bestimmungen des Entwurfs für nicht ausreichend zu erklären und sie durch die weitergehenden Vorschriften der §§ 36—39 seines Gegenentwurfs zu ersetzen. Richtig ist, daß, solange als die Anmeldungsfrist noch nicht begonnen hat, eine Anmeldung beim Grundbuchamt noch nicht erfolgen kann. Die Vorschrift, daß die Baugläubiger auf Grund des Bauvermerks Befriedigung aus dem Grundstücke verlangen können, gibt ihnen aber für die Zwangsvollstreckung die Stellung von dinglichen Gläubigern, deren Rechte aus dem Grundbuche nicht ersichtlich sind, und eröffnet ihnen damit die Möglichkeit der Geltendmachung derselben im Zwangsvollstreckungsverfahren nach Maßgabe der für diese bestehenden Vorschriften. Es ist also m. E. kein Anlaß zu weitergehenden Vorschriften im Sinne S c h n e i d e r s vorhanden.

3. Es entsteht die Frage, ob Vorschriften darüber in das Gesetz aufzunehmen sind, wie sich nach Beendigung des Baues und nach Eintrag der Bauhypothek deren Rangverhältniß zur Baugelderhypothek stellt. Sehen wir von der Hinterlegung einer Sicherheit ab, für deren

Vertheilung die §§ 27—34 ein zweckmäßig geordnetes Vertheilungs-Verfahren vorschreiben, so trifft der Entwurf über den Eintrag der Bauhypothek hinaus keinerlei Bestimmungen mehr. Damit ist die Frage nach dem endgültigen Vorrecht der Baugelderhypothek eine offene. Es liegt aber auf der Hand, daß der Baugeldgläubiger damit auf die Dauer nicht zufrieden sein kann. Steht er, wie es der Entwurf voraussetzt, hinter der Bauhypothek, so muß der Vorrang, den ihm das Gesetz materiell einräumt, auch im Grundbuche zum Ausdruck gebracht werden; steht er, gemäß meinen obigen Erörterungen, vor derselben, so muß sein Vorrang von dem der Baugelderhypothek als solcher anhaftenden Vorbehalte befreit werden. —

Der Entwurf steht offenbar auf dem Standpunkte, daß für diesen Zweck die allgemeinen Vorschriften über Berichtigung eines materiell unrichtigen Grundbucheintrags genügen. Schneider dagegen hält eine Regelung durch den Grundbuchrichter in einem ausdrücklich angeordneten Verfahren der freiwilligen Gerichtsbarkeit für erforderlich. Er erweitert deshalb das auch im Entwurf für den Fall der Hinterlegung einer Sicherheit vorgesehene Vertheilungs-Verfahren auf alle Fälle, auch auf die, in denen irgend eine zu vertheilende Masse nicht vorhanden ist, und weist ihm die Aufgabe zu, „die Rechte der Bauforderungen und des Vorrangs des Baugeldgebers zu regeln". Zu diesem Zwecke soll der Grundbuchrichter stets einen Termin anberaumen und einen Theilungsplan aufstellen, welcher u. a. auch anzugeben hat, in Höhe welcher Beträge die Baugelderhypothek den Vorrang vor der Bauhypothek haben soll. Ueber diesen Plan soll dann vor dem Grundbuchrichter verhandelt werden. Die Ausführung desselben soll nur insoweit erfolgen, als nicht ein Widerspruch erhoben ist; ein solcher ist demnächst im Prozeßweg zu verfolgen (a. a. O. S. 19—24, 44, 58—62).

Ich glaube, daß man das Eingreifen des Grundbuchrichters von Amtswegen entbehren und mit dem Entwurfe die Reglung lediglich den Betheiligten überlassen kann. Die Hoffnung, daß es dem verständigen Richter gelingen werde, durch die Verhandlung im Termin die Widersprüche auf das richtige Maß zu beschränken, scheint mir nicht ausreichend, um eine so weitgehende Belästigung der Gerichte und der Parteien zu rechtfertigen, zumal es sich ja durchweg nur um größere Städte handelt, in denen der unmittelbare Einfluß, den der Richter in kleinen Orten gerade in Grundbuchsachen übt, sehr gering ist und in denen er meistens noch dazu mit Geschäften so überlastet ist, daß er sich kaum Zeit zu solchen eindringenden Verständigungsversuchen nehmen kann. —

§ 6.

Die Ausdehnung des Baugläubiger-Schutzes auf Lieferungsverträge.

Entsprechend dem früheren Entwurf hat der Entwurf A daran festgehalten, daß als Baugläubiger nur zu schützen sind diejenigen, welche an der Herstellung des Bauwerks oder eines einzelnen Theils desselben auf Grund eines Werk- oder Dienstvertrags betheiligt sind, und zwar wegen ihrer Ansprüche auf die in Geld vereinbarte Vergütung, sofern die Verträge von dem Eigenthümer der Baustelle oder für dessen Rechnung geschlossen sind (§ 6 Abs. 1). Damit sind zunächst alle diejenigen von diesem Schutz ausgeschlossen, welche zur Herstellung des Bauwerks zu verwendende Sachen geliefert haben. Diese Bestimmung ist bei Besprechung des ersten Entwurfs lebhaft angefochten. Gebilligt ist sie, was einigermaßen charakteristisch ist, in erster Linie von dem „Bund deutscher Bodenreformer", von dessen Vorsitzenden Freese und von dem „Innungsverbande deutscher Baugewerkmeister"; außerdem aus der Zahl aller deutscher Handelskammern nur von der zu Villingen, sowie von Prof. Oertmann, von letzterem aber offenbar mit einer gewissen Zurückhaltung, indem er nur „nicht umhin kann, die für den Ausschluß vorgebrachten Gründe im Ganzen für durchschlagend zu erachten". (D. S. 130.)

Alle anderen Beurtheiler haben dem Ausschluß der Lieferanten als „ungerecht, unzweckmäßig und praktisch undurchführbar" widersprochen. (D. S. 130—132.)

Inzwischen ist in dem Buch von Solmssen nachgewiesen, daß der amerikanische Baugläubigerschutz dort ebenfalls die Lieferanten mit umfaßt (a. a. O. S. 187—191, 193, 198 ff.). Ebenso ist Solmssen der Ansicht, daß für das beabsichtigte deutsche Gesetz die Zulassung der Material-Lieferanten unumgänglich ist (a. a. O. S. 465).

Gleichwohl hält der Entwurf A an deren Ausschluß fest, ohne jedoch in der Begründung dieses Standpunkts wesentlich neue Gesichtspunkte geltend zu machen (D. S. 18—21). Im Mittelpunkte steht immer die Besorgniß, daß den Bauhandwerkern bei Zulassung der Lieferanten weniger geholfen würde, als bei deren Ausschluß, was unbestreitbar richtig ist, — und die Erwägung, „daß die ganze gesetzgeberische Aktion nur ins Werk gesetzt ist, um den kleineren Bauhandwerkern und Bauarbeitern, die durch die Manipulationen einer verwerflichen Bauspekulation in eine unhaltbare Position gedrängt sind, aufzuhelfen" (so Buchka in der Jur.-Ztg. von 1901 S. 539) — was meiner Auffassung nach falsch ist. Gerade dieser falsche Ausgangspunkt führt zu dem falschen Ergebniß. Der richtige Standpunkt ist meiner Ansicht nach der, daß man nicht einzelnen der durch die fraglichen Mißstände Geschädigten, sondern so weit möglich allen helfen, daß man deren Folgen nicht zu Gunsten bestimmter Kreise, sondern allgemein bekämpfen soll. Es ist doch einmal nicht zu leugnen, daß der durch den Bau geschaffene neue Werth des Gebäudes in gleicher Weise auf den Arbeiten der Handwerker, wie auf der Lieferung der in den Bau verwandten Materialien beruht. Die Einheitlichkeit des hierdurch geschaffenen neuen Werthes hat mit Recht dazu geführt, daß man allen Baugläubigern ein Recht von gleichem Range gegeben hat. Erst durch das Zusammenwirken aller Einzelner entsteht das Objekt, welches zur Befriedigung aller Einzelner dienen kann und soll. Es ist ganz willkürlich, aus dem Kreise der zur Schaffung dieses neuen Werthes Beitragenden eine Gruppe, die auf Grund von Werk- und Dienstverträgen Berechtigten, herauszugreifen und ihnen allein Rechte einzuräumen, die man allen anderen versagt. Man beschränkt sich aber nicht darauf, den Lieferanten bloß etwas vorzuenthalten, was man den Handwerkern gibt, man gestaltet ihre Stellung im Vergleiche zu der seitherigen — und das ist ganz besonders wichtig und wird von den Gegnern nicht genügend anerkannt! — wesentlich schlechter. Insofern hat Dove ganz Recht, wenn er sagt, daß man gleich dem Heiligen Crispin den Handwerkern Schuhe aus dem Leder der Lieferanten mache! Denn indem die Lieferanten aus dem Kreise der Baugläubiger ausgeschlossen werden, entzieht man ja dem Baugeldgeber die Möglichkeit, auf Anweisung des Bauherrn irgend welche Zahlung an sie zu leisten! Alle aus Baugeldverträgen für den Bau zu verwendenden Mittel sollen also bloß den Handwerkern zufließen, ihnen allein haftet die etwa nach § 1 des Entwurfs geleistete Sicherheit und für den gleichwohl etwa verbleibenden Rest ihrer Forderungen erhalten sie allein ihre Bauhypothek, während die Lieferanten in allen drei Richtungen leer ausgehen sollen! Damit ist, wie man zweifellos annehmen darf, die gesammte Gefahr des Baues lediglich auf die Schultern der Lieferanten abgewälzt! — Was will es demgegenüber heißen, wenn man sie darauf verweist, daß sie nicht, wie die Handwerker, vorzuleisten brauchten. Erkennt man an, wie es der Natur der Sache entspricht, daß auch der durchaus solide und gewissenhafte Bauherr in der großen Mehrzahl der Fälle darauf angewiesen ist, theilweise mit fremdem Geld zu arbeiten, so hilft dem Lieferanten die Verweisung auf die Möglichkeit, Baarzahlung zu vereinbaren und bis zu derselben die Lieferung zurückzubehalten, insoweit gar nichts. Denn die Zahlung fremder Gelder für den Bau erfolgt naturgemäß erst nach Ausführung der betr. Werthvermehrung, wobei es dem Geldgeber zunächst — abgesehen von einer entgegenstehenden gesetzlichen Bestimmung — ganz gleichgültig ist, ob sie durch Arbeiten oder Lieferungen geschaffen ist, und ist die Werthvermehrung bewirkt, so darf der Baugeldgeber nicht an den Lieferanten, sondern nur an Handwerker zahlen! — Ebenso wenig ist dem Lieferanten damit geholfen, daß man ihn auf die Möglichkeit verweist, statt mit dem Bauherrn mit einem Handwerker abzuschließen, so daß dann in dessen Person auch für die Lieferung, welche somit als Theil des betr. Werkvertrags erscheint, die Bauhypothek zur Entstehung käme. Eine der des Baugläubigers entsprechende Rechtsstellung erhält der Lieferant damit doch nicht, auch nicht einmal, wenn man mit dem Entwurfe **B** die mittelbaren Baugläubiger aufnimmt, weil ja deren Kreis sich lediglich auf Werkverträge beschränkt (§ 6a d. Entw.). Und umgekehrt entstehen zahlreiche praktische Schwierigkeiten, wenn man den Lieferanten auf diesem indirekten Weg zwingen will, statt dem Bauherrn selbst allen möglichen, ihm vielleicht unbekannten Handwerkern zu kreditiren. Soll z. B. der auswärtige Parketboden- oder Ofenfabrikant seine Waare nicht dem Bauherrn, sondern dem von diesem mit Verlegung der Böden oder Aufstellung der Oefen betrauten Handwerker liefern, der vielleicht für derartige Objekte gar nicht zahlungsfähig ist? Soll er aus diesem Grund die Bestellung, die ihm wohl in den meisten Fällen vom Bauherrn oder in dessen Namen durch den bauleitenden Architekten zugeht, zurückweisen und zuvor anfragen, welcher Handwerksmeister die Böden verlegen oder die Oefen setzen wird? Diesem sei er bereit zu liefern, nicht aber dem Bauherrn selbst? Man muß sich diese Verhältnisse klar machen, um zu erkennen, daß sie unmöglich sind. Schneider (a. a. O. S. 33), der diese Bedenken voll theilt, weist noch darauf hin, daß der Bauherr, wenn das Gesetz ihn hindert, seine Lieferanten aus den Baugeldern zu bezahlen, geradezu gezwungen sei, Verträge mit einem Generalunternehmer zu schließen, weil er nur auf diesem Umweg im Stande ist, mit Sicherheit für den Baugeldgeber Zahlungen zu leisten. —

Schließlich mag auch noch auf die Unmöglichkeit hingewiesen werden, die bloßen Lieferanten in allen Fällen von denen, welche Werkverträge geschlossen haben, scharf und sicher zu scheiden. — Ich komme also zu dem Schluß, daß die Aufnahme der Lieferungsverträge gemäß dem Zusatze des Entwurfs **B** zu § 6 unbedingt erforderlich ist. Ich bin überzeugt, daß gerade in diesem Punkt der m. E. völlig berechtigte Widerstand aller der Kreise einsetzen wird, welche, wie Handelskammern und ähnliche Körperschaften, vorwiegend zur Wahrung der kaufmännischen Interessen berufen sind, während man wohl auch auf dieser Seite dem Entwurfe wesentlich günstiger gegenüber stehen würde, wenn von dieser, auch meiner Ueberzeugung nach „ebenso ungerechten, als unzweckmäßigen und praktisch undurchführbaren" Bestimmung abgesehen würde. —

§ 7.

Die Ausdehnung des Baugläubiger-Schutzes auf mittelbare Bauforderungen.

Völlig unabhängig von der vorstehend besprochenen Frage tritt die weitere Frage auf, ob der den Baugläubigern zu gewährende Schutz auch auf „mittelbare" Baugläubiger, also solche Personen, welche Verträge nicht mit dem Eigenthümer des Baus, sondern mit Unternehmern des Bauwerks oder eines Theils desselben geschlossen haben, auszudehnen ist. — Dabei ist zunächst darauf hinzuweisen, daß auch der frühere Entwurf und ebenso der Entwurf A mitumfaßt Forderungen aus Verträgen, welche für Rechnung des Eigenthümers, sei es selbst von einem Geschäftsführer ohne Auftrag, geschlossen sind, und ferner Forderungen aus einer Bestellung, wenn die Baustelle nachträglich veräußert ist. — Ein weiterer Schutz für den, welcher mit einem dritten Unternehmer abschließt, ist durch § 826 B.G.B. gegeben, insofern dieser Paragraph gegen den Vormann desselben dann einen Schadenersatz-Anspruch begründet, wenn dieser in der nachweisbaren Absicht, Baugläubiger zu schädigen, eine Zwischenperson eingeschoben hat. Und endlich mag auch nicht unerwähnt bleiben, daß jedenfalls thatsächlich die Lage der Nachmänner durch eine jede Verbesserung der Rechtsstellung der Vormänner ebenfalls eine bessere wird. —

Darüber hinaus hatte der frühere Entwurf einen Schutz der Nachmänner nicht vorgesehen und zwar mit Rücksicht auf die andernfalls entstehenden unabsehbaren Verwickelungen und Schwierigkeiten.

Der Entwurf A geht einen nicht unbedeutenden Schritt weiter, indem er in § 6 bestimmt: „Dem Eigenthümer der Baustelle steht gleich, wer den Bau mit Zustimmung des Eigenthümers als Bauherr ausführt." Durch diese Vorschrift wird, wie die Begründung ausführt (D. S. 31), namentlich der Fall getroffen, daß nach dem zwischen dem Grundstücksverkäufer und dem Bauunternehmer geschlossenen Vertrage das Eigenthum des Bauplatzes auf letzteren erst nach Vollendung des Baues übertragen werden soll, sowie der, daß etwa ein Ehegatte als Bauherr auftritt, während der andere Ehegatte im Grundbuche als

Eigenthümer eingetragen ist. Damit ist also von vornherein bereits vielfachen Versuchen, das Gesetz zu umgehen, ein fester Riegel vorgeschoben und manchen Bedenken, z. B. den von Heinitz geäußerten (D. S. 127/128), Rechnung getragen. —

Darüber hinaus aber ist der Entwurf A nicht gegangen. Es muß anerkannt werden, daß die weitaus meisten Besprechungen des früheren Entwurfs die Beschränkung des Schutzes auf die unmittelbaren Baugläubiger bemängelt haben, — einzelne derselben, welche grundsätzliche Gegner einer gesetzlichen Regelung überhaupt sind, wohl nicht, um damit das von ihnen bekämpfte Gesetz zu verbessern, sondern um es durch Anhäufung von Bedenken und Schwierigkeiten zu Fall zu bringen. —

Es muß auch weiter erwähnt werden, daß der 24. Juristentag einem Antrag Brunner zugestimmt hat, welcher lautet:

„Sind Verträge mit den Baugläubigern und Arbeitern nicht im Namen oder für Rechnung des Bauherrn geschlossen, so können jene durch wirksame Anmeldung ihrer Ansprüche ein Pfandrecht an den angemeldeten Bauforderungen des Vormannes erwerben."

Bei Beurtheilung der Tragweite dieses Beschlusses wird man indessen nicht außer Acht lassen dürfen, daß damals ein Versuch der gesetzgeberischen Formulirung überhaupt noch nicht, auch nicht von Brunner unternommen war. So, wie der Beschluß selbst formulirt war, würde er auch vom Standpunkte des Antragstellers aus, wohl nicht korrekt sein, da er den gerade bei einer beträglichen Kollusion naheliegenden Fall, daß der Vormann eine Bauforderung nicht anmeldet, ganz unberücksichtigt läßt. Der Beschluß hat also im wesentlichen die Bedeutung eines Wunsches, — dem auch ich gern zustimmen würde — daß es nämlich der Gesetzgebung gelingen möge, eine brauchbare Formulirung des ausgesprochenen Grundsatzes zu finden. Es wird aber nicht zu bestreiten sein, daß der Juristentag jetzt dem inzwischen formulirten Gesetzesvorschlage gegenüber von neuem wird Stellung nehmen, daß er wird prüfen müssen, ob denn diese Formulirung wirklich eine praktisch brauchbare Lösung der gestellten Aufgabe darstellt, oder ob sich nicht etwa bei dem Versuch der Lösung solche Schwierigkeiten ergeben haben, daß man die Möglichkeit einer befriedigenden Lösung der Aufgabe überhaupt aufgeben muß. Ohne das Gewicht des früheren Beschlusses zu verkennen, möchte ich mich jedenfalls nur dagegen verwahren, daß derselbe etwa dazu verwendet würde, um diese Prüfung von vornherein abzuschneiden. —

Weiter fällt zu Gunsten der Ausdehnung des Schutzes auf die Nachmänner erheblich in's Gewicht das Ergebniß der eingehenden Untersuchungen von Solmssen, nach denen in den Vereinigten Staaten allerdings diese Ausdehnung geltendes Recht ist (a. a. O. S. 121 ff.). Dementsprechend fordert Solmssen sie auch für Deutschland (a. a. O. S. 465, 473).

Nun könnte man ja auch hier versucht sein, zu sagen, was in Amerika geht, geht auch bei uns — folglich weg mit allen Bedenken! Demgegenüber möchte ich aber doch darauf verweisen, daß gewiß ein Jeder, der sich gerade durch diese Partieen des Solmssen'schen Buches durchgearbeitet hat, den Eindruck gewinnen muß, daß die Schutzmaßregeln für die Nachmänner, selbst in der vollendetsten Form, in der sie schließlich in dem Gesetz des Staates New-York vom 13. Mai 1897 ausgebildet sind, einen nichts weniger als erfreulichen Rechtszustand darstellen. Der Werth des Solmssen'schen Buches besteht meiner Meinung nach darin, daß er an dem amerikanischen Beispiel im allgemeinen zeigt, daß man nicht zu ängstlich in Einführung gesetzlicher Zwangs- und Schutzmaßregeln zu sein braucht, daß vielmehr trotz des scharfen Eingreifens solcher Maßregeln das wirthschaftliche Leben durchaus blühen und gedeihen kann. — Keineswegs aber ist das Bild, welches Solmssen zeichnet, geeignet, im einzelnen zur Nachbildung anzureizen. Das amerikanische Recht stellt sich danach als ein wahres Wirrsal dar, welches aus den verschiedensten Quellen hervorgehend, alles andere eher ist, als ein klares, in wissenschaftlicher Weise durchdachtes, einheitlich aufgebautes und für die Praxis brauchbares Ganzes. Equity und common law, längst Veraltetes und täglich neu auftauchende Bedürfnisse, entzünden in Gesetzgebung und Rechtsprechung, in den Einzelstaaten und in der Union, ein fortwährendes bellum omnium contra omnes, mit einem von Jahr zu Jahr wechselnden Ergebniß — ein Zustand fortgesetzter und unentwirrbarer Verwirrung, der wohl nur für ein Volk denkbar und erträglich ist, das, wie die Bevölkerung der Vereinigten Staaten, selbst aus den verschiedensten Elementen zusammengewürfelt und durch Zuströmen neuer Elemente in fortwährendem Fluß begriffen ist. So ergibt sich bei dem, wie schon in der Einleitung erwähnt, gescheiterten Versuch, ein einheitliches Lien-Recht für die Union zu schaffen, eine solche Verschiedenheit sowohl des Rechts, als der wirthschaftlichen Verhältnisse in den einzelnen Staaten, daß der Vorsitzende der mit der Aufgabe betrauten Kommission selbst erklärt: „Er sei bei dem Versuche, die verschiedenen Statuten zu lesen, völlig verwirrt geworden. Man könne sich keinen Begriff von der Menge ihrer Abweichungen machen; er habe schließlich nicht mehr aus noch ein gewußt.“!! (Solmssen, S. 451). Ich bin überzeugt, daß an der Verwirrung des armen Mannes gerade die Lien-Rechte der Nachmänner einen besonderen Antheil gehabt haben! Ich kann mir nicht denken, daß Richter und Anwälte das verworrene amerikanische Recht sicher handhaben, und noch viel weniger, daß sich die Interessenten selbst in diesem Labyrinth zurechtfinden könnten. Das Eine aber steht als Resultat meiner Verdauung des Solmssen'schen Buches zweifellos fest, daß nichts verfehlter wäre, als wenn man in Deutschland einzelne Rechtssätze deshalb befürworten wollte, weil sie in Amerika gelten. —

Nun hat ja allerdings der Theil der deutschen Kommission, welcher einen Schutz der Nachmänner für nöthig hält, sich davor gehütet, die amerikanischen Bestimmungen im Entwurf **B** zu kopiren. Schon der Kreis der Nachmänner selbst ist in ganz anderer Weise bestimmt, indem an der Spitze der bez. Vorschriften steht, daß nur die aus einem Werkvertrage Berechtigten als mittelbare Baugläubiger gelten sollen, eine Beschränkung, welche Schneider (a. a. O. S. 35) mit Recht als einen besonders glücklichen Gedanken bezeichnet. Wie das Recht der mittelbaren Baugläubiger im einzelnen ausgestaltet ist, braucht hier nicht auseinandergesetzt zu werden. Man lese die Bestimmungen in dem im Eingange abgedruckten Entwurf selbst nach. Es ist danach insbesondere auch für den Fall Vorsorge getroffen, daß der Vormann seine Forderung nicht angemeldet hat. In diesem Fall tritt nämlich die mittelbare Bauforderung des Nachmannes direkt neben die sonst angemeldeten unmittelbaren Bauforderungen, und es wird somit für den Nachmann ein entsprechender Betrag der Bauhypothek eingetragen (§ 15 Abs. 2 Nr. 2), während abgesehen davon für mittelbare Bauforderungen nur Pfandrechte an der Bauhypothek der Vormänner eingetragen werden sollen (§ 15a). Hier sei nur noch bemerkt, daß der Entwurf sich nicht bloß auf den Schutz des nächsten Nachmannes, der mit dem Unternehmer selbst abgeschlossen hat, beschränkt, sondern die Kette der Nachmänner auf weitere Grade in beliebiger Zahl ausdehnt. —

Ueber Einzelheiten des Entwurfs mag sich auch hier streiten lassen (so halte ich z. B. die Formulirung des ersten Satzes des § 6d, Abs. 1 für besonders unglücklich!). Im Ganzen aber möchte ich anerkennen, daß die bez. Bestimmungen ein wohldurchdachtes, reiflich erwogenes Ganze bilden, welches an sich eine zweckentsprechende Lösung der Aufgabe darstellt. Allgemein wird dies zwar nicht anerkannt. Schneider (a. a. O. S. 35—36) meint, der Entwurf habe die schwierige Aufgabe, die Nachmänner zu berücksichtigen, ohne eine Schädigung anderer Interessen herbeizuführen, nicht in ausreichender Weise gelöst. Er findet sich gerade deshalb zur Ausarbeitung seines Gegenentwurfs veranlaßt, auf den hier nicht im einzelnen eingegangen werden kann, von dem er aber selbst sagt, daß man sich durch die Fälle seiner Paragraphen hindurchwinden müsse (a. a. O. S. 65) und daß er noch mehr als der Regierungs-Entwurf auf den ersten Blick den Eindruck eines höchst verwickelten und umständlichen Verfahrens mache (a. a. O. S. 7), ein Zugeständniß, demgegenüber die Hoffnung, daß sich die Sache in der Praxis gleichwohl einfach gestalten werde, keinen großen Werth haben dürfte. Hier interessirt nur die Thatsache, daß ein Freund der Ausdehnung den Schutz des Regierungs-Entwurfs für ungenügend und zu Erreichung des Zweckes noch viel weitergehende Vorschriften (— Uebergang der Forderung des Vormannes auf den Nachmann kraft Gesetzes, eine über einen jeden einzelnen Bau vom Grundbuchamte zu führende Bauliste mit genauen Einträgen über alle in Betracht kommenden Rechtsverhältnisse und anschließendem gerichtlichen Vertheilungsverfahren, welches er selbst (a. a. O. S. 61) als „kleines Konkursverfahren" bezeichnet! —) für erforderlich hält. —

Für meine Auffassung bietet schon der Regierungs-Entwurf überreiche Schwierigkeiten. Sein Verständniß ist für den erfahrenen Juristen eine sehr schwere Aufgabe — dem Laien wird der betreffende Theil der Begründung ein Buch mit 7 Siegeln bleiben. In der vom Deutschen Handelstage niedergesetzten Kommission zur Berathung des Entwurfs, an deren Sitzung ich theilnahm, fiel die Aeußerung, die Begründung lese sich wie ein Lehrbuch der Mathematik; Niemand hielt es für möglich, daß diese Bestimmungen jemals als lebensvolles Recht in das allgemeine Bewußtsein aufgenommen werden könnten.

Ich komme deshalb, trotzdem mir gerade hier die Entscheidung besonders schwer wird und die zwei Seelen der Regierungs-Kommission gleichsam auch in meiner Brust leben, schließlich doch zu der Ueberzeugung, daß es richtig ist, in diesem Punkte über den Entwurf A nicht hinauszugehen. — Ganz zum alten Eisen dürfen wir den Satz: „Jura vigilantibus sunt scripta" doch nicht werfen! Und ist es denn wirklich zu viel verlangt, wenn man dem Bauhandwerker sagt: „Willst du einen gesetzlichen dinglichen Schutz am Bauwerk haben, so schließe deinen Vertrag mit dem Eigenthümer des Bauwerks selbst?—Schließest du mit einem Unternehmer ab, der nicht Bauherr ist (und demgegenüber ja auch der rechtliche Gesichtspunkt der nützlichen Verwendung völlig versagt!), so mußt du dich eben an diesen, nicht aber an das Bauwerk halten!" — Damit wäre eine Beschlagnahme der Rechte des Vormanns gegen den Bauherrn im gewöhnlichen Verfahren wohl vereinbar, und eine solche könnte der Vormann wenigstens zunächst nicht vereiteln, da er nach § 36 des Entw. auf seine Rechte bis zum Beginn der

Anmeldefrist oder bis zu Anordnung der Zwangsversteigerung oder Zwangsverwaltung nicht verzichten kann.

Auf alle Fälle, meine ich, sollte man wenigstens zunächst einmal versuchen, wie weit man mit dem Gesetz ohne die mittelbaren Baugläubiger kommt. Es ist ja möglich, daß eine Folge des Gesetzes die Zunahme der Entreprise-Bauten sein wird (so Freese, D. S. 99), ja daß die Bauherren, falls der Nachmann nicht in das Gesetz aufgenommen wird, regelmäßig versuchen werden, die Wirkungen des Gesetzes durch Annahme eines Generalunternehmers zu vereiteln. Manche (so Heinitz, D. S. 127, Thinius, 24. Jur.-Tag III S. 77/78) fürchten, die Bauhandwerker würden einem solchen Verfahren gegenüber gar nicht in der Lage sein, auf einem Abschluß mit dem Bauherrn zu bestehen, vielmehr gezwungen sein, so gut, wie seither mit kreditunwürdigen Bauherren, in Zukunft mit Zwischenunternehmern abzuschließen.

Einmal ist demgegenüber abzuwarten, ob nicht wenigstens in gewissem Maße gegen das schwindelhafte Dazwischenschieben eines zahlungsunfähigen Gwerbeunternehmers der § 826 B.G.B. Abhilfe schafft. Sodann läßt sich auch nicht ohne Weiteres annehmen, daß es den Bauherren so leicht fallen würde, die bestehende Sitte durch regelmäßiges Zwischenschieben eines Generalunternehmers, der bisher doch im Gegensatz zu den von Solmssen geschilderten amerikanischen Verhältnissen bei uns eigentlich eine Ausnahme bildet, zu ändern. Auf alle Fälle aber würde man mit Recht erwarten können, daß die Bauhandwerker sich gegen einen solchen systematischen Versuch, sie um die Wohlthaten des Gesetzes zu bringen, wehren würden. Die Bauhandwerker sind doch auch organisirt, sie haben in den größeren Städten, um die es sich allein handelt, Innungen oder Gewerbevereine; es bestehen auch sonstige Organe, so in Preußen die Handwerkerkammern, die zu ihrer Vertretung berufen und befähigt sind. Es liegt nahe, daß man nach genügender Aufklärung durch diese Organe seitens der Bauhandwerker einfach erklärt: „wir verlangen für alle Verträge mit Zwischenunternehmern entweder Mitunterschrift des Bauherrn oder Abtretung der Rechte des Zwischenunternehmers gegen den Bauherrn, damit wir dessen theilhaftig werden, was das Gesetz uns geben will.“ Ein solches ganz allgemeines Verlangen ist zweifellos viel leichter durchzuführen, wie unter der seitherigen Gesetzgebung die Zurückweisung eines einzelnen Auftrags, weil der betreffende Unternehmer zu Bedenken gegen seine Zahlungsfähigkeit Anlaß bot! Es lassen sich hier Musterverträge ausarbeiten, ähnlich wie dies bei uns auch auf anderen Gebieten, z. B. seitens der Hausbesitzer-

oder Miethvereine geschieht, und wie es Solmssen auch für Amerika bezeugt. — Welche Macht eine verständig organisirte Selbsthilfe gewährt, zeigt lehrreich das Solmssen'sche Buch in Anwendung auf die Trades-Unions der Arbeiter (a. a. O. S. 76 ff.). Was auf dem einfachsten Weg durch Selbsthilfe zu erreichen ist, dazu sollte man doch nicht so verwickelte staatliche Schutzmaßregeln in Anspruch nehmen! —

Sollte aber trotz alledem die Erfahrung einer längeren Praxis ergeben, daß wirklich ohne die Ausdehnung des Gesetzes auf die mittelbaren Baugläubiger die gehoffte Wirkung desselben nicht erreicht wird, nun gut, dann kann man ja in einigen Jahren das Gesetz erweitern. Wir brauchen wahrlich noch nicht an eine Schlappschuh-Gesetzgebung (slipshod-legislature) nach amerikanischem Muster (Solmssen, S. 15) zu denken, wenn wir vor dem entgegengesetzten Standpunkte warnen, von dem aus man alles bis in's Einzelnste von vornherein so regeln will, daß für spätere Aenderungen oder Verbesserungen kein Raum bleibt. Die unstreitig in weiten Kreisen vorhandene Abneigung gegen diese ganze gesetzliche Regelung überhaupt sollte davon abhalten, das Gesetz mit Dingen zu bepacken, die es auch vielen Freunden unannehmbar machen. Auch hier ist das Bessere des Guten Feind. Man mache den Anfang mit dem zunächst Erreichbaren, was ja zweifellos eine wesentliche und unter allen Umständen werthvolle Verbesserung des bestehenden Zustandes darstellt — und dann warte man ab, wie es sich bewährt! Geht's nicht, so kann man es später immer noch besser machen!

Ich bin also der Ansicht, daß die auf den Schutz der mittelbaren Baugläubiger bezüglichen Bestimmungen des Entwurfs B zu streichen sind.

§ 8.

Die Sperrung eines Theils der Baugelder.

Der frühere Entwurf enthielt Bestimmungen darüber, in welcher Reihenfolge die Baugläubiger zu befriedigen seien, nicht. Daraus ergab sich allerdings, daß es lediglich Sache des Bauherrn ist, zu bestimmen, welche Baugläubiger zuerst befriedigt werden sollten. Daß damit einem gewissenlosen Bauherrn gegenüber für die Baugläubiger eine Gefahr entsteht, kann nicht geleugnet werden. Selbst abgesehen von dem Fall einer absichtlichen Bevorzugung aber besteht immer eine Gefahr für diejenigen Baugläubiger, deren Arbeiten zuletzt in dem Bau verwandt und deren Forderungen damit zuletzt fällig werden, wie z. B. die Maler. —

Ob und wie diese Mißstände zu beseitigen sind, hat ganz besonderes Kopfzerbrechen verursacht. Der Innungsverband deutscher Baugewerkmeister meint, es solle bestimmt werden, daß der Baugeldgeber verpflichtet sein solle, sämmtlichen Handwerkern, die durch den Bauvermerk gesichert seien, gleichmäßige Zahlungen im Verhältniß ihrer Leistungen zu gewähren. (D. S. 149.) Wie das durchzuführen wäre und welche Folgen aus der Verletzung einer solchen Verpflichtung zu ziehen wären, darüber hat der Verband allerdings keine Vorschläge gemacht, vielmehr die Sorge dafür den Herren Juristen überlassen! Als wenn die Juristen die Kunst besäßen, unklare oder undurchführbare Wünsche von Laien in brauchbare Gesetzesbestimmungen zu verwandeln! Im gegebenen Fall ist ja der Bauherr dem Baugläubiger ohnehin zur Bezahlung verpflichtet — ihm gegenüber würde also durch die Verpflichtung, alle Baugläubiger gleichmäßig zu bezahlen, irgend ein neues Recht nicht begründet. Soll aber etwa der andere Baugläubiger, welcher vielleicht im besten Glauben zwar mehr, als seinen verhältnißmäßigen Antheil, aber doch nur das erhalten hat, was er zu fordern hat, zur Zurückzahlung verpfichtet werden?

Andere haben die Sache ernster aufgefaßt, so Oertmann (D. S. 145, 149). Dieser empfiehlt in 1. Linie ein System der speziellen Subrogation, nach welchem der zahlende Baugeldgeber in das Recht des bezahlten Baugläubigers treten und demnach nur an der allgemeinen, für die Baugläubiger entstehenden Hypothek bezw. der demnächst auf sie entfallenden Dividende theilnehmen soll. Eventuell aber schlägt er vor, daß die Zahlung nur dann wirken solle, wenn sie allen Baugläubigern pro rata — entweder direkt oder durch Vermittelung einer besonderen Behörde, eines Baugeldamts (!) — geleistet sei. — Schon Thinius hat in seinem Gutachten für den 24. Juristentag (III S. 92 ff.) die Unausführbarkeit dieser Vorschläge nachgewiesen.

In der That kann man dem Baugeldgeber unmöglich zumuthen, für sein gutes Geld statt einer guten Hypothek eine unsichere Dividende von einer mindestens weit weniger guten Hypothek zu bekommen — damit macht man eben das Baugeldergeschäft, das man doch erhalten muß und will, unmöglich. Und noch weniger ist es möglich, von vornherein über jeden Bauherrn, auch den solidesten, eine Art Partikularkonkurs vor einem Baugeldamte zu eröffnen! —

Trotz der Ausführungen von Thinius, welcher eine befriedigende Beseitigung des fraglichen Mißstandes für ausgeschlossen erklärte, sind in den Verhandlungen des 24. Juristentags verschiedene Redner auf denselben zurückgekommen, so Boyens (IV, S. 61) und Scherer (IV, S. 70). Letzterer stellte sogar zu dem Antrag des Berichterstatters den Zusatzantrag:

„Die Baugeldhypothek (gedacht war wohl an die von dem Baugeldgeber zu leistende Zahlung!) muß verhältnißmäßig unter die sämmtlichen Bauhandwerker und Lieferanten vertheilt werden.“

Dieser Antrag scheint aber demnächst einfach unter den Tisch gefallen zu sein. Der Bericht ergibt wenigstens nicht, daß über denselben abgestimmt wäre. Eine nähere Begründung oder einen Nachweis für die Möglichkeit der Durchführung des Antrags hatte der Antragsteller nicht gegeben. —

Eine neue Anregung in der fraglichen Richtung gaben nun die Ermittelungen von Solmssen, welcher (a. a. O. S. 175) berichtet, daß in einzelnen Staaten sich eine Vorschrift finde, daß ein bestimmter, meist 25 % betragender Theil der Bauforderungen nicht vor Ablauf einer gewissen, von der Fertigstellung des Baus an laufenden Frist gezahlt werden dürfe. Bis dahin darf also der Eigenthümer höchstens bis zu 75 % des Vertragspreises bezahlen, bezw. auch nur über einen entsprechenden Theil der ihm zugesagten Baugelder verfügen. Im Einzelnen sind auch diese Bestimmungen nicht klar. Soweit ersichtlich, beziehen sie sich auf den in Amerika anscheinend überhaupt sehr häufigen Fall, daß dem Eigenthümer ein Hauptunternehmer gegenübersteht. In dem immerhin am besten durchgearbeiteten Gesetz, dem des Staates New York von 1897, scheinen sie nicht enthalten zu sein. —

Während nun Entwurf A auf dem früheren Standpunkt beharrt, daß der fragliche Mißstand überhaupt nicht zu beseitigen sei, ist Entwurf B im Anschluß an diese amerikanischen Vorbilder weitergegangen. Er denkt aber auch hier nicht daran, die dortigen Vorschriften für Deutschland zu kopiren, sondern schlägt nur (in § 21 Abs. 1, 2 und 3) vor, daß, falls ein Baugläubiger gegen die Auszahlung der Baugelder binnen 14 Tagen seit dem Beginn der Anmeldungsfrist Widerspruch erhebt, ein Fünftel der Baugelder nicht mehr mit dem Anspruch auf den Vorrang vor der Baugläubiger-Hypothek ausbezahlt werden kann. Der Baugeldgeber, der die Sache nicht in der Schwebe lassen will, soll berechtigt sein, dieses Fünftel mit der Wirkung zu hinterlegen, daß die Baugelder-Hypothek in Höhe des hinterlegten Betrags der Bauhypothek im Rang vorgeht. Damit würde, so rechnet die Begründung aus (D. S. 74—75), falls die Baugelderhypothek $\frac{2}{3}$ der Baukosten betrage, jeder Baugläubiger wenigstens auf baare Zahlung von $^2/_7$ seiner Forderung rechnen können. —

Zunächst wird durch diese Bestimmung der Bauherr nicht allgemein in Bezahlung der Bauforderungen, sondern nur speziell in Verwendung der ihm zugesagten Baugelder beschränkt. Ob den Baugläubigern mit diesen aus den Baugeldern fließenden $^2/_7$ ihrer Forderungen irgend erheblich genutzt ist, erscheint denn doch mehr als fraglich. — Abgesehen davon aber bleibt die gehoffte Wirkung in allen den Fällen aus, in denen schon vor Beginn der Widerspruchsfrist das letzte Fünftel der Baugelder ausbezahlt ist. Diese Frist beginnt ja erst mit der Bekanntmachung der Baupolizeibehörde, daß baupolizeiliche Bedenken gegen die Ingebrauchnahme des Gebäudes nicht bestehen, also auf alle Fälle einige Zeit nach der vollständigen Beendigung des Baus. Der Baugeldgeber wird aber sehr häufig, namentlich wenn er nur in mäßigen Grenzen Baugeld zugesagt hat, ganz unbedenklich schon früher den Rest des Baugeldes ausbezahlt haben. Thatsächlich liegt die Sache doch sehr häufig so (— ich beziehe mich wieder auf meine langjährige Erfahrung im Aufsichtsrath des erwähnten Kreditvereins —), daß der Bauherr sich ein Baugelddarlehen in Höhe eines mäßigen Theils (50—60 %) der Baukosten bewilligen läßt, um mit dessen Hülfe und unter Verwendung seiner eigenen Mittel, soweit er sie nicht zur Anzahlung braucht, den Bau bis zu Ende zu führen. Ist er fertig, so wird die 1. und womöglich die 2. Hypothek gesucht, mit deren Hilfe die Baugelderhypothek abgetragen und der Rest der Bauforderungen bezahlt wird. Die Baugelder selbst, für die häufig neben der Baugelderhypothek noch andere Sicherheit durch Bürgen gestellt ist, werden auch gar nicht allzu ängstlich, etwa in genau vorher bestimmten Raten, ausbezahlt. Vielmehr läßt sich der Baugeldgeber etwa durch eine Bescheinigung des bauleitenden Architekten oder besser noch des Bürgen, welcher ja das dringendste Interesse an sorgsamer Kontrole des Baus hat, nachweisen, daß ein entsprechender Fortschritt des Baus erfolgt ist und demgemäß eine weitere Zahlung in bestimmter Höhe geleistet werden kann, und so sind oft die zugesagten Baugelder ausbezahlt, bevor der Bau vollendet ist. Dem mehrerwähnten Kreditverein ist aus diesem Verfahren noch nie ein Verlust entstanden. In allen derartigen Fällen aber würde die Vorschrift des Entwurfs B gar nichts nutzen. In den von ihr selbst vorausgesetzten Fällen aber würde der Nutzen so gering sein, daß sich seinetwegen ein derartiger weiterer Eingriff in die Vertrags- und Bewegungsfreiheit der Parteien nicht rechtfertigen dürfte.

So bedauerlich es sein mag, man wird sich zu dem Anerkenntniß entschließen müssen, daß über die Grenzen des allgemeinen Anfechtungsrechts innerhalb und außerhalb des Konkurses hinaus ein weiterer wirksamer Schutz gegen ungleichmäßige Berücksichtigung der Baugläubiger nicht zu finden ist.

Daß auch Andere sich von der vorgeschlagenen Bestimmung jedenfalls keine besondere Wirkung versprechen, geht daraus hervor, daß

Schneider sie in seiner angeführten Schrift, indem er nur von zwei Erweiterungen des Entwurfs A durch den Entwurf B spricht, absichtlich oder unabsichtlich überhaupt nicht erwähnt. —

Ich befürworte also auch hier Streichung der bezüglichen Bestimmungen des Entwurfs B. —

Hiermit glaube ich, die vorliegenden Entwürfe zwar nicht erschöpfend besprochen zu haben, aber doch auf die wesentlichen Grundlagen derselben soweit eingegangen zu sein, um ein abschließendes Urtheil zu ermöglichen. —

Meine eigene Ansicht fasse ich dahin zusammen:

Der Entwurf A bietet eine zweckmäßige Gestaltung des Baugläubiger-Schutzes, wenn

1. die Bestimmungen über die Höhe der Differenz-Kaution, sowie die über die Baugelder-Hypothek gemäß den obigen Vorschlägen (§§ 2, 3) ergänzt,
2. die Bestimmungen über die Auskunfts-Pflicht beseitigt,
3. aus Entwurf B die Bestimmungen über den Schutz der Lieferanten aufgenommen werden.

Dagegen empfiehlt sich die Aufnahme der weiteren Bestimmungen des Entwurfs B nicht. —

Gutachten

des Herrn Fabrikbesitzer Heinrich Freese

über die Frage:

Welchem der neuerdings veröffentlichten beiden Entwürfe eines Reichsgesetzes, betreffend die Sicherung der Bauforderungen gebührt der Vorzug?

I.

Den deutschen Juristentag hat die Frage einer gesetzlichen Sicherung der Bauforderungen mehrfach beschäftigt. Schon im Jahre 1889 haben dem 20. Juristentage zwei Gutachten der Herren Kreisgerichtsrath Dr. Benno Hilse und Rechtsanwalt Dr. Hermann Staub vorgelegen, die sich für die Ausdehnung des Pfandrechts der Uebernehmer auch auf unbewegliche Sachen ausgesprochen haben.[1]) Dem 24. Juristentage haben die Herren Justizrath Dr. Eckels und Kammergerichtsrath Thinius zwei weitere Gutachten erstattet. Das Gutachten von Eckels sprach sich dahin aus, daß im Bauwesen bestehende Mißstände im Wege der durch eine kommunale Behörde auszuübenden polizeilichen Kontrole der Bauherren zu beseitigen seien. Das Gutachten von Thinius vertrat den entgegengesetzten Standpunkt. Es empfahl, den Bauhandwerkern ein beschränktes dingliches Vorrecht zu geben, wobei jedoch auch die Lieferanten von Baumaterialien und die sogenannten Nachmänner als Baugläubiger gelten sollten.[2])

Endlich haben Geh. Justizrath Professor Dr. Brunner und Geh. Justizrath Dr. Wilke am 12. September 1898 der ersten Abtheilung des 24. Juristentages Berichte erstattet, die zur Annahme von Nr. 1 und 3 des Brunner'schen Antrages durch diese Abtheilung geführt haben. Diese Beschlüsse hatten folgenden Wortlaut:

> Nr. 1. Es empfiehlt sich, zum Schutze der Baugläubiger in Neubaubezirken die Bauerlaubnis von der Eintragung eines Bauvermerkes in das Grundbuch abhängig zu machen, an den die Sicherung der Bauforderungen zu knüpfen ist.
>
> Nr. 3. Sind die Verträge mit den Baugläubigern nicht im Namen oder für Rechnung des Bauherrn geschlossen, so können jene durch wirksame Anmeldung ihrer Ansprüche ein Pfandrecht an den angemeldeten Bauforderungen des Vormannes erwerben.

Dagegen wurde Nr. 2 des Antrages:

> Ueberschreiten die vor dem Bauvermerk eingetragenen Belastungen der Baustelle den Baustellenwerth, so ist in Höhe der

---

[1]) Verhandlungen 1889. Bd. 1 S. 218.

[2]) Verhandlungen 1898. Bd. 2 S. 173; Bd. 3 S. 51.

Differenz eine Kaution zur Sicherstellung der Bauforderungen zu leisten,

abgelehnt. Ebenso wurden in Nr. 3 die Schlußworte:

und die Auszahlung seiner nicht angemeldeten Forderung sperren.

mit 37 gegen 33 Stimmen gestrichen.

Eine kurze Verhandlung im Plenum über diese Beschlüsse hat am 14. September 1898 stattgefunden.[3])

Durch die im Jahre 1901 erfolgte Veröffentlichung von zwei neuen Gesetzentwürfen ist die Angelegenheit in ein neues Stadium getreten. Die ständige Deputation des deutschen Juristentages hat mir die Ehre erwiesen, mich als Gewerbetreibenden um ein Gutachten über diese Entwürfe zu ersuchen. Die an mich gerichtete Frage geht dahin:

Welchem der jetzt amtlich veröffentlichten Entwürfe eines Gesetzes zum Schutze der Bauforderungen ist der Vorzug zu geben?

Ich will mich an diese Frage halten und nicht untersuchen, ob die Justizverwaltung 4 Jahre nach Erscheinen der ersten Gesetzentwürfe und 10 Jahre nach Empfang der Bauhandwerker-Deputation durch den damaligen Staatssekretär Dr. Bosse nicht in der Lage gewesen wäre, diese Frage vor uns zu beantworten. Ueber diese Seite der Frage habe ich mich schon an anderer Stelle ausgesprochen.[4])

Die beiden jetzt vorliegenden Entwürfe wollen eine Sicherung der Bauforderungen durch die Gewährung eines dinglichen Rechtes herbeiführen. Dem Reichsgesetzentwurfe vom Jahre 1897 lag derselbe Gedanke zu Grunde. Will man noch weiter zurückgehen, so kann man auf den Entwurf V der im Jahre 1895 vom Oberlandesgerichts-Präsidenten Eicholtz der Justizkommission des preußischen Abgeordnetenhauses vorgelegten Entwürfe hinweisen.

In Uebereinstimmung mit dem Reichsgesetzentwurfe vom Jahre 1897 ist ferner in beiden Entwürfen daran festgehalten worden, daß eine Sicherung der Bauforderungen durch landesherrliche Verordnung angeordnet werden kann. Die Sicherung erfolgt durch eine Bauhypothek (§ 1). Zur Sicherung des Ranges der Bauhypothek ist vor dem Beginne des Baues ein Bauvermerk in das Grundbuch einzutragen (§ 3). Die Bauerlaubniß darf nur ertheilt werden, wenn der Bauvermerk eingetragen ist (§ 4). Die Baugläubiger können ihre Forderungen bei dem Grundbuchamte anmelden (§ 12). Die An-

[3]) a. a. O. Bd. 4 S. 35, 344.

[4]) Archiv für soziale Gesetzgebung u. Statistik 1902. S. 169.

meldung wird nur durch eine einstweilige Verfügung wirksam (§ 13). Die Bauforderungen haben unter sich gleichen Rang (§ 19). Eine Zwangsversteigerung darf nicht früher als zwei Wochen nach Ablauf der Anmeldungsfrist für Bauforderungen stattfinden (§ 25). Auf ihre Rechte können die Baugläubiger erst nach Beginn der Anmeldefrist verzichten (§ 36).

Diese Bestimmungen sind fast allseitig als zweckmäßige Bestandtheile eines Gesetzes zur Sicherung der Bauforderungen oder eines Baupfandgesetzes, wie ich es nennen möchte, anerkannt worden.

Nicht übernommen worden sind aus dem Entwurfe von 1897 die Bestimmungen, a) daß das Gesetz auch für Theile von Gemeinden (Neubaubezirke) eingeführt werden konnte, b) daß das Grundstück in den letzten fünf Kalenderjahren unbebaut gewesen sein sollte, c) daß die vereinbarten Vergütungen die übliche um mehr als den fünften Theil übersteigen sollten, um einen Einspruch der Betheiligten zu begründen. Endlich d) die Vorschrift, daß der Schutz des § 648 des B.G.B. den Baugläubigern nur für solche Forderungen zustehen sollte, die nicht Bauforderungen im Sinne des Gesetzes waren. Auch die Zweckmäßigkeit dieser vier Streichungen ist fast allseitig anerkannt worden.

Als weitere Vorzüge beider Entwürfe gegenüber dem Entwurfe von 1897 muß ich hervorheben: 1. die Herabsetzung der Anmeldefrist für Bauforderungen auf drei Monate (§ 12); 2. die Beseitigung jeder Anmeldung durch Hinterlegung von Geld oder Werthpapieren (§ 14); 3. die Gestattung der Einsicht des Grundbuches bis zur Löschung des Bauvermerkes für jeden (§ 16); 4. die verlangte Einreichung des Baugeldvertrages zu den Akten des Grundbuches (§ 20); 5. die Bestimmung, daß der Bauhypothek auch solche Baugeldzahlungen im Range vorgehen sollen, die in Höhe einer von dem Eigenthümer getilgten Bauforderung an diesen geleistet worden sind (§ 21); 6. die Anordnung, daß für das Vertheilungsverfahren die Amtsgerichte zuständig sein sollen (§ 29).

Es gereicht mir zu einiger Genugthuung, darauf hinweisen zu können, daß von diesen zehn Verbesserungen, die der Entwurf vom Jahre 1897 erfahren hat, neun in den Grundzügen enthalten sind, die ich in meinem Buche „Das Pfandrecht der Bauhandwerker“[5]) für ein zweckmäßiges Baupfandgesetz aufgestellt habe. Nur die Bestimmung, durch die das Vertheilungsverfahren an die Amtsgerichte gewiesen wird, hat mein Entwurf nicht enthalten.

---

[5]) Leipzig 1901 (Verlag von Friedrich Emil Perthes).

Ich gehe nunmehr zu den Abweichungen der beiden Entwürfe über. Es sind drei. Ueber diese Fragen hat sich — wie die Begründung mittheilt — in der Kommission, die aus Vertretern der betheiligten Preußischen Ministerien und Reichsämter zusammengesetzt war, eine Uebereinstimmung der Meinungen nicht erzielen lassen.[6]) Es sind daher zwei Entwürfe, A und B, ausgearbeitet worden, um zu zeigen, in welcher Weise der Entwurf bei Annahme der einen oder der anderen Meinung zu gestalten wäre.

Die Unterschiede beider Entwürfe sind folgende:

α) Der Entwurf A bestimmt im zweiten Abschnitte über die Baugläubiger folgendes:

§ 6. Als Baugläubiger gelten die an der Herstellung des Bauwerkes oder eines einzelnen Theiles des Bauwerkes auf Grund eines Werk- oder Dienstvertrages Betheiligten wegen ihrer Ansprüche auf die in Geld vereinbarte Vergütung, sofern die Werk- oder Dienstverträge von dem Eigenthümer der Baustelle oder für dessen Rechnung geschlossen worden sind (Bauforderungen). Dem Eigenthümer der Baustelle steht gleich, wer den Bau mit Zustimmung des Eigenthümers als Bauherr ausführt. Durch eine nachträgliche Veräußerung der Baustelle werden die Rechte der Baugläubiger nicht berührt.

Dagegen heißt es im Entwurf B, wobei die vom Entwurf A abweichenden Vorschriften durch Sperrdruck hervorgehoben sind:

§ 6. Als Baugläubiger gelten die an der Herstellung des Bauwerkes oder eines einzelnen Theiles des Bauwerkes auf Grund eines Werk- oder Dienstvertrages Betheiligten, *sowie diejenigen, welche zur Herstellung des Bauwerkes zu verwendende Sachen geliefert haben,* wegen ihrer Ansprüche auf die in Geld vereinbarte Vergütung, sofern die Werk-, *Dienst- oder Lieferungsverträge* von dem Eigenthümer der Baustelle oder für dessen Rechnung geschlossen worden sind (*unmittelbare* Bauforderungen). Dem Eigenthümer der Baustelle steht gleich, wer den Bau mit Zustimmung des Eigenthümers als Bauherr ausführt. Durch eine nachträgliche Veräußerung der Baustelle werden die Rechte der Baugläubiger nicht berührt.

β) Der Entwurf B kennt im Gegensatz zu A außer den unmittelbaren Bauforderungen (§ 6) auch mittelbare und erläßt dafür eine Reihe von Vorschriften:

§ 6a. *Ist die einem Unternehmer übertragene Herstellung des Bauwerkes oder eines einzelnen Theiles des Bauwerkes an andere Unternehmer (Nachmänner) weiter übertragen worden, so gelten auch die Nachmänner wegen der ihnen aus dem Werkvertrage gegen ihre Vormänner zustehenden Ansprüche als Baugläubiger (mittelbare Bauforderungen).*

§ 6b. *Mittelbare Bauforderungen dürfen den Betrag nicht überschreiten, für welchen dem unmittelbaren Vormanne eine*

---

[6]) Entwürfe, S. 12 Amtliche Ausgabe.

Bauforderung erwachsen ist; mehrere Bauforderungen von Nachmännern desselben Vormannes sind, soweit erforderlich, verhältnißmäßig herabzusetzen. Ist die Bauforderung eines Nachmannes nach Satz 1 herabzusetzen, so ist der herabgesetzte Betrag für den Umfang der Bauforderungen seiner Nachmänner maßgebend.

§ 6c. Sind vor der Eintragung der Bauhypothek Zahlungen an einen Vormann auf dessen Bauforderung geleistet, so ist der verbleibende Rest der Bauforderung des Vormannes für den Umfang der Bauforderungen seiner Nachmänner maßgebend.

§ 6d. Hat ein Nachmann seine Bauforderung dem Schuldner eines Vormannes angezeigt, so tritt die angezeigte Forderung bis zur Höhe der an den Vormann nach der Anzeige geleisteten Zahlungen an die Stelle der Bauforderung des Vormannes. Sind mehrere gegen denselben Vormann bestehende Bauforderungen, deren Summe die an den Vormann geleistete Zahlung übersteigt, angezeigt, so findet eine verhältnismäßige Herabsetzung der jedem Nachmanne zufallenden Beträge der Bauforderungen des Vormannes statt. Bestehen mehrere angezeigte Bauforderungen gegen verschiedene Vormänner, so schließt der frühere Nachmann den späteren aus, soweit die von ihnen angezeigten Beträge sich decken.

Die Anzeige ist durch Gerichtsvollzieher zuzustellen; sie verliert ihre Kraft, wenn nicht binnen drei Wochen eine schriftliche Anerkennung der Bauforderung durch den Vormann oder eine die Aufrechterhaltung der Anzeige anordnende einstweilige Verfügung zugestellt wird. Auf die Erlassung der einstweiligen Verfügung finden die Vorschriften des § 13 entsprechende Anwendung.

§ 13. Die Anmeldung einer Bauforderung ist nur wirksam, wenn bis zum Ablaufe der Anmeldungsfrist die schriftliche Zustimmung des Eigenthümers zur Anmeldung oder eine gegen den Eigenthümer ergangene, die Anmeldung zulassende einstweilige Verfügung zu den Akten des Grundbuchamtes eingereicht wird.

Bei mittelbaren Bauforderungen müssen der unmittelbare Vormann und die weiteren Vormänner in der Zustimmungserklärung oder in der einstweiligen Verfügung angegeben sein. Das Grundbuchamt hat, sobald eine Anmeldung wirksam geworden ist, dem Anmeldenden eine Bescheinigung über die Anmeldung zu ertheilen.

Zur Erlassung einer einstweiligen Verfügung sind glaubhaft zu machen:

1. Der von dem Anmeldenden abgeschlossene Vertrag;
2. die Verwendung seiner Leistungen in den Bau und bei theilweiser Verwendung der nach § 8 zu berechnende Betrag der Bauforderung;
3. bei Bauforderungen eines Nachmannes die Angemessenheit der vereinbarten Vergütung;
4. bei unmittelbaren Bauforderungen und, wenn ein Anderer als der Vertragsgegner als unmittelbarer Vormann bezeichnet wird, die in den §§ 6, 6d, 7a oder 7b bestimmten Voraussetzungen;

5. bei mittelbaren Bauforderungen die Reihenfolge der Vormänner, sofern sich diese nicht aus den nach § 7 erstatteten Anzeigen ergiebt.

Wird Widerspruch gegen die einstweilige Verfügung erhoben, so ist die Verfügung auch aufzuheben, soweit das Nichtbestehen der Bauforderung in Gemäßheit der Vorschriften der §§ 6b, 6c glaubhaft gemacht wird.

§ 15. ... Bei der Bestimmung des Betrags der Bauhypothek sind zu berücksichtigen:

1. Die Anmeldungen der unmittelbaren Bauforderungen,
2. die Anmeldungen der mittelbaren Bauforderungen, soweit sie nicht in Anmeldungen der Vormänner Deckung finden ...

§ 15a. Für mittelbare Bauforderungen ist, soweit diese in Anmeldungen der Vormänner Deckung finden, zugleich mit der Bauhypothek ein Pfandrecht einzutragen. Das Pfandrecht entsteht mit der Eintragung und geht anderweit begründeten dinglichen Rechten im Range vor.

Das Pfandrecht besteht an der Bauforderung des unmittelbaren Vormannes. Hat der unmittelbare Vormann seine Bauforderung nicht oder nicht in einem zur Deckung der Bauforderung des Nachmannes ausreichenden Betrag angemeldet, so besteht das Pfandrecht in Höhe des nicht gedeckten Betrages an der Bauforderung des nächsten anmeldenden Vormanns und soweit erforderlich weiterer Vormänner. Die Bauforderungen mehrerer Nachmänner desselben Vormannes haben unter sich gleichen Rang.

Ergiebt sich, daß die von einem Vormanne angemeldete Bauforderung zur Zeit der Eintragung der Bauhypothek nicht bestand, so haben die Nachmänner dieselben Rechte, welche sie haben würden, wenn die Anmeldung des Vormannes nicht erfolgt wäre.

§ 26. Soweit durch ein Urtheil der Widerspruch eines Baugläubigers gegen die Aufnahme der Forderung eines anderen Baugläubigers in dem Vertheilungsplan rechtskräftig als begründet anerkannt ist, wirkt das Urtheil für alle Baugläubiger. Der widersprechende Baugläubiger kann Erstattung seiner Prozeßkosten aus dem bei der Vertheilung auf die Gläubiger entfallenden Betrag insoweit verlangen, als in Folge des Widerspruches der Antheil des Prozeßgegners an diesem Betrage vermindert ist. **Ist der Prozeßgegner ein Nachmann, so kann die Erstattung nur denjenigen Baugläubigern gegenüber verlangt werden, denen der Wegfall des Nachmanns zum Vortheile gereicht.**

γ) Schließlich ist im Entwurfe B noch eine Vorschrift über die Auszahlung des letzten Theils der Baugelder erlassen worden. Die Vorschrift ist im Absatz 2 des § 21 enthalten, der dem Entwurf B hinzugefügt worden ist. Die Abweichung vom Entwurf A ist auch hier durch Sperrdruck hervorgehoben:

§ 20. Der Rang der Bauhypothek gegenüber anderen Rechten bestimmt sich nach der Eintragung des Bauvermerkes. Ist jedoch nach dem Bau=

vermerk eine Hypothek zu Gunsten eines Gläubigers eingetragen, welcher die Gewährung von Baugeldern übernommen hat, so gelten für diese Hypothek, falls sie bei der Eintragung als Baugelderhypothek bezeichnet ist, die Vorschriften der §§ 21, 22.

Das Grundbuchamt soll eine Baugelderhypothek nur eintragen, wenn der Baugeldervertrag zu den Akten des Grundbuchamtes eingereicht ist.

§ 21. Die Baugelderhypothek geht der Bauhypothek im Rang um den Betrag derjenigen Zahlungen vor, welche in Anrechnung auf die Baugelder von dem Baugeldgeber zum Zwecke der Tilgung einer Bauforderung an den Baugläubiger oder in Höhe einer von dem Eigenthümer getilgten Bauforderung an diesen geleistet worden sind. Der Vorrang ist ausgeschlossen, soweit dem Baugeldgeber zur Zeit der Zahlung bekannt war, daß die Bauforderung nicht bestehe; der Kenntniß steht eine auf grober Fährlässigkeit beruhende Unkenntniß gleich.

In Ansehung des fünften Theiles der Baugelder finden die Vorschriften des Absatz 1 keine Anwendung, wenn binnen einer Frist von zwei Monaten seit dem Beginn der Anmeldungsfrist ein Baugläubiger Widerspruch gegen die Auszahlung erhoben hat. Wird Widerspruch erhoben, so ist der Baugeldgeber berechtigt, den fünften Theil des Baugeldes mit der Wirkung zu hinterlegen, daß die Baugelderhypothek in Höhe des hinterlegten Betrages der Bauhypothek im Range vorgeht. Auf den hinterlegten Betrag finden die Vorschriften des vierten Abschnittes entsprechende Anwendung.

Der Widerspruch gegen die Auszahlung ist dem Baugeldgeber durch einen Gerichtsvollzieher zuzustellen. Der Widerspruch verliert seine Wirkung, wenn nicht dem Baugeldgeber vor dem Ablaufe der Anmeldungsfrist die im § 13 Abs. 1 Satz 3 bezeichnete Bescheinigung des Grundbuchamtes vorgelegt wird. Wird der Widerspruch zurückgezogen, so gilt er als nicht erfolgt.

α) Der Schutz der Lieferanten.

Von den drei grundsätzlichen Abweichungen, die der Entwurf B enthält, die Ausdehnung des Schutzes auf die Materiallieferanten, die Holz- und Steinhändler, die im Entwurf A von dem gesetzlichen Schutze ausgeschlossen sind, dann die Berücksichtigung der mittelbaren Baugläubiger, die, wie wir gesehen haben, ziemlich umständliche Vorschriften erforderlich macht, und endlich die Sicherung eines bestimmten Theils der Baugelder für die nicht befriedigten Baugläubiger, erscheint der Einschluß der Materialienlieferanten weitaus als die bedeutsamste. Wenigstens auf den ersten Blick.

Die großen Materiallieferanten sind fast durchweg Gegner des Schutzgesetzes. Sie haben den Entwurf vom Jahre 1897 abgelehnt, weil sie darin nicht berücksichtigt waren. Sie haben aber außerdem noch das ganze Gesetz bekämpft und das aus triftigen Gründen. Die Holz-

und Steinhändler sind den Bauhandwerkern durch die Höhe ihrer Rechnungen und ihren zeitlichen Vorsprung, wie auch durch ihre größere Kapitalkraft meist überlegen. Sie decken sich jetzt bei allen schwachen Unternehmungen durch Baugeldzessionen und Sicherheitshypotheken auf Kosten der nach ihnen kommenden Bauhandwerker. Diese bevorzugte Stellung soll ihnen durch das Gesetz entzogen werden. Ihr Widerstand dagegen ist sehr begreiflich.

Der Stand der Bauhandwerker verlangt dagegen den Ausschluß der Lieferanten. Ich habe mich in meinem Buche[7]) ebenfalls gegen die Ausdehnung des Schutzes auf die kaufmännischen Lieferanten ausgesprochen. Ich wollte sie nur als mittelbare Baugläubiger, nicht als unmittelbare Baugläubiger zulassen, während im Entwurfe **B** die entgegengesetzte Entscheidung getroffen worden ist. Die Thatsache, daß ihre Lieferungen zur Wertherhöhung des Baues ebenso beitragen, wie die der Handwerker habe ich rückhaltlos anerkant. Ich mußte aber in Uebereinstimmung mit der Begründung des Reichsgesetzentwurfes vom Jahre 1897 S. 22, 23 darauf hinweisen, daß sie nicht wie die Bauhandwerker zur Vorleistung verpflichtet sind und daß sie in der Regel wirthschaftlich stark genug sind, sich selbst zu schützen. Da die Lieferanten stets erklärt haben, keiner gesetzlichen Sicherung zu bedürfen, so habe ich die Ansicht vertreten, daß kein Anlaß vorliege, ihnen einen Schutz aufzudrängen, den sie nicht verlangt hatten. In einer späteren Abhandlung im Archiv für soziale Gesetzgebung und Statistik 1902 S. 179 habe ich aber erklärt, daß ich auf die Einbeziehung oder den Ausschluß der kaufmännischen Lieferanten keinen entscheidenden Werth lege. Ich fand, daß die Billigkeitsgründe dafür, sie mit zu berücksichtigen, den Gegengründen die Wage halten.

Zur Beurtheilung der finanziellen Bedeutung der Ausdehnung des Schutzes auf die Lieferanten können die nachfolgenden Angaben dienen. Nach einer Uebersicht über die Baukosten eines in Berlin im Jahre 1893 vom Berliner Spar- und Bauverein errichteten Hauses, die ich in meinem Buche gegeben habe, betrugen diese Kosten 159 197,71 Mark.[8]) Davon entfielen

1. auf die kaufmännischen Lieferanten (Stein- und Holzhändler, Mörtellieferant, Eisenhändler) 34,06 pCt.,
2. auf die Baugewerkmeister (Maurer-, Zimmer- und Steinsetzmeister), Erdarbeiter und Staakerarbeit 27,84 pCt.,

---

[7]) Das Pfandrecht d. B. S. 103, 200, 215.

[8]) Das. S. 40.

3. auf die Ausbauhandwerker (Dachdecker, Klempner, Tischler, Töpfer, Schlosser, Stuckateur, Glaser, Maler, Gas- und Wasseranlagen u. s. w.) 37,01 pCt.

Der Rest von 1,09 pCt. wurde für die Bauleitung und verschiedene kleine Aufwendungen verausgabt.

Bei einem in den Jahren 1897—98 errichteten Gebäudekomplex in der Proskauerstraße erhielten von 594 947,80 Mk. Baukosten

1. die Lieferanten	. . .	33,08 pCt.
2. die Baugewerkmeister	.	27,22 „
3. die Ausbauhandwerker	.	36,91 „

und bei einem großen Gebäude in der Stargardterstraße, das in den Jahren 1899—1900 von demselben Verein errichtet wurde, erhielten bei 555 458,42 Mk. Baukosten

1. die Lieferanten	. . .	34,48 pCt.
2. die Baugewerkmeister	.	23,94 „
3. die Bauhandwerker	. .	38,53 „

Man erkennt hieraus ohne Weiteres, daß der Kreis der Baugläubiger durch den Hinzutritt der Lieferanten sehr erweitert wird. Das Baugeld, das für die Baugewerkmeister und Bauhandwerker zur Deckung ihrer Forderungen ausreichen würde, wird bei Eintritt der Lieferanten unzureichend. Bei näherer Betrachtung verliert aber diese Frage an Bedeutung und zwar aus dem Grunde, auf den schon die Herren Kammergerichtsrath Thinius und Professor Brunner hingewiesen haben.[9]) Es unterliegt leider keinem Zweifel, daß wir mit oder ohne Einschluß der Materiallieferanten damit zu rechnen haben, ihre Forderungen berücksichtigen zu müssen. Werden die Lieferanten als Baugläubiger anerkannt, so werden sie ihre Forderungen auf Grund des § 6 geltend machen. Werden sie nicht als Baugläubiger anerkannt, so werden sie ihre Materialien nur durch die Baugewerkmeister liefern lassen und deren Schutz mitgenießen, oder sie werden die Arbeiten der Maurer- und Zimmermeister mitübernehmen.

Mit dieser Wahrscheinlichkeit werden wir bei jedem Schutzgesetz rechnen müssen. Sie wird aber noch verstärkt durch die Art, in der in beiden Gesetzentwürfen die Auszahlung der Baugelder an die Baugläubiger oder den Bauherrn geregelt ist. Nach § 21 sollen der Bauhypothek nur solche Zahlungen im Range vorgehen, die von dem Baugeldgeber zur Tilgung von Bauforderungen oder in Höhe von getilgten

---

[9]) Verhandlungen 1898, Bd. 3 S. 75, Bd. 4 S. 41.

Bauforderungen geleistet worden sind. Danach hat der Bauherr alle Ursache, es so einzurichten, daß die Baumaterialien von einem Baugläubiger geliefert werden. Nur dann darf der Baugeldgeber zum Zwecke der Tilgung dieser Forderungen Zahlungen leisten. Der Beleiher wird die Höhe des zu gewährenden Baugelddarlehens davon abhängig machen müssen, ob die Steine und das Bauholz von einem Baugläubiger geliefert werden oder nicht und der Bauherr wird einen höheren Betrag nur erhalten, wenn er diese Frage bejahen kann. Da der Baugeldgeber in dieser Beziehung am sichersten geht, wenn der Bauherr den ganzen Bau einschließlich aller Materialien von einem Hauptunternehmer herstellen läßt, so halte ich es mit anderen Beurtheilern für wahrscheinlich, daß die Baugeldgeber, wenn sie das Baugeld in der jetzt üblichen Höhe gewähren sollen, ausdrücklich diese Form der Bauausführung vorschreiben werden.

Bei dieser Sachlage dürfen wir es als sicher ansehen, daß wir gerade bei den Bauunternehmungen, für die das Schutzgesetz erlassen werden soll, die großen Materiallieferungen auch bei Annahme des Entwurfes A unter den Bauforderungen finden werden. Die Aussichten, daß das Baugeld für alle Baugläubiger ausreicht, werden dadurch natürlich sehr vermindert und es wächst die Wahrscheinlichkeit, daß die letzten Ausbauhandwerker nichts mehr davon erhalten werden. Die Abwehr dieser Folgen ist aber eine Sache für sich. Für die Beantwortung der Frage, ob in dieser Hinsicht, dem Entwurfe A oder B der Vorzug zu geben ist, kann nur in Betracht kommen, daß der Unterschied zwischen beiden Entwürfen für die Frage der Sicherung der Bauhandwerker gering ist, daß aber der Entwurf B in Rücksicht auf die übrigen betheiligten den Vorzug verdient.

β) Der Schutz der Drittunternehmer.

Die zweite grundsätzliche Abweichung des Entwurfes B besteht in der Ausdehnung des Schutzes auf mittelbare Bauforderungen. Dafür hat sich die erste Abtheilung des 24. Deutschen Juristentages durch die schon erwähnte Annahme des Antrages Nr. 3 ausgesprochen. In dem Entwurfe B ist diesem Beschlusse Folge gegeben worden. Mit der Erweiterung, daß das Pfandrecht nicht auf die angemeldeten Bauforderungen des Vormannes beschränkt worden ist. Ich habe schon in meinem Buche (S. 178) darauf aufmerksam machen müssen, daß es bedenklich sein würde, das Recht des Nachmannes davon abhängig zu machen, daß sein Vormann seine Bauforderung angemeldet hat.

Nach § 15 des Entwurfes B sind bei der Bestimmung des Betrages der Bauhypothek zu berücksichtigen:

1. Die Anmeldungen unmittelbarer Bauforderungen.
2. Die Anmeldungen der mittelbaren Bauforderungen, soweit sie nicht in Anmeldungen der Vormänner Deckung finden.

Mittelbare Bauforderungen dürfen nach § 6 b den Betrag nicht überschreiten, für welche dem unmittelbaren Vormann eine Bauforderung erwachsen ist; mehrere Bauforderungen von Nachmännern desselben Vormannes sind, soweit erforderlich, verhältnißmäßig herabzusetzen.

Die Ausdehnung des Gesetzes auf Unternehmer, die ihre Verträge nicht im Namen oder für Rechnung des Bauherrn geschlossen haben, ist eine Verbesserung von großer Tragweite. Ich habe vorgeschlagen, für diese Gattung von Unternehmern an Stelle des unschönen Wortes „Nachmänner" oder der in der Begründung gebrauchten Bezeichnung „Unterunternehmer" die Bezeichnungen Drittunternehmer und Drittgläubiger zu wählen. Nach Analogie des Wortes Drittschuldner. Der Erste Staatsanwalt Schumacher hat als Berichterstatter der Justizkommission des Preußischen Abgeordnetenhauses schon im Jahre 1893 den Anspruch erhoben[10]), den Bauhandwerkern auch dann das Pfandrecht zu gewähren, wenn der Auftrag nicht vom Bauherrn selbst, sondern von einem Uebernehmer ertheilt worden sei, der den Bau in Entreprise übernommen habe. Den gleichen Vorschlag hat Amtsgerichtsrath Schneider in seiner Kritik der Gesetzentwürfe von 1897 gemacht und hat darin das beste Mittel gesehen, dem mißbräuchlichen Einschieben von Zwischenpersonen zur Benachtheiligung der Baugläubiger entgegen zu treten. Er hat auch betont, daß man sich die Abwicklung solcher Pfandrechte verschiedenen Grades schwieriger vorstelle, als sie sein werde. Der Verbandtag der städtischen Hausbesitzer hat 1898 ebenfalls die Forderung erhoben, daß die Forderungen dritter Personen, die selbst nicht mit dem Eigenthümer oder für dessen Rechnung eine Vergütung vereinbart haben, in dem Gesetze Berücksichtigung finden sollten.

Nachdem Dr. Solmssen in seinem Buche über den gesetzlichen Schutz der Baugläubiger in den Vereinigten Staaten von Nordamerika[11]) festgestellt hat, daß sich die Ausdehnung des Baupfandgesetzes auf Drittunternehmer durchführen läßt und sich in den Vereinigten Staaten bewährt hat, haben sich die Aussichten, diese Unter-

[10]) Drucksache des Abgeordnetenhauses Nr. 260 von 1892/93.
[11]) Berlin 1900, C. Heymanns Verlag.

nehmer in das Schutzgesetz einzuschließen, sehr verbessert. Anscheinend ist darin das einzige Mittel zu erblicken, Umgehungen des Schutzgesetzes zu verhindern. Es würde sonst bei allen unsoliden Unternehmungen zwischen den Eigenthümer und die Bauhandwerker ein Hauptunternehmer eingeschaltet werden, nur um zu verhindern, daß die an der Herstellung des Bauwerkes Betheiligten ihre Werkverträge mit dem Eigenthümer abschließen. Diese Gefahr liegt um so näher, als auch, wie ich schon ausgeführt habe, bei dem Baugeldgeber eine Neigung vorauszusetzen ist, diese Einschaltung eines Zwischenunternehmers zu begünstigen.

Eine kleine Erschwerung derartiger Umgehungen hat der § 6 beider Entwürfe dadurch herbeigeführt, daß dem Eigenthümer der Baustelle gleichstehen soll, wer den Bau mit Zustimmung des Eigenthümers als Bauherr ausführt. Das wird besonders zutreffen, wo die Ehefrau als Eigenthümerin eingetragen ist, während der Ehemann den Bau errichtet und die Verträge mit den Handwerkern abschließt. Die Gefahr, daß die heute im Ganzen solide Generalentreprise zu einer systematischen Umgehung des Gesetzes benutzt werden könnte, bleibt aber bestehen. Als bestes Mittel dagegen ist die den Drittunternehmern ertheilte Befugniß anzusehen, durch Subrogation in das Baupfandrecht ihrer Vormänner auch gegen deren Willen einzutreten.

Die Frage, ob die in den §§ 6a, 6b, 6c und 6d, sowie im weiteren getroffenen Einzelvorschriften in allen Theilen ihrem Zweck entsprechen, die Unternehmer weiterer Grade zu schützen, ist mehr juristisch-technischer Natur. Ich muß mich in dieser Hinsicht bescheiden. Einige Bestimmungen, besonders im § 6d, scheinen in ihrer Fassung noch größerer Klarheit zu bedürfen. Im § 6a ist das mittelbare Baupfandrecht den kaufmännischen Lieferanten nicht zugestanden worden. Da die Berücksichtigung der Drittunternehmer schon sehr umständliche Vorschriften nothwendig gemacht hat, so läßt sich nichts dagegen einwenden, daß als mittelbare Bauforderungen zunächst nur die Forderungen aus Werkverträgen gelten sollen. Die Ausdehnung des Schutzes auf Forderungen aus Lieferungsverträgen würde eine große Reihe von weiteren Einzelvorschriften nothwendig machen, und ich kann dieser Beschränkung auf das zunächst Nothwendigste beipflichten.

γ) Die Sicherung der Baugelder.

Als dritte Abweichung des Entwurfes **B** habe ich die Vorschrift des § 21 Abs. 2 genannt, durch die der fünfte Theil der Baugelder erst zwei Wochen nach Beginn der Anmeldefrist, also nach der Veröffentlichung der polizeilichen Gebrauchabnahme ausgezahlt werden darf. Wird binnen dieser Frist von einem Baugläubiger Widerspruch gegen die Auszahlung erhoben, so ist der Baugeldgeber berechtigt — warum nicht auch verpflichtet? — diesen Theil der Baugelder zu hinterlegen.

Auch diese Vorschrift ist der Gesetzgebung der Vereinigten Staaten von Nordamerika nachgebildet. Nach Dr. Solmssen darf dort ein bestimmter, meist 25 pCt. betragender, Theil der Baugelder nicht vor Ablauf einer gewissen Frist nach Fertigstellung des Baues gezahlt werden.[12]) Er empfiehlt diese Vorschrift, und ich habe die Bestimmung, daß mindestens der fünfte Theil des Baugelddarlehns erst vier Wochen nach der polizeilichen Gebrauchabnahme ausgezahlt werden darf, in die von mir aufgestellten Grundzüge eines Schutzgesetzes aufgenommen.[13]) Von Gegnern des Gesetzes ist sie als eine Benachtheiligung der Baugläubiger hingestellt worden. In Wirklichkeit ist sie als eine wirksame Schutzbestimmung anzusehen. Sie ermöglicht es den letzten und am meisten gefährdeten Ausbauhandwerkern, sich durch rechtzeitigen Widerspruch wenigstens einen Theil des Baugeldes zu sichern. Es kann wohl vorkommen, daß ein Theil ihrer Bauforderungen in Verlust geräth, aber nicht, daß sie alles verlieren wie jetzt. Die Stellung dieser Baugläubiger bleibt durch den zu erwartenden Eintritt der Holz- und Steinhändler in den Kreis der Baugläubiger immerhin sehr gefährdet. Die Baugelder werden zu einem großen Theile von den den Bauhandwerkern zeitlich vorangehenden Lieferanten und Baugewerksmeistern aufgezehrt sein, wenn die Ausbauhandwerker mit ihren Arbeiten beginnen können. Ich muß es deshalb als einen beachtenswerthen Schutz der Ausbauhandwerker ansehen, wenn im Entwurf B durch § 21 Abs. 2 festgestellt worden ist, daß bei Vollendung des Baues und Beginn der Anmeldefrist noch der fünfte Theil der Baugelder vorhanden sein muß. Es müßte allerdings durch den § 21 eine gleichmäßige Vertheilung dieses Theils der Baugelder unter die unbefriedigten Baugläubiger vorgeschrieben werden. Das wird sich aber leicht einfügen lassen.

Nach diesem muß meine Antwort auf die Frage, welchem Entwurfe der Vorzug zu geben ist, dem Entwurfe A oder B, zu Gunsten des Entwurfes B ausfallen. In einer von den drei Fragen, über die sich in der Kommission eine Uebereinstimmung der Meinungen nicht hat erzielen lassen, ist es mir nicht leicht geworden, mich für den Entwurf B auszusprechen. Ich habe aber feststellen müssen, daß der Unterschied

---

[12]) S. 175 u. 463 a. a. O.

[13]) Das Pfandrecht d. B. S. 199.

zwischen den beiden Entwürfen in diesem Punkte gering ist. In den anderen beiden Fragen habe ich dagegen den Entwurf B unbedingt vorgezogen und da diese für mich von entscheidender Bedeutung sind, so muß ich dem Entwurf B den Vorzug geben.

II.

Die Aufgabe, die mir gestellt worden ist, wäre damit erledigt, wenn nicht der sonstige Inhalt beider Gesetzentwürfe, also auch des Entwurfes B mir zu einigen Bedenken Anlaß gäbe. Mein Gutachten würde unvollständig sein, wenn ich diese Bedenken nicht aussprechen würde. Glücklicherweise sind sie nicht derart, daß mit ihrer Berücksichtigung der ganze Entwurf zu Falle käme. Ueber einige Mängel der Entwürfe, den Ausschluß der Gebäude, die aus Versicherungssummen wieder hergestellt werden (§ 2 Abs. 2) und das Fehlen einer Fristbestimmung im § 23, habe ich mich schon im Archiv für soziale Gesetzgebung und Statistik[14]) ausgesprochen. Ein weiteres Bedenken, das ich dort gegen die in den §§ 17—19 festgesetzte Umwandlung von Bauforderungen in eine dem Eigenthümer zufallende Grundschuld geäußert habe, wird bei Annahme des Entwurfes B hinfällig. Hier will ich nur vier Punkte zur Sprache bringen. Von diesen muß ich zwei ausführlich behandeln, weil der Reichsgesetzentwurf von 1897 an ihrer unbefriedigenden Regelung gescheitert ist. Diese beiden Punkte dürfen eine eingehende Prüfung um so mehr beanspruchen, da sie auch in den Verhandlungen der ersten Abtheilung des Juristentages am 12. September 1898 im Vordergrunde gestanden haben.

1. Der Ausschluß der Abrißbauten.

Ich habe schon erwähnt, daß die Vorschrift des Reichsgesetzentwurfes von 1897, daß das betreffende Grundstück in den letzten fünf Kalenderjahren unbebaut gewesen sein sollte, sich in den jetzt vorliegenden Entwürfen nicht vorfindet. Es wird im § 2 beider Entwürfe nur verlangt, daß die Baustelle zur Zeit der Ertheilung der Bauerlaubniß unbebaut oder nur mit Gebäuden untergeordneter Art besetzt sein soll. Damit sind aber die sogenannten Abrißbauten, d. h. solche Neubauten, die an Stelle von abgerissenen Häusern errichtet werden, von dem Schutzgesetz ausgeschlossen. In den Vereinigten Staaten von Nord-Amerika fallen dagegen Umbauten oder umfangreiche Reparaturen unter das Gesetz. Wenn es auch zutrifft, daß diese Unternehmungen in der

[14]) 1902 S. 178.

Regel einen kapitalkräftigen Unternehmer voraussetzen, so ist dies doch nicht immer der Fall. Die Berliner Bauhandwerker haben gerade bei Neubauten, die an Stelle von abgerissenen Gebäuden errichtet worden sind (Kaiser-Bazar, Ronacher-Theater), empfindliche Verluste erlitten. Da ich mich über diese Frage in meinem schon erwähnten Buche ausgesprochen habe und ich mich nicht wiederholen möchte, so muß ich auf das dort (S. 97, 131, 207, 318, 324, 329) Gesagte hinweisen. Wird das Gesetz auf diese Bauunternehmungen ausgedehnt, so wird es zweckmäßig sein, auch Gebäude, die aus Versicherungssummen wieder hergestellt werden (§ 2), einzuschließen. Gerade für diese Fälle scheint mir das im § 22 vorgesehene und weiter unten zu erörternde Treuhandsystem besonders geeignet zu sein.

2. Der Schutz der Arbeiter.

Die Entwürfe räumen den Arbeitern nur die Stellung eines Baugläubigers ein. Diese müssen also an der Bauhypothek theilnehmen, bei der Zwangsversteigerung mitbieten, und Bietungkaution stellen. Das kann kein Arbeiter, und deshalb haben die an der Prüfung der Entwürfe von 1897 theilnehmenden Deputirten des Berliner Innungsausschusses einstimmig beschlossen, für die Arbeiter ein volles Vorrecht zu beantragen.[15]) Die Bauforderungen der auf Grund eines Dienstvertrages an der Feststellung des Bauwerthes oder eines Theiles des Bauwerthes Betheiligten müssen, sofern die Dienstverträge von dem Eigenthümer der Baustelle oder für dessen Rechnung geschlossen sind, gleichzeitig mit dem im § 10 Nr. 2 des Reichszwangsvollstreckungsgesetzes aufgeführten Beträge zur Hebung kommen. Die Lohnbeträge, um die es sich dabei handelt, sind verhältnißmäßig gering, und da die Arbeiter in den Vereinigten Staaten ein Vorrecht vor den übrigen Baugläubigern genießen, so können wir in Deutschland, dem Lande der sozialen Gesetzgebung, wohl noch einen Schritt weiter gehen. Will der Baugeldgeber sich gegen derartige Forderungen sichern, so kann er im Baugeldvertrag vorschreiben, daß der Bauherr sämmtliche Arbeiten an Unternehmer zu vergeben hat. Dann können ihm Lohnforderungen nicht vorangehen.

Als mittelbare Baugläubiger sind die Arbeiter im Gesetzentwurfe B durch § 6a ausgeschlossen worden. Wenn den Arbeitern für ihre unmittelbaren Bauforderungen ein volles Vorrecht gewährt wird, so ist diese Bestimmung für sie annehmbar. Das Gesetz wird dadurch verein-

[15]) Das Pfandrecht d. B. S. 110, 201, 212, 325.

facht. Die Begründung führt aber aus, daß bei Berücksichtigung der Dienstverträge bei den mittelbaren Bauforderungen entgegen der Absicht des Gesetzes die Bauhandwerker zu schützen, diese geschädigt werden würden, da dann die Gesellen die Auszahlung der den Bauhandwerkern geschuldeten Beträge erschweren könnten.[16]) Ich glaube, daß die meisten Handwerker in diesem Punkte anders denken. Sie würden ihren Gesellen gern ein weitgehendes Pfandrecht einräumen, da sie sicher sind, daß nur selten davon Gebrauch gemacht würde. Der Handwerker hält es für das größte Unglück und für die größte Schande, seinen Arbeitern den Wochenlohn nicht zahlen zu können, und mancher Handwerksmeister hat den Tod dieser Schande vorgezogen.

3. Das Vorrecht der Baustelle.

Der Entwurf von 1897 suchte den Gedanken, den Baugläubigern ein Recht an dem Mehrwerthe zu sichern, den das Grundstück durch ihre Thätigkeit erhalten hat, dadurch zu verwirklichen, daß die Erlaubniß zur Ausführung des Baues von der Eintragung eines Bauvermerkes abhängig gemacht wurde. Der Bauvermerk sollte die Angabe, daß das Grundstück bebaut werden sollte und die Höhe des Baustellenwerthes enthalten (§ 2). Der Rang der Bauhypothek gegenüber anderen Rechten sollte sich nach der Eintragung des Bauvermerkes bestimmen. Die Bauhypothek sollte jedoch im Falle der Zwangsversteigerung voreingetragenen Rechten in Ansehung des den eingetragenen Baustellenwerth übersteigenden Theiles des Meistgebots vorgehen (§ 15). Die damit herbeigeführte Einräumung einer bevorzugten Rangstellung an die Bauhypothek hat in Juristenkreisen lebhaften Anstoß erregt, und da sich bei Annahme des von Schneider und Brunner befürworteten Systems der Differenzkaution (Nr. 2 des Brunner'schen Antrages) wirthschaftlich der gleiche Erfolg erzielen läßt, so ist die Kommission dahin gelangt, die Annahme dieses Systems zu empfehlen (Begründung S. 12).

Auf diese Weise wird allerdings ein Eingriff in das Grundbuchrecht vermieden. Wenigstens zu Gunsten der Bauhypothek. Zu Gunsten der Baugelderhypothek muß dieser Eingriff dennoch erfolgen. Da der Baugeldgeber einen Vorrang vor der Bauhypothek verlangt, und die Bauhypothek nach § 15 der neuen Entwürfe mit dem Range des Bauvermerkes eingetragen werden soll, so entsteht folgendes Dilemma: Wird die Baugelderhypothek, um ihr den Rang vor der Bauhypothek

[16]) Entwürfe S. 60.

zu sichern, vor den Bauvermerk eingetragen, wie das im § 16 des Entwurfes von 1897 vorgesehen war, so geräth sie unter die Hypotheken, für die nach § 4 der neuen Entwürfe durch Hinterlegung Sicherheit zu leisten ist. Soll die Baugelderhypothek dagegen, um das zu vermeiden, hinter den Bauvermerk eingetragen werden, so geht sie im Range der Bauhypothek nach. Der Strich, durch den der Bauvermerk die den Baugläubigern vorangehenden Hypotheken von den ihnen nachstehenden im Grundbuche scheidet, ist zu dünn, um außer der Bauhypothek noch die Baugelderhypothek darauf stellen zu können. Man hat deshalb den Ausweg gewählt, die Baugelderhypothek hinter den Bauvermerk eintragen zu lassen, ihr aber im Widerspruch mit den Grundsätzen des Grundbuchrechtes einen Vorrang vor der Bauhypothek zu gewähren, die mit dem Range des Bauvermerkes eingetragen werden soll. Die Begründung weist S. 14 darauf hin und geräth dadurch mit ihren eben erwähnten Auslassungen auf S. 12 in Widerspruch. Die Schwierigkeiten, die es bietet, durch den Bauvermerk der Bauhypothek ihre Stelle anzuweisen, und dann die Baugelderhypothek vor ihr unterzubringen, sind sehr groß. Ich sehe darin nur eine weitere Folge des Grundsatzes superficies solo cedit, den ich mit seiner Verneinung aller Billigkeitsansprüche als die letzte Ursache nicht nur dieser formalen Schwierigkeiten, sondern auch der unsicheren Lage der Baugläubiger ansehen muß. Die hauptsächlichen Bedenken, die ich gegen das System der Differenzkaution habe, liegen aber nicht auf formalem, sondern auf materiellem Gebiete.

Die §§ 1 und 4 beider Entwürfe, die diese Vorschriften enthalten, haben folgenden Wortlaut:

§ 1. Durch landesherrliche Verordnung kann angeordnet werden, daß für einzelne Gemeinden im Falle der Errichtung eines Neubaues eine Sicherung der Bauforderungen nach den Vorschriften dieses Gesetzes stattfindet. Die Sicherung erfolgt durch Eintragung einer Hypothek (Bauhypothek) und, soweit die der Bauhypothek vorgehenden Belastungen den Baustellenwerth übersteigen, durch Hinterlegung von Geld oder Werthpapieren.

§ 4. Die Bauerlaubniß darf von der Baupolizeibehörde nur ertheilt werden, wenn der Bauvermerk eingetragen ist und entweder die dem Bauvermerke vorgehenden Belastungen den Baustellenwerth nicht übersteigen oder gemäß § 1 durch Hinterlegung Sicherheit geleistet ist ...

Ich will nicht in Abrede stellen, daß sich das System der Differenzkaution, von der schwierigen Unterbringung der Baugelderhypothek abgesehen, mit den Grundsätzen des Grundbuchrechtes besser verträgt, als der § 15 des Reichsgesetzentwurfes von 1897. Es ist auch für die Bauglä[u]biger insofern vortheilhaft, daß es ihnen für die verloren gehende Stelle im Grundbuche einen Ersatz gewähren will, der für sie besser ist, als die beste Hypothek. Ich muß aber gegen diesen Vorschlag geltend machen, daß er nicht in Uebereinstimmung zu bringen ist mit dem, was nach S. 12 der Begründung als Ziel des Schutzgesetzes anzusehen ist: Die Sicherung des Mehrwerthes des Grundstückes über den Baustellenwerth hinaus zu Gunsten der Baugläubiger.

Diese Nichtübereinstimmung finde ich darin, daß auch nach diesem Vorschlage der Baustellenhändler mit seiner Forderung, soweit sie innerhalb des abgeschätzten Baustellenwerthes bleibt, in der Zwangsversteigerung vor den Baugläubigern gedeckt werden soll. Dadurch wird den Baugläubigern gerade für den Fall, für den das Gesetz gemacht wird, dennoch ein Theil des von den Handwerkern und Lieferanten erzeugten Mehrwerthes genommen. Es ist sicher, daß in der Zwangsversteigerung für die Baustelle niemals derselbe Preis erzielt wird, der im freien Verkehr erzielt worden ist. Trotzdem sollen die Baugläubiger allein den entstehenden Ausfall tragen, während der Baustellenverkäufer auf ihre Kosten vor jedem Verlust bewahrt bleibt.

Eine Einschränkung des Rechts des Baustellenverkäufers auf vorzugweise Befriedigung haben beide Entwürfe im § 4 dahin vorgenommen, daß bei der Feststellung, ob die dem Baubermerke vorgehenden Belastungen den Baustellenwerth nicht übersteigen, neben den Hypotheken und Grundschulden auch die zweijährigen Zinsen mit in Ansatz kommen. Die zulässige hypothekarische Belastung wird dadurch auf 90 bis 92 pCt. des Baustellenwerthes herabgesetzt. Die Bevorzugung der Baustellenhypothek vor den Bauforderungen ist trotzdem in die Augen fallend.

In dieser Bevorzugung des wirthschaftlich starken Baustellenhändlers, der einem unsichern Bauunternehmer gegen eine nominelle Anzahlung die Baustelle aufgelassen hat, vor den wirthschaftlich schwächeren Bauhandwerkern, sehe ich die angreifbarste Stelle beider Entwürfe.

Man wende nicht ein, daß die Baustelle vorher einer Abschätzung unterworfen wird und nur ihr abgeschätzter Werth bevorrechtet sein soll. Das trifft auch für jeden Baugläubiger zu. Nach § 9 beider Entwürfe muß dieser sich ebenfalls eine Herabsetzung seiner Ansprüche auf die üblichen Preise, d. h. die Abschätzung gerichtlicher Sachverständiger gefallen lassen. Der Baustellenverkäufer wird mithin durch die Abschätzung nicht mehr als jeder Baugläubiger beschränkt. Die Begründung nimmt allerdings an, daß bei der Baustelle die Abschätzung immer niedriger als der Kaufpreis ausfallen wird (S. 13 und 15). Wer gibt uns aber eine Sicherheit dafür, daß das der Fall sein wird? Der Werth einer Baustelle richtet sich bei dem monopolartigen Charakter des Bodenbesitzes ausschließlich nach dem Ertragwerth des zu errichtenden Gebäudes, abzüglich der Baukosten. Weshalb sollen also nicht sehr viele amtliche Abschätzungen zu derselben Werthberechnung kommen, wie die Verkäufer? Ist das der Fall, so liegt in der vollen Bevorrechtung des Verkäufers der Baustelle vor den Leistungen der Baugläubiger eine offenbare Ungleichheit. Wird die letzte Folgerung aus diesem Vorrechte gezogen, so werden in einer Zwangsversteigerung, in der nur die Baustellenhypothek ausgeboten wird, der Baustellenverkäufer den ganzen Erlös, die Baugläubiger nichts erhalten. Diese Folge läßt sich durch den Hinweis, daß der Ankauf der Baustelle zeitlich vor dem Ankauf der Baumaterialien erfolgt ist und daß die Baustellenhypothek fast nur Spekulationwerthe, die Bauhypothek fast nur Arbeitwerthe enthält, nicht rechtfertigen.

Eine die Bauhandwerker befriedigende Gestaltung des Baupfandgesetzes ist deshalb nur denkbar, wenn man den Erlös der Zwangversteigerung verhältnißmäßig auf Baustelle und Gebäude vertheilt. Was Geh. Justizrath Dr. Wilke auf dem 24. Deutschen Juristentage in dieser Hinsicht ausgeführt hat, ist auch meine Meinung. Der Erlös muß zwischen den Hypothekengläubigern und den Baugläubigern repartirt werden nach dem Verhältnisse des Werthes des bebauten Grundstücks zu dem Werthe des unbebauten Grundstücks.[17]) Diesen Vorschlag hat der verstorbene Reichsgerichtsrath Dr. Otto Bähr schon im Jahre 1892 gemacht und in der Gesetzgebung der amerikanischen Union haben wir für diese Entscheidung ein Vorbild. Da die Begründung der Entwürfe vielfach auf die nordamerikanische Gesetzgebung Bezug nimmt, so muß darauf hingewiesen werden, daß dort bei der Ermittlung des Baumehrwerthes gerade die jüngeren Statuten dieser Regelung zuneigen. In den älteren Statuten wird dem Baugläubiger das Recht gegeben, sein Baupfand durch Verkauf des Gebäudes zu vollstrecken und das erworbene Gebäude zu beseitigen. Nach den jüngeren werden Grundstück und Gebäude zusammen verkauft und der Erlös wird verhältnißmäßig vertheilt. So heißt es in den Statuten von Iowa vom 2. Juli 1897:

> Findet das Gericht, daß das Gebäude nicht gesondert verkauft werden könne, so hat es die Sonderwerthe von Grundstück und Gebäude festzustellen, den Verkauf der ganzen unbeweglichen Sache anzuordnen und den Erlös derart zu vertheilen, daß die ältere dingliche Last den Vorrang am Grundstück und an das Mechanics' Lien den Vorrang am Gebäude erhält[18]).

---

[17]) Verhandlungen, Bd. 4 S. 47.

[18]) Solmssen, S. 299.

Wird die Billigkeit dieser Vertheilung anerkannt, so bleibt allerdings die Frage, wie sich eine solche Vertheilung des Erlöses mit unserem Grundbuchsystem, das den nordamerikanischen Staaten fehlt, vereinen läßt. Wie soll man es ermöglichen, die voreingetragenen Hypothekengläubiger auf den Werth der Baustelle zu beschränken, der Bauhypothek eine gesicherte Stelle zu verschaffen, vor dieser wieder die Baugelderhypothek unterzubringen, den Erlös zwischen Hypothekengläubigern und Baugläubigern nach Billigkeit zu vertheilen und das alles, ohne die älteren Hypotheken in ihrer Rangfolge zu stören? Gibt es ein Mittel, das alles zu erreichen? Meine Antwort lautet ja, es gibt eins. Es ist kein kleines Mittel und es gehört vielleicht Muth dazu, es anzuwenden oder vorzuschlagen. Es beseitigt aber, wie es mir scheint, alle Schwierigkeiten: *Der Bauvermerk muß die Wirkung haben, daß für die Dauer seines Bestehens für das Gebäude ein besonderes Grundbuchblatt angelegt wird.*

Ich habe gesagt, daß dieses Mittel kein kleines ist. Wenn es aber richtig ist, daß die Behandlung des Bodens und des im Entstehen begriffenen Gebäudes als Einheit und die Bevorrechtung der Gläubiger des Bodens vor den Gläubigern der Superfizien die schlimmen Zustände im Baugewerbe hervorgerufen haben, so kann auch nur die volle Verneinung dieser Grundsätze dem Baugewerbe Gesundung bringen. Das von mir empfohlene Mittel muß dann als das einzige Heilmittel angesehen werden, das den wahren Sitz des Leidens trifft.

Die Grundbuchordnung von 1898 gestattet die Anlage besonderer Grundbuchblätter bei Eintragung, Veräußerung oder Belastung eines Erbbaurechtes. Es heißt dort im § 7:

> § 7. Ist auf dem Blatte eines Grundstücks ein Erbbaurecht eingetragen, so ist auf Antrag für dieses Recht ein besonderes Grundbuchblatt anzulegen. Die Anlegung erfolgt von Amtswegen, wenn das Recht veräußert oder belastet werden soll.
>
> Die Anlegung wird auf dem Blatte des Grundstücks vermerkt.

Auch die Entwürfe des Baupfandgesetzes kennen dieses Mittel, indem sie im § 35 auf die getrennten Grundbuchblätter für das Grundstück und das auf Erbbaurecht errichtete Gebäude hinweisen. Warum sollte das, was beim Erbbaurecht unter Umständen dauernd nothwendig ist, nicht für die Sicherung der Bauforderungen vorübergehend zulässig erscheinen?

Die Vortheile dieser Maßregel sehe ich darin, daß dann, wie mir scheint, jeder weitere Eingriff in das Grundbuchrecht unterbleiben kann. Es kann sogar von der Feststellung des Baustellenwerthes und von der

Differenzkaution Abstand genommen werden. Der Bauplatz kann beliebig hoch hypothekarisch belastet sein: Während des Bestehens des Bauvermerkes können die voreingetragenen Hypotheken das Gebäude nicht ergreifen. Die Gläubiger der Baustelle behalten das Grundbuchblatt der Baustelle. Die Baugläubiger und der Baugeldgeber erhalten das Grundbuchblatt des Gebäudes. Der Baugeldgeber und die Baugläubiger finden dann ein reines Grundbuchblatt und die Stellung der Baugelderhypothek zur Bauhypothek, auf deren Schwierigkeiten ich hingewiesen habe, wird sich viel leichter regeln lassen. Entweder durch Eintragung der Baugelderhypothek als Sicherungshypothek an erster Stelle oder nach den anderweit von mir gemachten Vorschlägen.[19]) Kommt es zur Versteigerung, so wird der Werth von Baustelle und Gebäude festgestellt und der Erlös wird verhältnißmäßig vertheilt. Sind mehrere Hypotheken auf die Baustelle eingetragen, so werden sie aus dem Erlös der Baustelle nach ihrer Rangfolge befriedigt. Der Erlös des Gebäudes gehört dagegen dem Baugeldgeber und den Baugläubigern. Befinden sich unter den Baugläubigern solche, die auf Grund eines Dienstvertrages betheiligt sind und für die ich eine vorzugsweise Befriedigung vorgeschlagen habe, so dürfen diese nur als bevorrechtete Gläubiger des Gebäudes gelten.

Als besonderer Vortheil ist dabei anzusehen, daß die Abschätzung der Baustelle dann unbedenklich zu einem Theile der Zwangsvollstreckung gemacht werden kann. Für die Baugläubiger ist die Abschätzung vor Ertheilung der Bauerlaubniß in mancher Hinsicht vortheilhafter. Ich habe schon an anderer Stelle darauf hingewiesen.[20]) Durch die vorherige Abschätzung wird aber die Ertheilung der Bauerlaubnisse in vielen Fällen um Monate verzögert. Jede weitere Verzögerung ist aber, wie schon Thinius in seinem Gutachten betont hat, schädlich. Wird die Abschätzung in die Zwangsvollstreckung verlegt, so schwindet dieses große Bedenken. Eine dann durch die Abschätzungen der Baustelle und des Gebäudes eingetretene Verzögerung ist sogar im Sinne des Schutzgesetzes vortheilhaft, weil sie die Katastrophe hinausschiebt und Sanirungsversuche erleichtert. Vor allem bleiben aber dann Bauherren, die ihre Bauhandwerker befriedigt haben, von den Kosten und Umständen, die mit der Abschätzung verbunden sein werden, verschont. Wird von dem Eigenthümer oder den Beleihern zur Klarstellung aller Rechte eine frühere Abschätzung gewünscht, so kann diese auf Antrag der Betheiligten zugelassen werden.

[19]) D. Pfandrecht d. B., S. 197.

[20]) Archiv f. soz. Gesetzgeb. 1902, S. 180.

Die Frage, ob es dann erforderlich sein wird, die Eintragung des Bauvermerkes von der Zustimmung der bereits eingetragenen Hypothekengläubiger abhängig zu machen, ist von W i l k e bejaht worden.[21]) Ich glaube, daß jedes Schutzgesetz die Wirkung haben wird, daß sich die Beleiher die Zustimmung zur Errichtung eines Gebäudes auf dem ihnen verpfändeten Boden vorbehalten werden. Meines Erachtens liegt dieser Vorbehalt auch in der Natur der Sache. In den meisten Fällen ist die Zustimmung schon heute erforderlich, weil sonst die zur Ausführung des Baues nöthigen Baugelder und Hypotheken nicht zu beschaffen sind.

4. Die Baugeldfrage.

Im Gesetzentwurf von 1897 war im § 16 vorgeschrieben worden, daß der Baustellenwerth, dem durch § 15 ein Vorrang vor den Bauforderungen eingeräumt wurde, sich um den Betrag derjenigen Zahlungen erhöhen sollte, die von dem Baugeldgeber in Anrechnung auf die Baugelder zum Zwecke der Tilgung einer Bauforderung geleistet sind. Auf meinen Vorschlag hat man im § 21 beider Entwürfe die letzte Bestimmung dahin erweitert, daß der Baugeldgeber auch für Zahlungen bevorrechtet sein soll, die in Höhe einer von dem Eigenthümer getilgten Bauforderung an diesen geleistet worden sind. Den Wortlaut des § 21 habe ich schon mitgetheilt. Es ist das immerhin eine Erleichterung für die Baugeldgeber. Das Bedenkliche ist nur, daß in beiden Fällen, die der § 21 vorsieht, eine Prüfung der zu tilgenden oder getilgten Bauforderungen durch die Baugeldgeber unvermeidlich sein wird. Die Begründung gibt das mit den Worten zu, daß es eine Folge des Entwurfs sein wird, „daß die Baugeldgeber sich regelmäßig das Recht der unmittelbaren Zahlung an Baugläubiger ausbedingen werden".[22]) Ich fürchte, daß wenige von den bisherigen großen Geldgebern, den Hypothekenbanken geneigt sein werden, hierauf einzugehen und die Wahrscheinlichkeit, unter dieser Bedingung Baugeld zu erhalten, scheint mir nicht groß zu sein.

Um diese Wahrscheinlichkeit zu erhöhen, sind die Verfasser der Entwürfe auf einen schlimmen Ausweg gekommen. Der Bauherr soll die Personen sämmtlicher als Baugläubiger anzusehenden Unternehmer, den Betrag der ihnen zu zahlenden Vergütungen und die Fristen, in denen die Vergütung zu zahlen ist, dem Grundbuchamte vor Beginn des Baues in einer Erklärung anzeigen. Ebenso etwaige Abänderungen. Nicht nur solche, für die auch die Baupolzei Nachträge zu den Bauzeichnungen

---

[21]) a. a. O. S. 48.

[22]) Entwürfe S. 40.

verlangt, sondern alle. Ueberträgt ein Unternehmer die Herstellung des Bauwerkes oder einzelner Theile an andere Unternehmer, so haben diese ebenfalls unverzüglich dem Grundbuchamte eine Erklärung einzureichen. Erfüllt der Eigenthümer diese Verpflichtungen nicht, so ist er zum Schadenersatze verpflichtet. Das steht alles im § 7, den ich nachstehend folgen lasse. Im Entwurf B werden diese Vorschriften noch weiter ergänzt. Die Bestimmungen des Entwurfes B werden wieder durch Sperrdruck hervorgehoben:

§ 7. Der Eigenthümer hat vor dem Beginne des Baues dem Grundbuchamte eine Erklärung einzureichen, aus welcher ersichtlich sind:

1. die Personen der nach § 6 als Baugläubiger anzusehenden Unternehmer des Bauwerkes oder einzelner Theile des Bauwerkes;
2. der Betrag der jedem Unternehmer zu zahlenden Vergütung;
3. die Fristen, in denen die Vergütung zu zahlen ist.

Werden die Verträge mit den Unternehmern abgeändert oder erst später geschlossen, so hat der Eigenthümer unverzüglich dem Grundbuchamt eine Erklärung einzureichen, welche die im Abs. 1 vorgesehenen Angaben enthält oder berichtigt.

Die Erklärungen sind von dem Eigenthümer zu unterzeichnen.

Ist ein schriftlicher Vertrag geschlossen, so kann statt der Erklärung der Vertrag in Urschrift oder in einer von dem Eigenthümer unterzeichneten Abschrift eingereicht werden. Die Einsicht der Erklärungen und Verträge ist jedem gestattet.

Erfüllt der Eigenthümer die ihm nach Abs. 1 bis 4 obliegenden Verpflichtungen nicht, so ist er jedem Betheiligten zum Ersatze des daraus entstehenden Schadens verpflichtet.

Die sich auf den Eigenthümer beziehenden Vorschriften der Abs. 1 bis 5 finden auf diejenigen Unternehmer entsprechende Anwendung, welche die Herstellung des Bauwerkes oder einzelner Theile des Bauwerkes an andere Unternehmer weiter übertragen.

§ 7a. Soweit ein Nachmann nach § 7 Schadenersatz gegen den Eigenthümer beanspruchen kann, gilt seine Bauforderung als unmittelbare Bauforderung; die Vorschriften der §§ 6b, 6c finden keine Anwendung.

Soweit ein Nachmann nach § 7 Schadenersatz gegen einen Unternehmer beanspruchen kann, gilt der Unternehmer als unmittelbarer Vormann.

§ 7b. Wird an einen Vormann eine Zahlung auf Grund eines Vertrages geleistet, der nicht nach § 7 angezeigt worden ist, oder war die Zahlung nach Maßgabe der abgegebenen Erklärungen noch nicht fällig und kannte in diesem Falle der Zahlende die Absicht des Empfängers, seine Nachmänner zu benachtheiligen, so treten die Bauforderungen der Nachmänner bis zur Höhe der Zahlung an die Stelle der Bauforderung des Vormannes. Die Vorschriften des § 6d Abs. 1 Satz 2, 3 finden entsprechende Anwendung.

Ist eine Erklärung nicht vor dem Beginne des Baues eingereicht, so ist sie nur zu berücksichtigen, wenn sie mindestens eine Woche vor der Zahlung durch Anschlag auf dem Bau bekannt gemacht ist.

§ 7c. Jeder Unternehmer haftet dem Besteller dafür, daß von den Nachmännern des Unternehmers Bauforderungen nur bis zur Höhe des von dem Besteller an den Unternehmer oder dessen Rechtsnachfolger geschuldeten Betrages geltend gemacht werden.

Es wird nicht vieler Worte bedürfen, um nachzuweisen, daß diese Vorschriften mit Ausnahme des § 7c unannehmbar sind. Sie haben den Zweck, die Verhältnisse der Baugläubiger zum Eigenthümer und untereinander grundbuchlich im Voraus klarzustellen. Die Vorschriften, die dazu erforderlich gewesen sind, zeigen aber, daß dies ein unmögliches Beginnen ist. Wer eine Bauerlaubniß nachsucht, weiß gewöhnlich noch nicht, von wem er die Mauersteine beziehen wird und er soll schon wissen, wer die Fußboden anstreichen wird. Bestellt er an Stelle eines Kachelofens einen Majolikaofen oder an Stelle eines Klingelzuges eine elektrische Klingel, oder nimmt er an Stelle einer einfachen Thür eine Doppelthür, so muß er unverzüglich das Grundbuchamt benachrichtigen. Jede dieser Aenderungen erhöht den Betrag der den Unternehmern zu zahlenden Vergütungen. Hat er mit dem Tischler die Zahlung zum 1. Juli vereinbart und diese Vereinbarung muß geändert werden, weil die Anschläger in einen Streik eingetreten sind, so ist das Grundbuchamt zu benachrichtigen (§ 7 Abs. 2). Sonst haftet er für die jedem Betheiligten einschließlich der Unternehmer weiterer Grade daraus entstehenden Schaden (§ 7 Abs. 5). Das Gleiche gilt für alle Unternehmer, welche die Herstellung des Bauwerks oder einzelner Theile des Bauwerks an andere Unternehmer weiter übertragen (§ 7 Abs. 6). Jede Erklärung, die nicht vor dem Beginne des Baues eingereicht ist, ist nur zu berücksichtigen, wenn sie mindestens eine Woche vor der Zahlung durch Anschlag auf dem Baue bekannt gemacht ist (§ 7b Abs. 2).

Alle diese Vorschriften müssen eingehalten werden, nicht nur für den Fall, daß ein Baugelddarlehn aufgenommen ist, sondern auch, wenn der Bauherr darauf verzichtet und ganz aus eigenen Mitteln baut. Ich glaube, daß das alles unmögliche Dinge sind, die Niemand ausführen oder überwachen kann.

Die Verfasser der Entwürfe haben das wohl selbst eingesehen. Deshalb haben sie angeordnet, daß auf Antrag des Baugeldgebers zur Vermittlung der von ihm zu leistenden Zahlungen ein Treuhänder zu bestellen ist.

§ 22. Auf Antrag des Baugeldgebers ist zur Vermittlung der von ihm zu leistenden Zahlungen ein Treuhänder zu bestellen. In diesem Falle begründen alle nach Maßgabe der Anweisungen des Treuhänders geleisteten

Zahlungen den Vorrang vor der Bauhypothek, sofern der Baugeldgeber durch Anschlag auf dem Baue bekannt gemacht hat, daß er durch Vermittelung des Treuhänders Zahlung leisten werde. Der Treuhänder darf die Anweisung zur Zahlung nur ertheilen, soweit der Baugeldgeber nach Maßgabe des § 21 zur Zahlung mit Wirkung gegen die Baugläubiger berechtigt ist.

Dem Treuhänder ist der Widerspruch gegen die Auszahlung des fünften Theiles der Baugelder zuzustellen und die Bescheinigung des Grundbuchamtes vorzulegen.

Soweit die Leistung von Zahlungen durch Vermittlung des Treuhänders oder die nach § 21 Abs. 2 erfolgte Hinterlegung von dem Treuhänder in öffentlich beglaubigter Form bescheinigt wird, hat das Grundbuchamt den Vorrang der Bangelderhypothek vor der Bauhypothek in das Grundbuch einzutragen.

Auf den Treuhänder finden die für einen Pfleger geltenden Vorschriften des Bürgerlichen Gesetzbuchs, mit Ausnahme des § 1785, entsprechende Anwendung.

Der Treuhänder kann für die Führung seines Amtes eine angemessene Vergütung verlangen. Vor der Festsetzung der Vergütung soll der Baugeldgeber, soweit thunlich, gehört werden.

Durch Anordnung der Landesjustizverwaltung können die dem Vormundschaftsgericht in Ansehung des Treuhänders obliegenden Verrichtungen für mehrere Amtsgerichtsbezirke einem Amtsgericht übertragen werden.

Ein Urtheil über die Zweckmäßigkeit dieser Vorschriften kann nur mit Vorsicht abgegeben werden. Wir haben bis jetzt in Deutschland mit dem Treuhänder nur wenige Erfahrungen gemacht, und diese sind nicht immer gut gewesen. Aus den Vereinigten Staaten von Nordamerika berichtet Dr. Solmssen sogar, daß diese anscheinend für beide Theile günstige Methode in Wahrheit für den Unternehmer unvortheilhaft sei. Wenn der Treuhänder, wie dies oft der Fall sei, von dem Kapitalisten abhänge, folge er dessen Anweisungen. Auch müsse der Unternehmer in dem Treuhandvertrage auf alle Einreden aus dem Inhalt des Bau- und Darlehnvertrages verzichten.[23]) Da bei uns der Treuhänder gerichtlich bestellt wird, so haben wir diese Uebelstände nicht zu fürchten. Wir stehen aber immerhin einer ganz neuen Einrichtung im Bauwesen gegenüber.

Von vornherein läßt sich gegen das Treuhandsystem nichts einwenden. Wenn ein Bauherr nicht aus eigenen Mitteln bauen und Baugelder nur unter der Bedingung erlangen kann, daß er die Leistungen der Baugläubiger im Voraus dem Geldgeber verpfändet, so muß er sich Vorschriften gefallen lassen, die seine Verfügungsfreiheit einschränken. Dann soll man aber die Sache so einfach wie möglich machen und dem Treuhänder nicht unmögliche Dinge zumuthen. Das geschieht aber, wenn man von ihm verlangt, daß er prüfen soll, ob die Eigen-

[23]) a. a. O. S. 66.

thümer, ihre Unternehmer und alle Drittunternehmer die in den §§ 7, 7a und 7b vorgeschriebenen „Erklärungen", Nachträge und Berichtigungen beim Grundbuchamte eingereicht und vor Allem, ob sie das schwarze Brett in Ordnung gehalten haben.

Hinter dem Treuhänder wartet als letzter Ausweg noch die Behörde, die nach den Vorschlägen von Justizrath Reuling und Rechtsanwalt Hirsch die Baugelder vertheilen sollen:

> § 37. Durch Landesgesetze können die nach diesem Gesetze der Baupolizeibehörde obliegenden Verrichtungen einer anderen Behörde, die nach § 22 einem Treuhänder obliegenden Verrichtungen einer Behörde übertragen werden.

Diese Aussicht hat für mich wenig Verlockendes, und ich theile vollkommen die Bedenken, die Hilse[24]) und die Verfasser der Entwürfe von 1897 in der Begründung S. 62 gegen eine soweit gehende obrigkeitliche Bevormundung ausgesprochen haben.

Die Maßregel, die ich selbst in meinem Buche empfohlen habe[25]), griffen viel weniger in die bisherigen Verhältnisse ein. Die Eintragung der Baugelderhypothek sollte nur als Sicherungshypothek erfolgen. Bei der Bauhypothek ist das im § 15 beider Entwürfe vorgeschrieben, aber auffälligerweise nicht bei der Baugelderhypothek. Das Baugeld sollte dem Zugriffe anderer als Baugläubiger entzogen werden. Zessionen von Baugeldraten sollten dem Baupfand gegenüber unwirksam sein. Den Baugläubigern sollte das Recht gegeben werden, durch einstweilige Verfügung das Baugeld zu pfänden. Es sollte ihnen mithin nur ein Pfandrecht, nicht ein gesetzliches Anrecht auf das Baugeld gewährt werden. Von diesem Pfandrecht sollten die Lieferanten ausgeschlossen sein. Der von Herrn Staatsminister Dr. Schelling seinem Nachfolger im Justizministerium übergebenen Denkschrift über diese Frage lagen ähnliche Gesichtspunkte zu Grunde.[26])

Diese Vorschriften sollten den Bauschwindel einschränken, den soliden Unternehmer aber möglichst wenig behelligen. Ich muß aber zugeben, daß durch die Pfändung der Baugeldraten nicht verhindert wird, daß der Baugeldgeber durch willkürliche Abzüge, wie sie Thinius und Hilse schildern[27]) einen Theil des Baugeldes vorwegnimmt. Ebensowenig, daß der Bauunternehmer mit dem Baugelde ältere Verbindlichkeiten deckt oder daß die Rohbauinteressenten sich aus dem Baugelde bezahlt machen und den Ausbauhandwerkern das Nachsehen lassen.

---

[24]) Archiv f. öffentl. Recht 1898 S. 337.
[25]) a. a. O. S. 197.
[26]) Entwürfe, S. 155.
[27]) Verhandlungen 1898, Bd. 3 S. 96; Bd. 4 S. 51, 53.

Durch das in den Entwürfen im § 22 aufgestellte Treuhandsystem kann mehr erreicht werden. Es wird dadurch den Baugläubigern das volle Baugeld abzüglich der Gebühren des Treuhänders gesichert. Ich bin deshalb bereit, es damit zu versuchen. Dann gehe man aber noch einen entscheidenden Schritt weiter. Man schreibe vor, wie Herr Professor Dr. Oertmann schon in seiner Kritik der Entwürfe von 1897 im Archiv für Soziale Gesetzgebung und Statistik empfohlen hat,[28]) daß die Baugläubiger aus dem Baugelde nur in gewissen Verhältnissen berücksichtigt werden dürfen. Diese Vorschrift ist in Folge des Eintritts der Lieferanten als Baugläubiger unerläßlich. Eine ganz gleichmäßige Vertheilung der Baugelder läßt sich natürlich nicht durchführen. Es kann aber festgesetzt werden, daß kein Baugläubiger vor Ablauf der im § 21 Abs. 2 genannten Frist aus dem Baugeld über das im Baugeldvertrage festzusetzende Verhältniß der Beleihung hinaus befriedigt werden darf. Nur dann wird verhindert, daß einzelne Baugläubiger, und insbesondere die kapitalkräftigen Lieferanten, über diese Grenze hinaus gedeckt werden, und daß die Ausbauhandwerker nicht mehr befriedigt werden können. Justizrath Boyens hat schon auf diese Gefahr hingewiesen.[29])

Entschließt man sich dazu, eine verhältnißmäßige Berücksichtigung der Baugläubiger bei Vertheilung der Baugelder vorzuschreiben, so halte ich das Treuhandsystem für lebensfähig. Es bietet dann allen Betheiligten genügende Vortheile, um die damit verknüpften Umständlichkeiten zu rechtfertigen, und es ist wahrscheinlich die beste Lösung, die sich überhaupt finden läßt. Will man sich aber zu dieser Vorschrift nicht verstehen, so ist m. E. das Treuhandsystem und damit die in den Entwürfen vorgesehene Regelung der Baugeldzahlungen unhaltbar. Ich glaube, daß es dann besser ist, auf die beabsichtigte volle Sicherung der Baugelder zu verzichten und den Baugläubigern nur das Recht zu geben, das Baugeld in der vorhin von mir beschriebenen Weise zu pfänden. Mit diesem Systeme hat man in der nordamerikanischen Union gute Erfolge erzielt. Es erschwert die Baugeldgewährung wenig und der verminderten Sicherheit steht der große Vortheil gegenüber, daß die Baugläubiger mit ihren Pfändungen nicht erst bis zur Gebrauchabnahme zu warten haben. Die Ausbauhandwerker können dann den zeitlichen Vorsprung, den die großen kaufmännischen Lieferanten und die Baugewerkmeister vor ihnen haben, durch frühzeitiges Ausüben ihres Pfandrechtes aus-

---

[28]) Bd. 12 Heft 1 S. 66.

[29]) Verhandlungen 1891, Bd. 4 S. 62.

gleichen. Dieses System der Sicherung verdient vor einem Treuhandsysteme, das keine verhältnißmäßige Berücksichtigung der Baugläubiger vorsieht, unbedingt den Vorzug.

Welche Entscheidung man in dieser wichtigen Frage treffen mag, auf jeden Fall lasse man die unglücklichen §§ 7, 7a, 7b fallen. Diese Vorschriften sind mit ihrer Schadenpflicht nur Fußangeln für jeden soliden Unternehmer und für den Treuhänder, aber kein Hinderniß für den Bauschwindler. Von diesem ist nichts für die Bauforderungen und noch weniger etwas für die Schadenansprüche zu holen. An die Stelle der §§ 7, 7a und 7b ist nur die Vorschrift zu setzen, daß, wenn die Herstellung des Bauwerkes oder eines überwiegenden Theiles einem Hauptunternehmer übertragen wird, die mit diesem geschlossenen Verträge in Urschrift oder Abschrift bei dem Grundbuchamt einzureichen sind. Diese Verträge sind nicht nur für die Vertragschließenden maßgebend. Es werden dadurch auch die Rechte einer großen Zahl von Nachmännern eingeschränkt und deshalb ist es zweckmäßig, daß diese Verträge mit allen Nachträgen von den übrigen Baugläubigern einzusehen sind.[30]) Alles weitere ist m. E. überflüssig und schädlich. Der Baugeldgeber kann sich die Kenntniß aller Verträge im Baugeldvertrage ausbedingen. Der Treuhänder kann seine Auszahlungen von ihrer Vorlage abhängig machen. Beide können die Einreichung jederzeit erzwingen. Für alle übrigen Betheiligten liegt aber erst beim Zusammenbruch des Unternehmens eine Veranlassung vor, den Inhalt aller Verträge zu prüfen. Das Verlangen, wegen der dann zu erwartenden Auseinandersetzungen schon im Voraus alle Lieferungsverträge beim Grundbuchamt einzureichen, ist nach meiner Ansicht etwa so gerechtfertigt, wie es eine Vorschrift sein würde, wegen der später zu erwartenden Erbschaftsprozesse im Voraus den Inhalt aller Testamente mit allen Nachträgen oder Abänderungen öffentlich bekannt zu geben.

Soll ich sagen, wie nach meiner Ansicht die Baugeldgewährung am zweckmäßigsten geregelt würde, so muß ich folgende Vorschriften empfehlen:

a) Das Baugelddarlehen muß, wenn nicht eine gegentheilige Verabredung getroffen wird, als Bauforderung gelten und mit den übrigen Bauforderungen gleichen Rang haben;

b) dem Baugelddarlehen darf bei der Eintragung ein Vorrang vor den später zum Grundbuche angemeldeten Bauforderungen im Baugeldvertrage eingeräumt werden;

---

[30]) D. Pfandrecht d. B., S. 203.

c) hieran ist die Bedingung zu knüpfen, daß die Baugelder durch die Vermittelung eines Treuhänders an die übrigen Baugläubiger verhältnißmäßig zu vertheilen sind.

Es scheint mir, daß damit den von rechtskundigen und praktischen Beurtheilern dagegen erhobenen Bedenken Rechnung getragen würde, daß Jemand, der eine Zahlung zur Befriedigung eines Baugläubigers leistet, mehr Rechte erwerben soll, als der befriedigte Baugläubiger hatte.[31]) Zugleich würde der Weg gezeigt, den der Gesetzgeber für die Zukunft empfehlen will. Der Baugeldgeber würde von der jetzt verlangten Sicherung durch ein unbilliges, die Leistungen der Baugläubiger im Voraus in Beschlag nehmendes Pfandrecht auf den besseren Weg des Personalkredits gewiesen. Daneben würden für die Bedürfnisse der Gegenwart die Bedingungen festgelegt, unter denen dem Baugeldgeber eine über die Rechte der übrigen Baugläubiger hinausgehende Sicherung gewährt werden darf.

Wie bei der vorhin empfohlenen Anlage besonderer Grundbuchblätter für die Gebäude mit der Befriedigung der gerechten Ansprüche der Bauhandwerker zugleich ein verheißungsvoller Schritt auf dem Wege der Trennung von Grundstück und Gebäude im bodenreformerischen Sinne unternommen würde, so würde auch hier mit der Umgestaltung des Baugeldvertrages eine Verbesserung des Kreditwesens angebahnt werden, die nicht nur dem Baugewerbe zu Gute kommen wird. Beide Maßregeln treffen die letzten Ursachen des Bauschwindels, den Bodenschacher und das mit ihm verbündete Geldgeberthum, ohne das solide Baugeschäft zu beeinträchtigen. Ich will hoffen, daß es gelingen wird, den Gesetzgeber für diese Maßregel zu gewinnen.

Bedauerlich ist es, daß das Baupfandgesetz, das alle übrigen Betheiligten, Baustellenverkäufer, Geldgeber, Baugläubiger und Drittunternehmer mit zahlreichen Vorschriften bedenkt, einen Hauptbetheiligten, den unsoliden Bauunternehmer ganz unbehelligt lassen will. Wenigstens wenn die §§ 7, 7a, 7b fallen. Die Verfügung über die Baugelder wird ihm durch die Entwürfe allerdings entzogen. Die damit verbundenen Erschwerungen treffen aber ebenso den soliden Unternehmer. Jeder andere Gewerbetreibende hat bei dem Zusammenbruche seines Unternehmens seinen Gläubigern und dem Gerichte Rechenschaft über sein Geschäftsgebahren zu geben. Nur der Bauunternehmer nicht. Er hat weder den Konkurs zu fürchten noch den Massenverwalter, der die Vorlage seiner Bücher und Verträge verlangen kann. Einfach

[31]) **Brunner** a. a. O. S. 14; **Oertmann** a. a. O. S. 64; **Hilse**, Archiv f. öffentl. Recht, 1898, S. 346; D. Pfandrecht d. B. S. 117, 324.

weil außer den Baulichkeiten gewöhnlich keine Masse vorhanden ist und weil die Baulichkeiten den Realgläubigern gehören.

Es wäre zu wünschen, daß das Baupfandgesetz auch hierin Wandel schaffte. Der Schutzverein Berliner Bauinteressenten hat mehrfach beantragt, den Konkurs eines Bauunternehmers auch bei fehlender beweglicher Masse zu ermöglichen. Das wäre durch eine Vorschrift zu erzielen, daß mit der Zwangsversteigerung eines Gebäudes, auf dem der Bauvermerk ruht, stets die Eröffnung des Konkurses zu verbinden ist. Für eine derartige Vorschrift ist das Baupfandgesetz der rechte Ort und ich will der Hoffnung nicht entsagen, daß sie im Gesetz zur Sicherung der Bauforderungen Aufnahme findet.

Zum Schlusse muß ich mich noch gegen die neuerdings aufgetauchte Ansicht wenden, daß das Bedürfniß für ein Schutzgesetz jetzt nicht mehr in demselben Maße vorhanden sei, wie in den 90er Jahren. Auch Herr Justizminister Dr. Schönstedt hat im preußischen Abgeordnetenhause am 15. Februar 1902 auf diese Meinung hingewiesen. Ich muß demgegenüber darauf aufmerksam machen, daß solche Zustände, wie wir sie in den Jahren 1890 bis 1895 beklagt haben, bei der jetzigen Gesetzgebung jederzeit wieder eintreten können und daß wir Gesetze nicht für die Gegenwart, sondern auch für die Zukunft zu machen haben. Die unsicheren Grundlagen des Baugewerbes sind jetzt die selben, wie vor einem Jahrzehnt. Die Leistungen der Bauhandwerker sind nach wie vor dem Pfandrechte der Baustellenverkäufer unterworfen. Das Baugeld wird nur gegen vorherige Verpfändung der Baulieferungen gewährt, ohne daß der mißbräuchlichen Verwendung des Baugeldes Schranken gezogen sind. Die kaufmännischen Lieferanten nehmen durch ihre Sicherungshypotheken den Rest des vorhandenen Bauwerthes in Anspruch und der Bauhandwerker muß seine Arbeiten schutzlos dem Pfandrecht aller Hypothekengläubiger unterwerfen. Eine solche Rechtslage muß nothgedrungen den Betrug herausfordern.

Die Thatsache, daß der Bauschwindel in den letzten Jahren in Berlin und in einigen anderen Städten zurückgegangen ist, gibt uns wohl die Muße, das Schutzgesetz in allen Einzelheiten sorgfältig zu prüfen, sie gibt uns aber keine Gewähr dafür, daß die früheren Zustände nicht wiederkehren werden. Wer als Gewerbetreibender nach einander die Baukrisen der Jahre 1865 bis 1866, 1873 bis 1877, 1890 bis 1895 miterlebt hat, weiß, wie wenig der Einwand bedeutet, daß augenblicklich die Zahl der Zwangsversteigerungen zurückgegangen ist und die Verluste bei Neubauten sich vermindert haben. Was heute nicht ist, kann morgen kommen und Niemand weiß, wie nahe wir einer

Wiederholung der Ereignisse des Jahres 1894 stehen. Sollen erst wieder Schreckenthaten wie der Fall Seeger geschehen, um die Gesetzgebung zu vorbeugenden Maßregeln zu bewegen? Wie die Handwerker über jeden neuen Aufschub denken, weiß ich genau und ich glaube, daß wir eine schwere Verantwortung auf uns nehmen würden, wenn wir auch die jetzt gegebene, vielleicht kurze Frist verstreichen lassen, ohne daß aus den langjährigen Erwägungen ein brauchbares Schutzgesetz hervorgeht.

Meine Antwort auf die an dem Eingange dieses Gutachtens gestellte Frage, welchem der jetzt amtlich veröffentlichten Entwürfe eines Gesetzes zum Schutze der Bauforderungen der Vorzug zu geben ist, geht hiernach dahin:

1. Der Entwurf **B** ist vorzuziehen, weil er die mittelbaren Baugläubiger berücksichtigt und zweckmäßige Vorschriften für die Sicherung eines Theiles der Baugelder enthält.
2. Es wird empfohlen, die Abschätzung des Gebäudes und der Liegenschaften zu einem Theil des Zwangsvollstreckungsverfahrens zu machen und eine frühere Abschätzung nur auf Antrag der Betheiligten zuzulassen.
3. Bei der Eintragung des Bauvermerkes ist für das Gebäude ein besonderes Grundbuchblatt (vergl. § 7 der Grundbuchordnung) anzulegen. Erfolgt eine Zwangverwaltung oder Zwangversteigerung, so ist der Ertrag oder Erlös verhältnißmäßig auf die Baustelle und das Gebäude zu vertheilen. Die Gläubiger des Grundstücks werden aus dem Erlös des Grundstücks, die Gläubiger des Gebäudes aus dem Erlös des Gebäudes nach ihrer Rangfolge befriedigt.
4. Die vom Eigenthümer mit dem Uebernehmer über die Herstellung des Bauwerkes abgeschlossenen Verträge sind nur dann bei dem Grundbuchamte einzureichen, wenn dem Uebernehmer als Hauptunternehmer die Herstellung des ganzen Bauwerkes oder eines überwiegenden Theiles des Bauwerkes übertragen wird.
5. Das Gesetz ist auch auf Neubauten auszudehnen, die an Stelle von abgerissenen Gebäuden errichtet werden. Ebenso auf Umbauten und Reparaturen, durch die der Werth des Gebäudes um mehr als den fünften Theil erhöht wird. Soweit dabei Gebäude in Betracht kommen, die aus Versicherungssummen wieder hergestellt werden, sind die Versicherungsgelder einem Treuhänder (§ 22 der Entwürfe) zu übergeben.

6. Die Bauforderungen der auf Grund eines Dienstvertrages an der Herstellung des Bauwerkes oder eines Theiles des Bauwerkes Betheiligten müssen, sofern die Dienstverträge von dem Eigenthümer der Baustelle oder für dessen Rechnung geschlossen sind, gleichzeitig mit den im § 10 Nr. 2 des Reichs-Zwangvollstreckungsgesetzes aufgeführten Beträgen zur Hebung kommen. Wird für das Gebäude ein besonderes Grundbuchblatt angelegt, so gelten sie nur als Gläubiger des Gebäudes.
7. Das Baugelddarlehen muß, wenn nicht eine gegentheilige Verabredung getroffen wird, als Bauforderung gelten. Wird ihm bei der Eintragung ein Vorrang vor den später eingetragenen Bauforderungen eingeräumt, so sind die Baugelder durch Vermittelung eines Treuhänders zu zahlen.
8. Es ist vorzuschreiben, daß kein Baugläubiger aus dem Baugelde vor Ablauf der im § 21 Abs. 2 genannten Frist über das im Baugeldvertrage festzusetzende Verhältniß der Beleihung hinaus befriedigt werden darf.
9. Es ist zweckmäßig, mit der Zwangversteigerung eines Grundstückes, auf das der Bauvermerk eingetragen ist, ein Konkursverfahren zu verbinden. Die Kosten dieses Verfahrens sind den Kosten des Zwangsvollstreckungsverfahrens zuzurechnen.

Herrosé & Ziemsen, Wittenberg.

Abtheilungssitzung vom 10. September 1902.

Referat
von Gerichtsassessor a. D. Dr. Solmssen,
Korreferat
von Professor Dr. Heymann.

Diskussion.

Note zum Korreferat

von Professor Dr. Heymann.

Geh. Justizrath Prof Dr. **Enneccerus** (Marburg): M. H., im Auftrage der Ständigen Deputation schlage ich Ihnen Herrn Geh. Justizrath Prof. Dr. Gierke als Vorsitzender vor. — Da sich kein Widerspruch erhebt, so nehme ich an, daß diese Wahl von der Versammlung durch Akklamation gutgeheißen ist (Bravo!), und bitte demnach Herrn Professor Gierke, den Vorsitz zu übernehmen.

Geh. Justizrath Prof. Dr. **Gierke** (Berlin): Ich nehme die Wahl mit Dank an. Wir könnten heute an erster Stelle die Frage der Bauhandwerker erledigen. Die beiden Herren Referenten sind, glaube ich, anwesend und bereit, heute gleich ihr Referat zu erstatten. Referent ist Herr Dr. Solmssen und Korreferent Herr Prof. Heymann. Ist die Versammlung damit einverstanden? — Da kein Widerspruch erfolgt, treten wir also in die Erörterung dieses Themas ein, und ich bitte Herrn Dr. Solmssen, das Referat zu erstatten.

Berichterstatter Dr. **Georg Solmssen** (Berlin): Meine hochverehrten Herren! Die zum Referat gestellte Frage, welchem der beiden von der amtlichen Kommission ausgearbeiteten Entwürfe zum Schutze der Bauforderungen der Vorzug zu geben sei, schließt eine Vorfrage in sich, die ich nicht ganz mit Stillschweigen übergehen kann. Wenn diese Vorfrage nämlich Verneinung fände, würde unsere Berathung eigentlich zwecklos sein. Diese Vorfrage ist, ob eine Gesetzgebung wie die geplante heute überhaupt noch von Nöten sei. Wird diese Frage negirt, so ist all' das, worüber zu verhandeln wir uns anschicken, reine Theorie. Wird die Vorfrage dagegen bejaht, so dürfen wir hoffen, daß unsere Verhandlungen dazu beitragen werden, einem wichtigen Mangel unseres gegenwärtig geltenden Rechtes abzuhelfen.

Von Praktikern des Baugewerbes ist behauptet worden, alle Schäden, welche früher auf diesem Gebiete hervortraten, seien jetzt beseitigt. Dazu komme, daß im Baugewerbe eine Konsolidirung Platz gegriffen habe, welche die Wiederkehr solcher Schäden vollkommen ausschließe. Das unsolide Baugeschäft und die unsolide Bodenspekulation seien verschwunden, um nie wiederzukehren.

Meine Herren, gestatten Sie mir, gegenüber dieser Behauptung eine etwas skeptische Stellung einzunehmen. Ich bin der Ansicht, daß, so lange die Voraussetzungen fortbestehen, welche es ermöglicht haben, daß die Schäden, die beklagt wurden, hervortraten, auch die Wiederkehr solcher Schäden immerhin möglich ist, ja ich möchte sogar weitergehend sagen: ganz sicher ist. Ich gehe nämlich davon aus, daß das Auftreten der Boden- und Bauspekulation nur eine Folgeerscheinung der allgemeinen wirthschaftlichen Konjunktur ist. Wenn durch diese ermöglicht wird, daß eine Spekulation à la hausse — und eine solche kann die Boden- und Bauspekulation nur sein — entsteht, so muß sie eintreten, und muß Schaden stiften, so lange wir nicht die Lücke im Recht zustopfen, welche den gerügten Mißständen Einlaß verschafft hat.

Das ist bis jetzt nur eine Behauptung. Ich will den Versuch unternehmen, sie, wenigstens für die Vergangenheit, auf Thatsachen zu stützen, und habe mir deshalb erlaubt, diese Tafel aufzuhängen*), welche geeignet ist, etwas Licht darüber zu verbreiten, wie sich diese Verhältnisse während der letzten drei Jahrzehnte in Berlin entwickelt haben. Ich glaube, Sie werden mir zugeben, daß, wenn ich einigermaßen nachweisen kann, daß in Berlin in der Vergangenheit die Konjunkturbewegungen der Bodenspekulation und des Baugewerbes sich deckten mit den allgemeinen Konjunkturen des wirthschaftlichen Lebens, daß wenn dieser Nachweis gelingt, kein Recht besteht zu behaupten, in Zukunft werde sich dieser Zusammenhang nicht wieder zeigen.

Zunächst bitte ich Sie, sich auf der Tafel diese aufsteigenden schwarze Linie zu betrachten, welche die Bevölkerungszunahme unserer Stadt während der Jahre 1867—1900 anzeigt. Ihr stetiges, stolzes Steigen läßt erkennen, welche enormen Aufgaben der Boden- und Bauspekulation gestellt worden sind; galt es doch zeitweise, wie z. B. in der Periode von 1869 bis 1878 für einen Zustrom von 300 000 Menschen Wohnung zu schaffen. Ich bitte Sie, nunmehr dieser vollausgezogenen rothen Linie und der ihren Schwankungen mit einer gewissen Parallelität folgenden strichirten blauen Linie zu folgen. Beide zeigen an, welche Haussebewegungen die Boden- und Bauspekulation durchgemacht hat. Die strichirte blaue Linie nämlich bezeichnet den durchschnittlichen Kaufwerth des Bodens in Prozenten des Bodenwerthes, während diese stark ausgezogene mit 100 bezeichnete schwarze Querlinie hier den Paristand dieser Werthe kennzeichnet**). Die rothe Linie giebt an, wie viel Baugenehmigungen ertheilt worden sind. Wenn Sie den Wellenbewegungen dieser beiden Linien folgen, sehen Sie sogleich, daß ihrem Auf und Ab entgegengesetzt sich die Bewegung dieser strichirten rothen und dieser vollausgezogenen blauen Linie vollzieht, welche selbst wiederum einander ziemlich parallel laufen.

Es ist dies ganz natürlich; denn die strichirte rote Linie zeigt die

*) Verkleinerter Abdruck der Tafel befindet sich am Schluß des Buches.

**) Vgl. hierzu: Ballod in den Schmoller'schen Jahrbüchern, 1902, Heft 1.

Zahl der leerstehenden Wohnungen an, während die vollausgezogene blaue Linie die Zahl der Subhastationen von bebauten Grundstücken wiedergiebt. Es liegt nun auf der Hand, daß die Höchstpunkte dieser beiden letztgenannten Linien schlechte Konjunkturen in der Boden- und Bauspekulation darstellen, welche dementsprechend auch durch den Tiefstand der die Baugenehmigungen und die Bodenwerthe wiedergebenden Linien ausgedrückt werden. Anderseits muß naturgemäß mit dem allmählichen Steigen der vollausgezogenen rothen, die Baugenehmigungen zeigenden Linie die Zahl der leerstehenden Wohnungen abnehmen, um auf ihren Tiefpunkt zu gelangen, wenn diese rothe Linie ihren Höchstpunkt erreicht hat, und erst allmählich wieder zu steigen, wenn jene zu fallen beginnt.

Lassen Sie uns nun der vollausgezogenen rothen Linie auf ihrem Wege über die Tafel folgen. Wir sehen, wie sie in den Jahren 1872 und 1873 einen Höchstpunkt erreicht, d. h. in jenen Jahren, als die allgemeine Konjunktur in Deutschland in vollster Blüthe stand, wir sehen, wie sie alsdann mit der im Jahre 1874 bereits einsetzenden und im Jahre 1875 zum vollen Ausdruck kommenden Krisis rapide fällt, und zwar um so schärfer, je rascher sich die abgängige Bewegung in der allgemeinen wirthschaftlichen Konjunktur, wie dieses besonders in den Jahren 1877 und 1878 der Fall war, vollzog. Nur im Jahre 1886 entspricht die Linie nicht der wirthschaftlichen Lage im Lande, denn bis zum Jahre 1886 war der Geschäftsgang durchweg gedrückt, was besonders durch den in jener Zeit erfolgten Zusammenbruch der Bontoux'schen Gründungen in Frankreich veranlaßt wurde. Daß die Bewegung der Linie zu dem Höhepunkt des Jahres 1886 abnorm war, können Sie auch am besten daraus ersehen, daß sie innerhalb des nächsten Jahres einen ganz jähen Absturz erfährt. Die durch ihr Fallen angezeigte Abnahme der Baugenehmigung erreicht die hohe Zahl von 3000. Der Belebung des Geschäftsganges gegen Ende der achtziger Jahre entspricht das sich hier wiederum zeigende Aufsteigen der Zahl der Baugenehmigungen, um alsdann den durch den Sturz des Hauses Baring verursachten Fall des Jahres 1890 wiederzuspiegeln.

Hierauf kam die trübe Zeit der amerikanischen Krisis des Jahres 1893, die auch uns in Mitleidenschaft zog, bis endlich im Jahre 1896 die Aufschwungbewegung begann, der sich im Jahre 1901 der noch jetzt bemerkbare Niedergang anreihte.

Um die Uebereinstimmung der Bewegung der Konjunkturen in der Boden- und Bauspekulation mit dem Gang der allgemeinen Konjunktur noch besser hervortreten zu lassen, finden Sie auf dieser Tafel noch eine grüne Linie vermerkt, welche das Steigen und Fallen des Privatdiskonts in der behandelten Periode ausdrückt. Die Strichirung dieser Linie, vom Jahre 1875 ab rückwärts, soll kennzeichnen, daß ich für diese Zeit nicht die volle Verantwortlichkeit für die Richtigkeit der Berechnung übernehmen kann. Die aus jenen Jahren erhaltenen Feststellungen des Marktdiskonts sind recht lückenhaft, so daß man nicht mit Bestimmtheit behaupten kann, der berechnete Durchschnittswerth sei unbedingt zuverlässig. Für die späteren Jahre, in denen die grüne Linie vollgezeichnet ist, kann ich diese Garantie übernehmen. Wenn ich die Bewegung des Privatdiskonts als Gradmesser für die allgemeine Konjunktur hinstellte, so folge ich damit einer wohl nicht mehr bestrittenen Auffassung, die noch in letzter Zeit durch Sachkenner wie Helfferich vertreten worden ist. Sie sehen nun, ganz abgesehen von der eben geschilderten Parallelität zwischen wirthschaftlicher Konjunktur und Boden- und Baukonjunktur diese Parallelität auch in diesem Bilde erscheinen, wenn Sie dem Gange der rothen Baugenehmigungslinie und der grünen Privatdiskontlinie folgen. Sie steigen und fallen mit einander, allerdings nicht ganz so gleichartig wie etwa die Linien der leerstehenden Wohnungen und der Zwangsversteigerungen, es läßt sich aber doch deutlich erkennen, daß die allgemeine Tendenz der Bewegung der einen Linie, sich auch in der bald darauf eintretenden Bewegung der anderen Linie äußert. Ausgenommen allein das Jahr 1886, das ich bereits als abnorm gekennzeichnet habe. In dem letzten Jahrzehnt tritt sogar fast vollständiger Parallelismus der Linien ein.

Meine Herren, ich bitte um Nachsicht, falls ich Ihre Geduld mit diesem statistischen Nachweis zu lange in Anspruch genommen haben sollte, aber es lag mir sehr viel daran, Ihnen den Zusammenhang zwischen der allgemeinen Konjunktur und der Boden- und Baukonjunktur für die vergangenen drei Dezennien vorzuführen, um eine feste Begründung für meine Ueberzeugung zu liefern, daß mit der Wendung der gegenwärtig schlechten allgemeinen Konjunktur zum Besseren nothwendig auch wiederum derjenige Aufschwung im Bodenhandel und im Baugewerbe eintreten muß, welcher die Voraussetzung der Klagen bildet, mit deren Heilung wir uns beschäftigen wollen. Ich kann deshalb nur dringend empfehlen, die Mahnung unseres Gutachters, Herrn Freese, zu beachten, die dahin geht, die jetzt ruhige Zeit zu benutzen, um ein Gesetz zu schaffen, das den Stürmen gewachsen ist, welche kommen können und, nach meiner Ueberzeugung, sicher kommen werden. Mag das allgemeine Interesse an der Frage auch augenblicklich erkaltet sein; ich glaube, es ist richtiger, vorsorgend eine Gesetzgebung auszuarbeiten, welche die Wiederkehr von Fällen wie des Falles Seeger verhindert und wohl durchdacht zur Stelle ist, wenn sie gebraucht wird. Zur Unterstützung dieses Standpunktes mag noch darauf hingewiesen werden, daß auch außerhalb Deutschlands die Lage in gleicher Weise beurtheilt wird.

Der von Prof. Huber verfaßte Vorentwurf zum Schweizerischen Civilgesetzbuch enthält in den §§ 823—825 Vorschriften, die bestimmt sind, den Bauhandwerkern und Unternehmern dinglichen Schutz zu gewähren; und ebenso sind im Oesterreichischen Justizministerium in den Jahren 1899 und 1902, allerdings noch nicht veröffentlichte, umfangreiche Entwürfe für eine Schutzgesetzgebung ausgearbeitet worden, die sich die deutschen Forschungen zu Nutzen machen.

Wenn nun die Frage gestellt wird, ob es denn möglich sei, das wirthschaftliche Problem, das uns vor Augen tritt, juristisch zu lösen, so vertrete ich die Ueberzeugung, daß dies der Fall ist, und zwar gründet sich diese Ueberzeugung darauf, daß wir im Stande sind, die erfolgreiche Lösung, wenn ich so sagen darf, am lebenden Körper zu studiren. In den Vereinigten Staaten von Amerika haben sich in der Boden- und Bauspekulation, allerdings weiter zurückliegend, genau dieselben Verhältnisse abgespielt wie bei uns. Dort hat sich aber seit mehr als hundert Jahren in langsamem, schichtenweisem Aufbau eine Schutzgesetzgebung entwickelt, die denselben wirthschaftlichen Voraussetzungen und denselben rechtlichen Grundsätzen, wie sie bei uns noch vorliegen, entsprungen, zu Erfolgen geführt hat, die zur Nachahmung reizen. Nun wird allerdings die Ansicht vertreten, daß eine Uebertragung des amerikanischen Rechtes auf unsere Verhältnisse ohne weiteres nicht möglich sei; ja, man geht sogar weiter und sagt: wenn man das amerikanische Recht als Ganzes betrachtet, so ergiebt sich eine so verwirrende Unmasse, eine solche Fülle von Bestimmungen und abweichenden Vorschriften, daß man daraus den Schluß ziehen muß: dieses Recht ist noch sehr unvollkommen und kann auf die gefestigte Rechtsordnung, deren wir uns erfreuen, nicht übertragen werden. Ich finde die Spur einer solchen Betrachtungsweise auch in dem Gutachten des Herrn Justizraths Harnier, der sonst an vielen Punkten geneigt ist, die Einführung amerikanischen Rechts zu fordern. Er kommt aber in der Frage, ob den mittelbaren Baugläubigern auch der erstrebte gesetzliche Schutz zu gewähren sei, dahin, zu sagen, man müsse sich sehr besinnen, an dieser Stelle dem amerikanischen Rechte zu folgen; denn seine einschlägigen Vorschriften wiesen ein nur aus der Buntscheckigkeit des Völkerkonglomerats jenseits des Oceans erklärliches Durcheinander verschiedenartiger Regelung auf.

Da ich im Folgenden vielfach auf das amerikanische Muster werde zurückgreifen müssen, will ich kurz andeuten, wie ich mich zu dem amerikanischen Rechte überhaupt stelle und welche Bedeutung ihm meines Erachtens beigemessen werden muß. Es ist richtig, daß dem kontinentalen Juristen eine erschreckende Menge von Bestimmungen gegenübertritt, wenn er sich anschickt, dem Studium des amerikanischen Rechtes näher zu treten. Dieses, äußerlich genommen, verwirrende Durcheinander lichtet sich aber bald bei näherem Eindringen. Die anscheinende Verwirrung hat ihren Grund in der eigenthümlichen Entstehungsart amerikanischer Rechtsnormen. Das Recht erwächst dort aus der Entscheidung des Einzelfalls und bildet sich als das Ergebnis von Rechtssprüchen fort. Den Gerichten, die als ein Ganzes gedacht sind, ist die Autorität gegeben, durch ihren Spruch festzulegen, was Recht sei, allerdings mit der Beschränkung, daß die ergangene Vorentscheidung alle Gerichte für den gleichen Thatbestand nur so lange mit gesetzlicher Kraft bindet, bis nachgewiesen wird, daß sie auf Rechtsirrthum oder falscher Anwendung des Rechts beruht. Auch wenn das Recht durch unseren Gesetzen ähnelnde Statuten in ein festeres Gewand geschlossen wird, bleibt dieses doch noch sehr lose. Den Gerichten steht nämlich die souveräne Macht zu, nicht nur mit Gesetzeskraft zu sagen, was in dem Statut stehe, nicht nur es autoritativ auszulegen, sondern auch über die Geltung des Statuts selbst zu entscheiden und diese zu negiren, wenn das Statut in Widerspruch zu den allgemeinen Rechtsnormen tritt, wie sie in den Verfassungen niedergelegt sind.

Es ist nun allerdings von einem kontinentalen Juristen viel verlangt, sich diesem stets wechselnden Rechtsbilde gegenüber auf den richtigen Standpunkt stellen. Ich habe oft die Ansicht gehört, — und ich habe sie getheilt, als ich mich dem Studium dieses Rechtes zuerst widmete, — nämlich, daß dieses bewegliche Recht überhaupt kein Recht sei. Wir sind ja zu sehr gewöhnt, das Recht als eine durch die höhere Einsicht der Staatsautorität diktirte Wahrheit zu betrachten, als daß wir uns leicht mit einer Auffassung befreunden könnten, die davon ausgeht, daß das Recht als solches zur Entstehung gelangt, so bald das ihm zu Grunde liegende wirthschaftliche Verhältniß entstanden ist, so daß es nur der Erkenntniß des Rechtssatzes durch den Richter bedürfe, um diesem Rechte Wirksamkeit zu geben. Wir wollen stets nach dem Gesetzbuche greifen können, um in ihm die Festlegung der Grundsätze finden, welche auf den Einzelfall anzuwenden sind. Das mag für unsere gefestigteren Verhältnisse richtig sein. Meine Herren, jedenfalls hat aber das Recht jenseits des Oceans einen großen Vorzug vor dem unsrigen: es ist nicht am grünen Tische erwachsen, es ist kein theoretisches Recht, sondern es ist ein Recht, das, nur entstehend, wenn ein praktischer Fall seine Entstehung heischt, deshalb in der Lage ist, den wirthschaftlichen Erfordernissen unmittelbar auf dem Fuße zu folgen. Allerdings wird auch drüben vielfach noch veraltete Form mitgeschleppt. Im Großen und Ganzen sind das aber nur Schönheitsfehler. Man darf vielmehr sagen: wenn etwas zu dem phänomenalen wirthschaftlichen Aufschwunge der Union beigetragen hat, so ist es sicherlich der Umstand, daß jedes Mal, wenn neue wirthschaftliche Forderungen an das Recht herantraten, dieses Recht leicht die Formen fand, in welche das neue wirthschaftliche Verhältniß zu gießen war. Ich möchte deshalb dringend davor warnen, mit geringschätzigem Achselzucken auf das amerikanische Recht herabzublicken. Wir Kaufleute empfinden heute schon an vielen Punkten — ich erinnere nur an das Kolonialrecht — die drückende Einengung, welche unser festgefügtes Recht mit sich bringt. Wir wünschten oft, daß die rechtliche Rüstung, die wir zu tragen haben, leichter wäre, und es wäre uns oftmals lieb, wenn nicht erst ein schwerfälliger Apparat in Bewegung gesetzt werden müßte, um ein verfehltes oder veraltetes Gesetz abzuändern, sondern ein frei erkennender Richter, der die Thatsachen abwägt, mit Gesetzeskraft sagen könnte: „Unter diesen Umständen ist folgender Satz Recht".

Jedenfalls aber, meine Herren, ist das amerikanische Recht geeignet, als Muster für die geplante Schutzgesetzgebung herangezogen zu werden. Es hat sich drüben eine Boden- und Bauspekulation entwickeln müssen, neben der die unsrige Kinderspiel ist. Es sind dort in kürzester Zeit Städte aus dem Boden gestampft worden, mit einer Verve, die nirgends sonst wiederkehrt. Die Entstehung ganzer Ortschaften läßt sich auf den Willen Einzelner zurückleiten, die vorausschauend die bevorzugte Lage einer Siedelungsstätte erkannten. Der Bodenspekulant ist dort nicht nur — sagen wir — Jobber, der die Baustelle dreimal im Jahre verkauft, sondern zu dieser Kategorie zählen dort Leute mit weiteren Zielen, Leute, die auf Grund der wirthschaftlichen Bedeutung ihrer Thätigkeit zu eminentem Einflusse auf die ganze Entwickelung der wirthschaftlichen Lage des Landes gelangt sind. Wenn unter solchen Verhältnissen das Schutzrecht sich als ein Hemmschuh für die Boden- und Bauspekulation erwiesen hätte, wie man glaubt, daß die Entwürfe, wenn sie in Kraft träten, bei uns es sein würden, so würde das Schutzrecht in den Vereinigten Staaten längst über Bord geworfen sein; denn es giebt dort keinen mächtigeren Machthaber als die öffentliche Meinung. Es ist deshalb ein sprechender Beweis für die Bewährung des Schutzrechts, daß es, aus kleinen Anfängen erwachsen, heute das Riesengebiet der Union umschließt, und es ist ein Ruhmestitel der amerikanischen Großkapitalisten der Boden- und Bauspekulation, daß sie den wiederholten Anläufen auf Abschaffung des Schutzrechts gegenüber immer wieder betont haben, daß die Beseitigung dieses Horts mit Rücksicht auf die kleinen Träger ihres Gewerbes unmöglich sei. Noch kürzlich hat der Kongreß der Vereinigten Staaten selbst, nachdem er schon vor Jahrzehnten für den Bundesdistrikt Columbia das Schutzrecht proklamirt hatte, das Gleiche für den ihm unterstehenden Distrikt Alaska gethan und damit anerkannt, daß die Schutzgesetzgebung einen nicht mehr zu beseitigenden Bestandtheil des allgemeinen Rechts der Union bilde.

Ich kann es daher nur mit großer Freude begrüßen, daß in den Entwürfen, wie sie vorliegen, nicht nur die Grundprinzipien des amerikanischen Schutzrechts, sondern auch mancher Richterspruch, der jenseits des Ozeans erging, dankbare Aufnahme gefunden haben.

Meine Herren, wenn ich mich jetzt der Beurtheilung der Entwürfe selbst zuwende, so möchte ich in den Vordergrund stellen, daß wir es mit einem wirthschaftlichen Problem zu thun haben. Wir werden deshalb stets fragen müssen: welche wirthschaftliche Erscheinung liegt vor, und wie weit darf das Recht eingreifen, um nicht das Getriebe des Wirthschaftslebens zu sehr zu stören?

Zunächst drängt sich die Frage auf, wodurch entsteht die Boden- und Bauspekulation? Sie entspringt der Ansicht, daß der Bevölkerungszustrom sich einem Verkehrscentrum in gesteigertem Maße zuwenden werde; ihre Grundlage ist also die Hoffnung, daß der Bodenwerth steigen wird, und ihre Triebfeder der Wunsch, aus dieser Steigerung Gewinn zu ziehen und sich aus dem erzielten Ueberschuß zu bereichern. Diese Boden- und Bauspekulation ist an sich vollkommen gerechtfertigt. Sie wird ungerechtfertigt und sie erfordert gesetzgeberisches Eingreifen erst in dem Moment, wenn derjenige, welcher dieser Spekulation nachgeht, sie nicht auf eigenes Risiko treibt, sondern auf das Risiko Anderer, und das ist der Fall, mit dem wir uns zu beschäftigen haben.

Der Bau, dessen Erträgniß sich aus der, wie geschildert, beurtheilten Konjunktur ergeben soll, wird mit fremdem Gelde auf einer unbezahlten Baustelle errichtet und verdankt Leistungen seine Entstehung, die nicht gegen Bezahlung, sondern auf Kredit ausgeführt werden. Die Betheiligung an einem derartigen Geschäft bedeutet für alle zu dem Bau Beitragenden ein Risiko, gleichviel ob der Beitrag in der Hingabe des unbezahlten Grund und Bodens, in der Darleihung des durch Pfand gesicherten Baugeldes oder in der Ausführung von Arbeit oder Lieferung von Materialien auf Kredit besteht.

Der Grund, daß sich die Betheiligung an derart spekulativen Bauten gerade für die Bauhandwerker so leicht verhängnißvoll gestaltet, ist darin zu suchen, daß die rechtliche Regelung dieses wirthschaftlichen Vorganges bis jetzt ungenügend geblieben ist. So lange der Satz „Superficies solo cedit" gilt, unterwerfen die hypothekarisch gesicherten Forderungen der ihnen bewilligten Pfandverbindlichkeit an dem Grundstücke alles, was mit diesem dauernd verbunden wird. Wenn also die Baugläubiger, die ja mit Ausnahme der Lieferanten, um Bezahlung erlangen zu können, vorher erfüllen müssen, die zu ihrer Befriedigung bestimmt gewesenen Gelder nicht erhalten und wenn der hypothekarische Gläubiger, welcher diese Gelder gegeben hat, bei Mißlingen der ganzen Spekulation seine Rechte an dem Pfande geltend macht, so unterliegen diesem Pfande alle Arbeits- und Werkerzeugnisse, welche von den Baugläubigern zur Errichtung des Hauses beigetragen worden sind. Der hypothekarisch gesicherte Gläubiger erwirbt oder veräußert dann das pfandrechtlich behaftete Haus und die Baugläubiger sind sowohl außer Stande Befriedigung zu erhalten, wie die von ihnen fertiggestellten Leistungen zurückzuerlangen.

Dies ist in rohen Zügen das Ihnen wohl allen bekannte Bild, wie es heute noch bei uns besteht und in den Vereinigten Staaten vor hundert Jahren ebenso bestanden hat.

Um Ihnen nun zu zeigen, in welcher Weise die Lücke des Rechts von der Boden- und Bauspekulation benutzt wird, um sich auf Kosten der Baugläubiger zu bereichern, will ich Ihnen kurz den Thatbestand erzählen, der einem vor gar nicht langer Zeit, nämlich im September 1901 ergangenen Beschlusse des Reichsversicherungsamts zu Grunde lag und seitens dieser hohen Behörde zum Ausgangspunkt von allgemeinen Erwägungen gemacht worden ist, die in Verbindung mit dem zeitlich nahe Zurückliegen des besprochenen Falls einen schlagenden Beweis dafür liefern, daß es mit der behaupteten Konsolidirung des Baugewerbes doch noch recht weite Wege hat.

Der Fall ist typisch und in mehr als einer Hinsicht lehrreich. X. erwarb im Jahre 1892 in Schmargendorf eine Baustelle für 25 000 Mk., verkaufte sie im Jahre 1894 für 77 000 Mk., erwarb sie gleich darauf in der Zwangsversteigerung zurück, verkaufte sie im Jahre 1895 wieder und zwar für 79 000 Mk., um sie bald darauf wiederum in der Zwangsversteigerung zurückzuerwerben und sie endlich im Jahre 1898 an einen gewissen W. für 80 000 Mk. zu veräußern. Von diesem Kaufpreise sollten 6000 Mk. bei Vertragsschluß und 4000 Mk. bei Auflassung des Grundstückes bezahlt werden, 17 000 Mk. übernahm W. in Vorhypotheken in Anrechnung auf den Kaufpreis, 53 000 Mk. wurden ihm gestundet und für den Verkäufer X. eingetragen.

Eine Baustelle, die im Jahre 1892 nur 25 000 Mk. werth war, wurde also bereits zwei Jahre später für mehr als das Dreifache verkauft, und diese Werthsteigerung setzte sich fort, obgleich sich ein Eigenthümer nach dem anderen darauf nicht halten konnte. Später wurde allerdings von dem amtlichen Sachverständigen ermittelt, daß der von X. mit W. vereinbarte Kaufpreis von 80 000 Mk. den damaligen Werth der Baustelle um rund 25 000 bis 30 000 Mk. überstiegen habe. Ebenso auffallend wie der hohe Kaufpreis sind aber die zwischen dem Verkäufer X. und dem Käufer W. vereinbarten Zahlungsbedingungen. Der Käufer besaß nämlich zur Zeit als er den Kaufvertrag schloß im Ganzen nur 4000 Mk. eigenes Vermögen. Er borgte sich 4000 Mk. von einem Holzhändler hinzu, dem er sagte: „Wenn Du mir das Geld giebst, erhältst Du die Lieferungen für den Bau." Natürlich ging der Holzhändler auf diesen Vorschlag ein. Entsprechend seinen reduzirten Vermögensverhältnissen zahlte W., als es zur Auflassung kam, nicht die bis dahin fällig gewordenen 10000 Mk., sondern nur das bei Vertragsschluß fällig gewesene Angeld von 6000 Mk., während der Rest von 4000 Mk. gestundet, als Hypothek eingetragen und später bezahlt wurde, und zwar woraus, meine Herren, nun selbstverständlich aus den Baugeldern, das heißt, aus Geldern, die bestimmungsgemäß den Baugläubigern hätten zufließen müssen.

W. besaß also zur Bauausführung im Ganzen nur 2000 Mk., von denen ihm aber kein Pfennig gehörte. Und trotzdem gelang es diesem bis über die Ohren verschuldeten Menschen, sich das Baugeld, und zwar in Höhe von nicht weniger als 123 000 Mk. zu beschaffen. Als jemand, der nichts sein eigen nannte, bekam er 123 000 Mk. auf Kredit! Freilich, unter welchen Bedingungen! Dieselben enthalten die Quintessenz des ganzen, Ihnen geschilderten Falles. Zunächst wurde natürlich der Baugeldhypothek das Vorrecht eingeräumt vor der Kaufgeldhypothek, weiter wurde aber auch in dem Kaufvertrage mit X. sowohl, wie in dem Baugeldvertrage mit der Bank bestimmt, daß der Bau nach dem bereits vorliegenden Plane, den X. hatte ausarbeiten lassen, zu bauen sei. Es wurde ferner bestimmt, daß die geringste Abweichung von diesem Plane sowohl die Baugeld- wie die Kaufgeldhypothek fällig machten. Mithin hatte also sowohl X. wie der Baugeldgeber den W. vollkommen in der Hand. Wovon bezahlte aber W., der, wie gesagt, nichts sein eigen nannte, die Zinsen der Kaufgeldhypothek? Natürlich ebenfalls aus den Baugeldern! Wir sehen also, daß das Baugeld in weitestem Maße dazu diente, um zur Tilgung der Schulden verwandt zu werden, die der Käufer des Grundstückes kontrahirt hatte.

Das Reichsversicherungsamt steht nicht an, diesen Fall als typisch hinzustellen, und er ist daher wohl geeignet, als Grundlage der Betrachtung darüber zu dienen, wie sich das unerlaubt spekulative Boden- und

Baugeschaft in einer Großstadt wie Berlin zu Zeiten aufsteigender Konjunktur gestaltet. Das Schema dieser Gestaltung ist folgendes:

Ein Grundstückseigenthümer, der Bauspekulation treibt, will an dem Gewinne Theil haben, der sich aus der schnellen Werthsteigerung neubesiedelten städtischen Grundbesitzes ziehen läßt, will aber diesen Gewinn ohne Risiko, d. h. selbst in dem Falle machen, wenn die Grundstückpreise sich ungünstig entwickeln sollten. Der Baustellenverkäufer verkauft deshalb die Baustelle, aber zu einem Preise, dessen Höhe er nach dem aus der Bebauung zu erwartenden Gewinne bestimmt, der den wirklichen Werth der nackten Baustelle also erheblich übersteigt. Die Berechnung dieses Gewinns ist natürlich stets unsicher, oft willkürlich hoch. Vermögende Bauunternehmer verstehen sich deshalb zur Bewilligung eines solchen Preises nicht und der Baustellenhändler hat somit aus dem Vermögen des Bauunternehmers keine Befriedigung seiner Forderung zu erwarten. Deshalb ist es das Ziel des Grundstückshändlers, der Hypothek, die für ihn auf dem Grundstücke eingetragen wird, die aber noch keine Sicherheit bietet, weil ihr Betrag den Werth des Grundstückes übersteigt, diese Sicherheit durch die Bebauung des Grundstücks zu verschaffen. Zu diesem Zwecke stellt er den Bauplan auf und giebt dem Bauunternehmer, der mit seinen geringen Mitteln, oder sagen wir richtiger, mit seinem Minusvermögen sonst überhaupt nicht bauen könnte, ein Baugeld-Darlehen, oder verschafft es ihm von der Hypothekenbank, indem er sich verpflichtet, der Bank ein Vorrecht vor seiner Hypothek zu gewähren, weil die Bank die überlastete Baustelle anderenfalls nicht beleihen würde.

Den Bauplan hat der Grundstückshändler in der Regel schon vor dem Verkaufe fertig gestellt und die polizeiliche Bauerlaubniß eingeholt. Die Befolgung des Bauplans aber schreibt er dem Bauunternehmer gewöhnlich in dem Kaufvertrage vor, mit der Bedingung, daß ein Verstoß gegen denselben einen Verfall der Hypothek zur Folge habe. Der Händler hat alsdann, da der Bauunternehmer Zahlung ja nicht leisten kann, unmittelbar das Recht, ihn im Wege der Zwangsversteigerung aus dem Grundstücke zu entsetzen. Eventuell erreicht der Händler seinen Zweck auch mit Hülfe des Baugeldvertrages; denn auch diesem Vertrage wird der Bauplan zu Grunde gelegt. Ein Verstoß gegen den Bauplan giebt dem Händler dann nach seinem Vertrage das Recht, die Baugelder sofort zu sperren und die Zurückzahlung der schon gegebenen Baugelder zu fordern. Auch das gestundete Restkaufgeld für das Grundstück wird alsdann fällig, da der Bauunternehmer die Zinsen, die er ja natürlich auch nur wieder aus dem Baugelde bezahlen konnte, nicht mehr zu entrichten vermag. Der Händler kann also auch in diesem Falle das Grundstück mit Hülfe seiner Hypotheken zur Zwangsversteigerung bringen, und sein Zweck, die Bebauung des Grundstücks nach seinem Bauplan zu erzwingen, ist auf diese Weise gesichert.

Diese Stellung des Baustellenhändlers ändert sich auch nicht wesentlich, wenn eine Hypothekenbank die Baugelder giebt. Da die Bank das Vorrecht für ihre Hypothek vor der Hypothek des Baustellenhändlers verlangen muß, so muß der Bauunternehmer hierzu die Zustimmung des Baustellenhändlers haben. Der Baustellenhändler ist also auch hier wiederum in der Lage, seine Bedingungen zu stellen.

Die Baugelder werden stets nur in Höhe eines Theils, und zwar in der Regel nur in der Höhe von $^2/_3$ der veranschlagten Baukosten gegeben, so daß die Lieferanten und Handwerker, die sich aus Unkenntniß der Verhältnisse, oder aus Arbeitsmangel auf die Lieferungen oder Leistungen für den Bau einlassen, aus den Baugeldern nur eine Theilzahlung erhalten können und sich für den gestundeten Rest ihrer Forderungen mit einer Hypothek hinter der Baugeld- oder Kaufgeld-Hypothek begnügen müssen.

Auf diese Weise erreicht der Baustellenhändler seine Absicht, nämlich das Risiko der Bebauung auf Andere zu übertragen. Wenn nämlich die erwartete Werthsteigerung des Grundstücks nach der Bebauung nicht so groß ist, daß die Baukosten und der beabsichtigte Gewinn des Baustellenhändlers daraus gedeckt werden, so fallen die Hypotheken der Lieferanten und Handwerker ganz oder zum Theil aus. Der Baustellenhändler erlangt also seinen Gewinn, aber auf Kosten der Lieferanten und Handwerker, die somit das Risiko der Bebauung tragen.

Sowohl für den spekulirenden Baustellenverkäufer wie für den Baugeldgeber ist mithin Grundlage ihrer Spekulation die Gewißheit, daß sich der Werth des Grund und Bodens bis zu einem gewissen Grade nicht tödten läßt, sowie daß der Werth derjenigen Leistungen, welche geschehen, um ein Bestandtheil des Grund und Bodens werdendes Gebäude aufzuführen, nie unter ein bestimmtes Minimalmaß herabgedrückt werden kann. Für diese Betheiligten der Spekulation ist also Centrum derselben die Immobilie und was durch Verbindung mit ihr zur Immobilie wird. Aber auch die Baugläubiger d. h. diejenigen, deren Leistungen aus der todten Baustelle das einen neuen wirthschaftlichen Werth darstellende Haus schaffen, kalkuliren mit der durch sie selbst herbeigeführten Werthsteigerung der Immobilie.

Auch für sie ist dieser Werth der Immobilie Mittelpunkt ihrer Operation. Sie betheiligen sich an der Spekulation, die ein Haus auf Vorrath baut, ebenfalls nur auf Grund der Hoffnung, aus dem Gewinn bezahlt zu werden, der bei der Veräußcrung des Hauses erzielt werden soll. Sie würden der Operation fern bleiben, wenn nicht in der Immobilie ein fester Vermögenswerth derjenigen Person verkörpert wäre, an die sie ihre Leistungen abführen.

Wir sehen also in dem Spekulationsbau ein wirthschaftliches Unternehmen vor uns, das die an ihm Betheiligten, so verschieden ihre nächsten Beweggründe auch sein mögen, doch zu einem und demselben Ziele zusammenschließt, nämlich dem, durch ihr gemeinsames Bemühen ein zinstragendes Gebäude zu errichten und die im Vertrauen auf das Gelingen dieser Operaton mit ihren Leistungen in Vorschuß treten. Der Baustellenverkäufer tritt in Vorschuß mit der Baustelle, welche seitens des Käufers nicht bezahlt wird, der Baugeldgeber mit dem Baugeld und der Bauhandwerker und Lieferant endlich mit seinen Leistungen.

Ich lege großes Gewicht auf diese wirthschaftliche Konstruktion des uns beschäftigenden Problems, weil sie für die uns interessirende Spekulationsgruppe der Baugläubiger nicht so klar in Erscheinung tritt, wie für die übrigen Betheiligten: den Baustellenverkäufer und den Baugeldgeber. Grund hierfür ist, daß die Baugläubiger sich gegen das in der ganzen Operation liegende Risiko nicht in gleicher Weise zu sichern vermögen, wie der Baustellenverkäufer und der Baugeldgeber. Auf Kredit des zu schaffenden Gebäudes liefern sie aber ebenso wie jene. Sie werden um so eher bereit sein, ihre Dienste zur Durchführung dieser Spekulation zur Verfügung zu stellen, je wahrscheinlicher ihnen erscheint, daß diese zu gewinnbringender Abwicklung gelangen werde. Auch für sie ist alleiniger Ausgangspunkt das Vertrauen auf den sichtbar zu Tage tretenden, in der Immobilie verkörperten Vermögensstand des Empfängers der Bauleistungen.

Das Gesagte genügt, um erkennen zu lassen, an welchen Punkten eine Gesetzgebung einzugreifen hat, die Hülfe schaffen will.

Diese Gesetzgebung hat eine doppelte Aufgabe zu erfüllen: sie muß einerseits verhüten, daß die Baugläubiger, welche einen Bau ausführen, sich wehrlos gefallen lassen müssen, wenn die Baugelder, anstatt ihnen ausgezahlt zu werden, in die Tasche des Unternehmers wandern und besten Falles dazu zu dienen, die Zinsen des Kaufpreises zu tilgen. Andererseits muß sie verhindern, daß die Baugläubiger darunter leiden, wenn eine Baustelle mit einer ihren Werth weit übersteigenden Summe beliehen wird, weil der Geldgeber auf der gesetzlichen Regelung fußt, daß für seine Hypothek außer der Baustelle auch die später auf ihr errichteten Baulichkeiten haften, gleichviel, ob diejenigen, welche diese Baulichkeiten errichtet haben, bezahlt worden sind oder nicht. In dieser Formulirung erkennen wir bereits die beiden Grundprinzipien des Schutzes, den ich als den „vorbeugenden" und den „vollstreckenden" Schutz bezeichnet habe. Der vorbeugende Schutz, wie ich ihn mir denke, soll die Baugelder denjenigen zuführen, denen sie zuzukommen haben; der vollstreckende Schutz soll dem wehren, daß der Mehrwerth, der durch die Bauleistungen erzielt worden ist, anderen zufällt als denen, die diesen Mehrwerth geschaffen haben.

Ich glaube nun, daß der Entwurf B eine Grundlage bildet, um diese beiden Schutzformen zu verwirklichen. Freilich kann ich diese Behauptung im Rahmen meines Vortrages nicht bezüglich jeder Einzelbestimmung nachweisen. Ich werde mich vielmehr in Erfüllung der mir gestellten Aufgabe, ein Referat darüber zu erstatten, welchen Vorschriften der beiden Entwürfe der Vorzug zu geben sei, darauf beschränken, die wesentlichsten Punkte des Schutzrechts, wie es in den Entwürfen zu Tage tritt, zu behandeln.

Als solche wesentliche Punkte betrachte ich: den Schutz der Lieferanten und mittelbaren Baugläubiger und die Festsetzung des Baustellenwerthes. Bevor ich jedoch zur Erörterung dieser grundlegenden Fragen gelange, muß ich noch kurz einige Bestimmungen der Entwürfe streifen, welche besonders markant ihren Grund der wirthschaftlchen Konstruktion des Problems entnehmen. Es sind das die Vorschriften, welche das örtliche und das materielle Geltungsgebiet des Gesetzes begrenzen.

Was zunächst das örtliche Geltungsgebiet betrifft, so sehen wir, daß auch in den neuen Entwürfen, in dem Entwurfe A sowohl, wie in dem Entwurfe B, der bereits in dem Entwurfe des Jahres 1897 enthaltene Grundsatz, wenn auch in etwas anderer Form, beibehalten und bestimmt wird, daß die Schutzgesetzgebung nur dort Platz greifen solle, wo die lokalen Verhältnisse ihre Einführung erfordern. Die jetzigen Entwürfe unterscheiden sich von dem Entwurfe des Jahres 1897 bezüglich dieser Vorschrift nur darin, daß sie nicht wie jener auch Theile von Gemeinden als Geltungsbezirke des Gesetzes vorsehen, und nicht besonders hervorheben, an welche Voraussetzung die Einführung des Schutzrechts gebunden sein solle.

Als solche war in dem Entwurfe von 1897 genannt, daß für den betreffenden Bezirk die Errichtung von Neubauten in größerem Umfange zu erwarten sein müsse. Die Begründung läßt sich nicht darüber aus, welche Erwägungen zur Fortlassung dieser Bestimmung geführt haben. Möglicherweise wollte man die Auffassung abschneiden, daß zur Einführung des Gesetzes bereits geschritten werden solle, bevor sich eine auf ungesunder Grundlage beruhende Spekulation bemerkbar gemacht habe. Wenigstens möchte ich zu Gunsten der Entwürfe annehmen, daß die erfolgte Abänderung des Textes aus diesem Gedanken heraus stattgefunden hat. Sollte dies nicht der Fall sein, so wäre zu wünschen, daß wenigstens für die Zukunft festgelegt werde, daß die Einführung des Gesetzes nicht schon dann beabsichtigt ist, wenn eine Zunahme der Neubauten bemerkbar wäre, sondern erst dann, wenn sich gezeigt habe, daß es zu Auswüchsen kommt, die in ungesunder Bauspekulation ihren Grund haben.

Man hat sich vereinzelt darüber lustig gemacht, daß das Gesetz gleichsam experimentirend vorgehen wolle, und daß die Legislatur sich zu fürchten scheine, das Schutzrecht für einen größeren Bezirk zu dekretiren. Als beste Rechtfertigung des eingeschlagenen Weges kann auf die amerikanische Entwickelung verwiesen werden, die sich genau in derselben Weise vollzogen hat. Auch in den Vereinigten Staaten ist die Einführung des Schutzrechts schrittweise, entsprechend dem hervorgetretenen Bedürfniß erfolgt, ja man ist sogar in der ersten Zeit, nämlich bei einem im Jahre 1808 in Pennsylvania erlassenen Gesetze so weit gegangen, dessen Dauer auf 3 Jahre zu beschränken. Gerade die allmähliche Ausbreitung des Schutzrechts war mit ein Grund dafür, daß das amerikanische Schutzrecht in so viele einzelne Schutzgesetze zersplittert worden ist; finden sich doch z. B. allein im Staate New-York gegen 10 Gesetze, die in den Jahren 1848—1880 nach einander erlassen wurden, um die lokale Geltung des Schutzrechts auf immer weitere Bezirke auszudehnen.

Ich stimme mithin den Entwürfen darin bei, daß sie ihre einschneidenden Maßregeln nur dort Platz greifen lassen wollen, wo man ihrer bedarf. Die Frage, in welcher Weise das Gesetz in Kraft gesetzt werden soll, will ich nicht weiter berühren, da meines Wissens Widerspruch gegen die von den neuen Entwürfen in Uebereinstimmung mit dem Entwurf von 1897 gewährten Modus der landesherrlichen Verordnung nicht laut geworden ist.

Wenden wir uns nunmehr dem materiellen Geltungsbereich der Entwürfe zu, so finden wir, daß beide der Aufgabe, das Schutzrecht zu einem Hemmniß der spekulativen Mißbräuche zu machen, dadurch entsprechen, daß sie nur Neubauten von zu Wohn- und gewerblichen Zwecken errichteten Gebäuden treffen wollen.

Ich glaube, daß diese Beschränkung durchaus zu billigen ist. Allerdings ist man in den Vereinigten Staaten weiter gegangen und hat schließlich alle Arbeiten, welche einem Bau dienen, der Gesetzgebung unterworfen. Ich glaube aber, daß es für unsere Verhältnisse zunächst vollkommen genügt, wenn wir nur diejenigen Bauten treffen, welche den Mittelpunkt der spekulativen Bewegung bilden. In dem Gutachten des Herrn Freese wird allerdings weitergehend verlangt, daß sich die Gesetzgebung auch auf Umbauten erstrecken solle. Man würde aber mit dieser Ausdehnung Schwierigkeiten heraufbeschwören, welche in dem jetzigen Stadium der Bewegung, wo wir froh sein müssen, wenn wir überhaupt ein Gesetz unter Dach und Fach bringen, die Erreichung dieses Ziels fast unmöglich machen würden.

Der Begriff des Neubaus ist in den Entwürfen durchaus prägnant gefaßt. Es ist vollkommen ausreichend, wenn gesagt wird: Neubauten sind solche Bauten, welche auf einer zur Zeit der Bebauung nicht unterworfenen oder nur mit Gebäuden untergeordneter Art besetzten Baustelle errichtet werden. Auch die Regelung der Frage, welches Terrain als zum Neubaue gehörig zu betrachten sei, ist in zweckentsprechender Weise erfolgt. Die Begründung des § 2 der Entwürfe zeigt, daß nach dieser Richtung die Verkehrsanschauung maßgebend sein soll. Die Entwürfe decken sich darin wiederum mit dem amerikanischen Rechte, das bereits im Jahre 1836 für Pennsylvania den Satz aufgestellt hat, daß soviel Terrain zu einem Gebäude gehöre, wie zu seiner gebräuchlichen und gewöhnlichen Benutzung erforderlich sei.

Gleichfalls zu billigen ist die Beschränkung des Schutzrechtes auf diejenigen Neubauten, welche Wohn- oder gewerblichen Zwecken dienen. Ebenso billige ich, daß eine Bestimmung darüber fehlt, welche Baulichkeiten als zu dem Neubau gehörig zu gelten haben. Ich sehe in diesem der Rechtsprechung gelassenen Spielraume keine Gefahr; im Gegentheil, es wäre verfehlt, wenn man hier eingreifen wollte, da die Fragen, welche auftauchen können, zu mannigfaltig sind, als daß ihre Regelung irgendwelchen Erfolg verspricht.

Um zu zeigen, nach welcher Richtung hier die Rechtsentwickelung drängen wird, sei kurz erwähnt, daß in den Vereinigten Staaten eine detaillirte Judikatur darüber besteht, ob Wasseranlagen zur Kanalisation oder Anlagen für Elektrizität, ob Pflasterung und andere derartige, räumlich von dem Gebäude getrennte Installationen als zu dem Neubaue gehörig zu betrachten seien. Als Ergebnis dieser Judikatur läßt sich der Satz hinstellen, daß alle für die Benutzung eines Hauses erforderlichen Baulichkeiten auch als zu ihm gehörig gelten, gleichviel ob sie räumlich von ihm getrennt sind oder nicht.

Im Zusammenhange mit der Besprechung des Begriffs des Neubaus will ich hervorheben, obgleich diese Erörterung einem späteren Stadium des Vortrages angehört, daß ich nicht billigen kann die Ausdehnung des Schutzrechtes auf sämmtliche Neubauten. In der Form, wie das Schutzrecht jetzt gedacht ist, fallen darunter Neubauten auch solcher Bauherren, welche gar keine spekulativen Absichten haben. Ein Bauherr, der sich eine Villa baut, und über den Zweifel erhaben ist, daß er jeden Pfennig baar bezahlen werde, muß sich nach den Entwürfen die Beschränkungen des Gesetzes ebenso gefallen lassen, wie derjenige, der Baustellenhändler ist. Mit Recht sind zahlreiche Stimmen gerade aus der Praxis laut geworden, die hiergegen Front machen. Ich komme jedoch auf diesen Punkt noch ausführlicher zurück.

Wir gelangen nunmehr dazu, zu erörtern, wem das Schutzrecht zu Theil werden soll. In dieser Hinsicht divergiren die Entwürfe erheblich. Entwurf A bezeichnet in § 6 als Baugläubiger die an der Herstellung des Bauwerkes oder eines einzelnen Theiles desselben auf Grund eines Werk- oder Dienstvertrages Betheiligten wegen ihrer Ansprüche auf die in Geld vereinbarte Vergütung, sofern der betreffende Vertrag von dem Eigenthümer der Baustelle oder für dessen Rechnung oder mit Jemand geschlossen worden ist, der den Bau mit Zustimmung des Bauenden ausführt. Entwurf A berücksichtigt also nur die sogenannten unmittelbaren Bauforderungen, d. h. die Forderungen derjenigen Baugläubiger, welche in unmittelbaren vertraglichen Kontakt treten zu dem Eigenthümer der Baustelle, auch wenn dieser Kontakt durch eine Mittelsperson hergestellt wird. Nicht berücksichtigt sind im Entwurfe A die mittelbaren Bauforderungen, d. h. diejenigen, bei denen dieser vertragliche Kontakt fehlt, und die Lieferanten. Entwurf B läßt diese beiden Kategorien, allerdings unter gewissen Beschränkungen, zu. Er betrachtet außer den Klassen, welche Entwurf A berücksichtigt, als Baugläubiger auch diejenigen, welche auf Grund eines mit einem unmittelbaren Baugläubiger geschlossenen Werkvertrags Leistungen für den Bau ausführen. Ebenso gewährt er das Schutzrecht den Lieferanten. Letzteren will ich mich zunächst zuwenden.

Im Großen und Ganzen glaube ich sagen zu können, daß über die theoretische Nothwendigkeit, über die rechtliche Nothwendigkeit, den Lieferanten denselben Schutz zu gewähren, welchen man den übrigen Baugläubigern geben will, kein Streit besteht. Wenn verlangt wird, die Lieferanten auszuschließen, so werden dafür nur Zweckmäßigkeitsgründe ins Feld geführt. Es wird gesagt: die bei einem Bau vorkommenden Materiallieferungen sind so groß, daß, wenn man ihnen den Schutz zubillige, für die kleineren Ansprüche der Handwerker nichts übrig bleibt. Meine Herren! Ich glaube nicht, daß das eine Deduktion ist, die als stichhaltig gelten darf. Wenn wir uns dahin entscheiden, allen Baugläubigerklassen das Recht auf den Schutz zu gewähren, so dürfen wir auch die Lieferanten nicht ausschließen. Und wohin es führt, wenn man sie ausschließen will, das zeigt am besten der Entwurf A, der nothwendiger Weise bewirken würde, daß die Lieferanten ihre Lieferungen nicht für den Eigenthümer, sondern für einen Baugläubiger ausführen, der selbst den Schutz genießt. Von den Herren Gutachtern hat sich Herr Justizrath Harnier für die Zulassung der Lieferanten entschieden; Herr Freese hat dagegen die von mir erwähnten Bedenken betont. Ihm gegenüber möchte ich außer dem bereits Gesagten anführen, daß bei der besseren Vermögenslage der Materiallieferanten, die ihnen eher als den Handwerkern gestattet, sich ihre Kunden auszusuchen, nicht darauf zu rechnen ist, daß viele Forderungen für Materiallieferungen zur Anmeldung kommen werden.

Um ein Bild davon zu geben, wie sich bei Zulassung der Lieferanten die Verhältnisse voraussichtlich gestalten werden, sei auf die hierüber besonders reichhaltige Judikatur der Gerichte in den Vereinigten Staaten hingewiesen, die in hochinteressanter Entwickelung genau festgelegt hat, welche Lieferungsverträge als schutzberechtigt anzuerkennen seien. In engstem Anschluß an die wirthschaftliche Gestaltung, deren Zergliederung uns die Baugläubiger als spekulirende Gruppe erkennen ließ, die ihre Leistungen auf Kredit der Immobilie ausführt, ist nämlich in den Vereinigten Staaten entschieden worden, daß die Lieferungen unbedingt für das Gebäude erfolgt sein müssen, d. h. daß sie erfolgt sein müssen nicht auf den Personalkredit des Bestellers hin, sondern im Hinblick auf die durch die Immobilie gewährte Sicherheit. Es darf also nicht ein Verkauf von Material zu beliebiger Verwendung desselben vorliegen. Der Käufer darf nicht in den Laden gegangen sein und dort von den auf Vorrath gefertigten Nägeln einen Posten für den Bau erstanden haben. Die Absicht des Lieferanten muß vielmehr von vorn herein darauf gerichtet gewesen sein, dem geplanten oder in der Errichtung befindlichen Gebäude einen Beitrag zuzuführen.

In den Vereinigten Staaten ist die Frage stark diskutirt worden, ob das für den Bau gelieferte Material auch wirklich in dem Bau Verwendung gefunden haben müsse. Die Judikatur ist schwankend geblieben, jedoch hat sich im Großen und Ganzen der Grundsatz herausgebildet, daß die Bauforderung nicht gewährt werde, wenn das Material nicht zur Verwendung gekommen ist, ein Satz, der unzweifelhaft richtig ist, denn es sollen ja doch nur diejenigen Baugläubiger geschützt werden, welche dem Grundstück wirklich eine Wertherhöhung einverleibt haben. Diese aus dem Prinzip der nützlichen Verwendung gezogene Konsequenz finden Sie in § 8 beider Entwürfe wieder.

Die amerikanische Judikatur hat sich aber auch eingehend mit der Frage beschäftigt, welcher Art die Materialien sein müssen, für die das Schutzrecht gewährt werden soll, und ist dabei zu logisch wohldurchdachten, durchaus richtigen Grundsätzen gekommen, die Entwurf B ebenfalls acceptirt hat. Es wurde nämlich, wiederum aus dem Gedanken der nützlichen Verwendung heraus, festgestellt, daß ein Verbrauch des Materials vorliegen müsse, daß es hingegen nicht genüge, wenn ein bloßer Gebrauch des Materials stattfinde. In der Begründung des Entwurfes B finden Sie zwei Beispiele citirt, welche der amerikanische Richter in diesem Sinne entschieden hat. Das eine ist die Verwendung von Pulver zur Sprengung von Felsen, die beseitigt werden müssen, um die Fundamente des Gebäudes zu legen. Für diesen Fall ist entschieden worden, daß, wiewohl solches Sprengpulver dem Gebäude selbst nicht einverleibt werde, doch ein Verbrauch von Material vorliege zu dem Zwecke, um das Gebäude zu errichten. Die andere Entscheidung bezieht sich auf die Lieferung von Hilfsmaterial, wie z. B. von einem Gerüst, das errichtet werden muß, um den Bau aufführen zu können. Für diesen Fall wurde entschieden, daß keine Materiallieferung im Sinne des Schutzrechtes vorliege; das Gerüst sei ja später noch weiter verwendbar, werde also nicht beim Bau verbraucht, sondern nur gebraucht.

Sie sehen also, meine Herren, daß man die Grenzen der Lieferungsverträge, die als schutzberechtigt zugelassen werden müssen, wohl umschreiben kann und nicht in's Uferlose zu gehen braucht, wenn man den Lieferanten dasselbe Recht gewährt, welches die Handwerker beanspruchen. Ich gebe daher unbedingt dem Entwurfe B bezüglich der Stellung der Lieferanten den Vorzug.

Ich komme nunmehr zu der Zulassung der mittelbaren Baugläubiger und damit zu dem schwierigsten Probleme des Schutzrechts. Nach dem, was ich Ihnen vorhin als meine Auffassung des wirthschaftlichen Vorgangs entwickelt habe, wird es Sie nicht überraschen, wenn ich den Standpunkt vertrete, daß man unbedingt die Gesammtheit aller Baugläubiger berücksichtigen muß. Sie alle bilden ja eine einheitliche Gruppe, welche sich mit dem Baugeldgeber einerseits und dem Baustellenverkäufer andererseits zu der spekulativen Operation verbindet, auf einer Baustelle ein zinstragendes Gebäude zu errichten. In der That herrscht auch, wie ich glaube sagen zu dürfen, theoretisch kein Zweifel darüber, daß das von mir aufgestellte Axiom richtig ist. Man hat nur behauptet, die Erfüllung dieser Forderung sei nicht durchführbar. Herr Freese steht in seinem Gutachten vollkommen auf meiner Seite. Herr Harnier bekennt, daß die zwei Seelen der Kommission, welche zur Ausarbeitung der beiden verschiedenen Entwürfe A und B geführt haben, auch in seiner Brust leben und er kommt dazu, wie er selbst sagt schweren Herzens, sich dafür auszusprechen, daß die mittelbaren Gläubiger nicht berücksichtigt werden dürfen. Ich erkenne die großen Schwierigkeiteiten, welche sich der juristisch-technischen Durchführung dieses Schutzes entgegenstellen, vollkommen an, gebe aber die Hoffnung nicht auf, daß es gelingen werde, den Weg zu finden, um dem wirthschaftlichen Problem auch in diesem Punkte gerecht zu werden. Zum Theil mag an der Abneigung gegen den Schutz der mittelbaren Baugläubiger Schuld tragen, daß die Entwürfe, so ungemein sorgfältig sie gefertigt sind, doch an dieser Stelle den Fehler einer zu abstrakten Fassung zeigen, deren Verständniß selbst dem mit der Materie Vertrauten erst nach längerem Studium möglich wird. Herr Justizrath Harnier erzählt in seinem Gutachten, daß bei einer Besprechung der §§ 6a bis 6d und 15a des Entwurfs B geseufzt worden sei, das Ganze gleiche einem komplizirten Rechenexempel, das unentwirrbar bleibe. Und ich selbst möchte glauben, und zwar auf Grund der Kritik, welche die Entwürfe erfahren haben, daß sehr vielen Kritikern, besonders den nicht durchgebildeten Juristen, der Inhalt dieser Vorschriften dunkel geblieben und deshalb von ihnen als unannehmbar bezeichnet worden ist.

Ich kann Ihnen nun unmöglich zumuthen, meine Herren, mit mir in sämmtliche Einzelheiten der Paragraphen 6 a, b, c, d und 15 a des Entwurfs B hineinzusteigen. Wir würden damit doch nicht weiterkommen, und ich will mich deshalb darauf beschränken, Ihnen die Lösung dieses anscheinend so komplizirten Exempels vorzuführen, und Ihnen zu sagen, was eigentlich mit den genannten Paragraphen gemeint ist.

Ihre Vorschriften lassen sich am besten verstehen, wenn man an die Entwicklung anknüpft, welche dieser Teil des Schutzrechts in den Vereinigten Staaten erfahren hat. Auch dort hat lange der Zwist darüber getobt, ob der Schutz sich nur auf die mit dem Eigenthümer kontrahirenden Gläubiger, oder auf die ganze Baugläubigerkette erstrecken solle. Man ist schließlich, nach hartem Kampfe und nach sorgfältiger Erwägung zu dem Ergebniß gekommen, daß dieser erweiterte Schutz unbedingt gewährt werden müsse. Man ist theilweise sogar, nachdem man das Ziel einmal richtig erkannt hatte, im ersten Eifer darüber hinausgegangen und hat den Schutz der unmittelbaren Baugläubiger im Wege einer Radikalkur vollkommen beseitigt, indem man sagte: die Unternehmer sind allein daran Schuld, daß die mittelbaren Baugläubiger leer ausgehen, ihr Schutz muß daher gestrichen werden. Natürlich hat sich bald gezeigt, daß diese Auffassung nicht haltbar sei, und man ist wieder in die ruhigere Bahn der Ausdehnung des Schutzes auf alle Gläubiger zurückgekehrt.

Die Gewährung dieses Schutzes ist auf zweifache Weise bewirkt worden. Anfangs wurde im Wege des sogenannten Pennsylvania-Systems, das, weil zuerst in Pennsylvania eingeführt, diesem Staate seinen Namen verdankt, versucht, den Knoten durchzuhauen und allen Baugläubigern ein direktes Pfandrecht an der Immobilie zu geben, ohne Rücksicht darauf, daß dadurch der Eigenthümer gezwungen wird, unter Umständen dieselbe Forderung mehrmals zu bezahlen. Allmählich erkannte man, daß dieses Verfahren nicht angängig sei, und ging in dem New Yorker System, das zuerst im Staate New York ausgebildet wurde, dazu über, das wirthschaftliche Problem der juristischen Regelung zu Grunde zu legen. Das New Yorker System hat sich nämlich zu dem der wirthschaftlichen Gestaltung entsprechenden Gedanken durchgerungen, daß bei der auf Schaffung des Spekulationsbaues gerichteten Operation, zu welcher sich Grundstückseigenthümer, Baugeldgeber und Baugläubiger zusammenschließen, die Mittel, welche zur Bezahlung des geplanten Baues dienen sollen, als Ganzes zu denken seien, denen als Ganzes die Summe der Forderungen derjenigen Personen gegenübersteht, die zu diesem Baue Beiträge leisten. Das „Gesammtbaugeld" soll also zur Deckung der „Gesammtbauforderung" dienen. Die Gliederung dieser „Gesammtbauforderung" in die Einzelbauforderungen der betheiligten Baugläubiger ist aber, wenn ich so sagen darf, nur schachtelartig denkbar. Nimmt man nämlich an, daß der ganze Bau nur einem einzigen Bauunternehmer übertragen ist, so würde dessen Forderung naturgemäß als „Gesammtbauforderung" zugleich die Forderungen aller seiner Nachmänner, d. h. derjenigen Baugläubiger enthalten müssen, welche Einzelleistungen für den Bau ausgeführt haben. Was für die Forderung des Hauptunternehmers zutrifft, gilt auch für die Forderungen seiner Nachmänner. Die Forderung eines jeden Einzelnen von ihnen umschließt die Forderungen derjenigen Baugläubiger, die auf Grund eines Vertrages mit ihm Bauleistungen ausführen. Die Konsequenz dieses Satzes ist, daß die Bauforderung jedes Nachmannes in dem Anspruche seines Vormannes enthalten sein muß, wohlgemerkt: die Bauforderung des Nachmannes! Nämlich die Beschränkung der Summe der Nachmänneransprüche auf die Forderung ihres Vormannes betrifft nur den Umfang, in welchem die Forderung durch das Schutzrecht gesichert wird, d. h. nur ihren Umfang als Bauforderung. Als solche kann sie nie mehr betragen als der Anspruch, welcher dem Vormanne des Nachmannes zusteht. Wenn also ein Baugläubiger den Nachmännern einen Preis bewilligt, der seine eigene Forderung an seinen Vormann übersteigt, wenn z. B. der Unternehmer der den Dachstuhl herstellen will, den Einzellieferanten des Holzes Preise zugesteht, deren Summe mehr ergiebt, als er selbst von seinem Vormanne zu fordern hat, so ist das seine Sache; die persönlichen Forderungen der Einzellieferanten würden durch diese Divergenz nicht beeinträchtigt werden. Als Bauforderungen aber können für den Bau nur in Frage kommen diejenigen Summen, welche zusammen enthalten sind in der Forderung, die dem Unternehmer des Dachstuhls gebührt. Das New Yorker System hat nun die Zusammenfassung der Forderungen aller Baugläubiger zu einer Einheit dazu benutzt, um dem einzelnen Baugläubiger zu ermöglichen, zu erzwingen, daß derjenige Theil des gesammten Baugeldes, welcher durch die Hand der Vormänner an ihn gelangen müßte, auch wirklich an ihn gelangt und nicht auf diesem Wege stecken bleibt. Man ist sich aber in den Vereinigten Staaten darüber klar gewesen, daß nichts schädlicher wäre, als wenn man den regelmäßigen Abstrom des Baugeldes hinderte, und hat sich deshalb wohl gehütet, die auch bei uns von einigen Seiten verlangte Behörde zu schaffen, welche die Vertheilung des Baugeldes überwachen soll, indem man sich sagte, daß eine derartige amtliche Instanz mit zu großer Verantwortlichkeit belastet wäre, um nicht schwerfällig arbeiten zu müssen. Die Sachlage stellt sich nunmehr nach dem New Yorker System folgendermaßen. Der Baugläubiger, dessen Forderung nicht bezahlt wird, ist berechtigt, dem Disponenten über das „Gesammtbaugeld“ hiervon Anzeige zu erstatten, und zwar mit der Wirkung, daß er die nach dieser Anzeige aus dem „Gesammtbaugelde“ an seinen nicht zahlenden Vormann gelangten Baugeldzahlungen nicht gegen sich gelten zu lassen braucht. Deutlicher gesagt: wenn nach jener Anzeige dem nicht zahlenden Vormanne des Anzeigenden noch weiter Baugeld ausgezahlt wird, so setzt sich derjenige, welcher diese Zahlung leistet, obgleich er von jener Anzeige wußte, der Gefahr aus, dem Anzeigenden in Höhe seiner angezeigten Forderung nochmals Zahlung leisten zu müssen. Der Baugläubiger nämlich, welcher die Anzeige von seiner Nichtbefriedigung erstattet hat, kann demjenigen, welcher in Kenntniß dieser Anzeige Baugeldzahlungen an den nichtzahlenden Vormann gelangen läßt, Folgendes entgegensetzen: „Du hast gewußt, daß der mir gehörende Theil des „Gesammtbaugeldes“ nicht an mich gelangt ist, sondern auf dem Wege zu mir von demjenigen, der ihn an mich hätte gelangen lassen müssen, festgehalten worden ist; ich habe Dich hiervon benachrichtigt, damit Du einen meiner Forderung entsprechenden Theil der bis zu meiner Anzeige noch nicht gezahlten Raten des „Gesammtbaugeldes“ meinem nichtzahlenden Vormanne vorenthieltest und dadurch von dem „Gesammtbaugelde“ soviel reservirtest, wie ich entsprechend meiner Anzeige von jenem Vormanne noch zu fordern habe. Ich halte mich nunmehr an Dich, in Höhe der Forderung, die ich Dir als nicht gezahlt gemeldet habe, und nehme das Baugeld, soweit es noch in Deinen Händen ist, bis zu diesem Betrage für mich in Anspruch."

Der seine Nichtbezahlung anzeigende Baugläubiger rückt also in Höhe seiner unbeglichenen Forderung in den Anspruch ein, welcher dem nichtzahlenden Vormanne zur Zeit der Anzeigeerstattung noch auf das Baugeld zustand; er legt auf diesen Anspruch Beschlag, er erwirbt an ihm ein Pfandrecht. Anfänglich war nach amerikanischem Rechte die die Auszahlung hemmende Anzeige an den Eigenthümer des Grundstücks selbst als den eigentlichen Disponenten über das „Gesammtbaugeld" zu richten. Später ließ man zu, daß die Anzeige an einen jeden Vormann, welcher über Baugelder zu verfügen hatte, erfolgen könne.

Das Gesagte ergiebt, wie nochmals hervorgehoben sei, daß rechtmäßige Minderung des „Gesammtbaugeldes" allen Betheiligten gegenüber wirksam sind. Soweit Zahlungen an einen Baugläubiger erfolgen, bevor Anzeige eines seiner Nachmänner gegen ihn vorliegt, müssen die Nachmänner diese Minderung des „Gesammtbaugeldes" gegen sich gelten lassen.

Als Folge dieser Konstruktion ergab sich, daß Vorkehrungen getroffen werden mußten, welche sowohl jedem einzelnen Baugläubiger ermöglichen, den Weg festzustellen, den das „Gesammtbaugeld" bis zu ihm selbst zurückzulegen hat, als auch ihn dagegen schützen, daß es später durch neue, nicht zu seiner Kenntniß kommende Abmachungen von diesem Wege abgelenkt wird. Diesem Ziele dienen mannigfach von einander abweichende Vorschriften, welche aber alle darauf hinauslaufen, zum mindesten den Baugeldvertrag, vielfach aber auch die einzelnen Unterverträge zur amtlichen Registrirung zu bringen, sie den Interessenten zugänglich zu machen, diese gegen kollusive Umgehung der Verträge zu schützen und die Gültigkeit späterer Abänderungen der Verträge, sowie die Abtretung der aus ihnen resultirenden Rechte an die Bedingung zu knüpfen, daß sie öffentlich eingetragen werden.

Meine Herren! Im Wesentlichen verkörpern die §§ 6a bis d, sowie 7, 7a und b und 15a des Entwurfes B das, was ich Ihnen eben erzählt habe. In Einzelheiten weichen sie ab, im Großen und Ganzen enthalten sie aber das Bild, wie es sich bei Uebertragung der New Yorker Verhältnisse auf unsere Zustände ergiebt. Allerdings sind gewisse Unterschiede vorhanden, die ich nicht ganz mit Stillschweigen übergehen kann; besonders einer ist wichtig, den ich kurz hier registriren will.

Das New Yorker System gewährt nämlich dem nichtbezahlten Nachmann eine mit der Anzeige entstehende Anwartschaft auf ein Pfandrecht an dem Anspruche seines Vormannes auf das Baugeld. Der Entwurf B dagegen giebt, wenn ich den § 15 richtig verstehe, dem nicht bezahlten Baugläubiger keine Anwartschaft auf das Baugeld, sondern auf den Antheil, welcher dem anmeldenden Vormann an der Bauhypothek gebührt. Ich stehe dieser Vermengung vorbeugenden und vollstreckenden Schutzes, wie sie der § 15 enthält, etwas skeptisch gegenüber, zumal, da, wie Herr Amtsgerichtsrath Schneider hervorgehoben hat, nicht klar ist, was geschehen soll, wenn der erste Vormann seine Forderungen überhaupt nicht anmeldet. Ich finde, daß die Bauhypothek, die doch nur als ultima ratio gelten soll, durch diese Bestimmung zu sehr in den Vordergrund gerückt und der vorbeugende Schutz dadurch aus der prinzipalen Stellung, die ihm zukommt, verdrängt würde. Aus dem amerikanischen Rechte läßt sich im Gegensatze hierzu als Lehre folgern, daß der Zielpunkt des Schutzrechts in erster Linie sein muß, die Baugläubiger anzuhalten, selbst dafür zu sorgen, daß das „Gesammtbaugeld" seinen richtigen Weg gehe, und nur soweit dieser Zweck nicht zu verwirklichen ist, Befriedigung in der Bauhypothek zu suchen. Der zu diesem Zwecke erfolgte Zusammenschluß aller Baugläubiger zu einer Gesammtheit, die sich gefallen lassen muß, daß von dem „Gesammtbaugeld" diejenigen Beträge abgezweigt und zurückgehalten oder hinterlegt werden, welche der Höhe der angezeigten Bauforderungen entsprechen, hat sich durchaus bewährt. Durch diese Regelung ist das Interesse aller Betheiligten an der ordnungsmäßigen Ausführung der Bauleistungen, sowie daran geweckt worden, daß Anzeigen nicht grundlos oder chikanöser Weise ergehen. Alle Interessenten haben ja das lebhafteste Interesse daran, daß sich die Auszahlung des „Gesammtbaugeldes" ohne Stockung vollziehe, und so ist es denn jenseits des Ozeans dazu gekommen, daß nicht nur die Gewerbevereinigungen der Handwerker, d. h. die Trade Unions, selbst über ordnungsmäßige Ausführung der Vertragsleistungen ihrer Mitglieder wachen, sondern auch vielfach die Erstattung der Anzeige selbst in die Hand genommen haben und sie nur zulassen, wenn ihnen deren Berechtigung nachgewiesen worden ist. Was jene Ueberwachung der Ausführung der Arbeiten betrifft, so ist mir von amerikanischen Bauleuten versichert worden, es genüge, wenn ein Bauhandwerker schlecht arbeitet, seiner Trade Union Mittheilung zu machen, um ihren Schutz gegen diese mangelhafte Vertragserfüllung zu erhalten. Die Trade Union erblickt in solcher Beschwerde, wenn sie begründet ist, den Hinweis darauf, daß der schlecht arbeitende Handwerker den von ihm beanspruchten Theil des Baugeldes nicht erhalten werde. Die dadurch verursachte Stockung der ganzen Baugeldauszahlung ist für alle Betheiligten zu schädlich, als daß es nicht aller Interesse entspräche, den seiner Vertragspflicht nicht nachkommenden Handwerker vom Bau zu entfernen.

Die Prüfung der Rechtmäßigkeit der Anzeige ist von beiden Entwürfen in die Hand des Prozeßrichters gelegt worden, dem nach § 13 die anzumeldende Forderung glaubhaft zu machen ist. Für das Verfahren betreffs der streitigen Forderung gelten dann die Bestimmungen des 5. Abschnittes des 8. Buches der Civilprozeßordnung.

An dieser Stelle wird, wie ich glaube, wenn die Zulassung der mittelbaren Baugläubiger erfolgt, unbedingt eine weitere Ausgestaltung des Schutzrechts erforderlich werden. Ohne ein besonderes, die schnelle Feststellung der Ansprüche ermöglichendes Verfahren wird man nicht auskommen können. Ich muß mir versagen, dies im Einzelnen auszuführen, und will nur darauf hinweisen, daß der noch nicht veröffentlichte neue Entwurf der Oesterreicher, unserer Brüder in iure, wie unser verehrter Herr Präsident vorhin sagte, nach dieser Richtung hin höchst beachtenswerthe Bestimmungen enthält.

Auch dieser Entwurf läßt alle Baugläubigerklassen zu, genügt aber dem vorbeugenden Schutze nicht durch Bewilligung des Pfandrechts an den Forderungen der Vormänner, sondern nur durch die Zulassung der Treuhänder-Bestellung. Gemäß dem überwiegenden Gewichte, das auch von diesem Entwurfe dem vollstreckenden Schutze beigemessen wird, legt er in die Hand des Grundbuchamtes ein schleuniges Verfahren zwecks Feststellung der streitigen Anmeldungen. Das Grundbuchgericht hat nach Ablauf der Anmeldefrist eine Sitzung anzuberaumen, zu der alle Betheiligten zu laden sind. In dieser Sitzung hat — und damit komme ich zu dem mir nachahmenswert erscheinenden Theil jener Vorschriften — der Richter möglichst auf gütliche Einigung hinzuwirken und die Forderungen, soweit sie auf Zahlung gehen zu erörtern. Für alle Nichterscheinenden sind die Entscheidungen als Versäumnißurtheil bindend. Das Gericht kann auf Grund der von den Parteien beigebrachten Beweismittel auf Grund sachverständiger Gutachten und Augenscheinnahme durch Beschluß entscheiden, dem, wenn er auf Zahlung geht, binnen 14 Tagen zu entsprechen ist. Nur soweit streitige Thatsachen geltend gemacht werden, die ein förmliches Beweisverfahren erfordern, ist der Streitfall auf den gewöhnlichen Klagewege, der binnen einmonatlicher Nothfrist begangen werden muß, zu verweisen.

Abgesehen von dem zu fordernden ähnlichen schnellen Verfahren werden auch die Bestimmungen des Entwurfs B, die in §§ 7 und 7 a verkörpert sind, noch Abänderung erfahren müssen. Besonders § 7 hat seitens unseres Gutachters Herrn Freese scharfe Zurückweisung erfahren. § 7 findet sich auch im Entwurfe A, d. h. in demjenigen Entwurfe, der die mittelbaren Baugläubiger nicht zuläßt. Ich halte ihn dort für unnöthig. Wenn man sich nicht entschließt, den mittelbaren Baugläubigern Schutz zu bewilligen, so braucht man, nach meiner Meinung, auch keine Bestimmungen, welche es den Betheiligten ermöglichen sollen, den Weg, den das Baugeld nimmt, festzustellen. Für Entwurf B halte ich dagegen, und zwar im Hinblick auf die Ihnen bereits skizzirten Vorschriften des New Yorker Systems eine Bestimmung für dringend erforderlich, die den Nachmännern ermöglicht, Gewißheit über die Modalitäten zu erlangen, unter denen die Auszahlung des „Gesammtbaugeldes" zu erfolgen hat, und Kenntniß davon zu erlangen, welche Ansprüche auf dasselbe geltend gemacht werden können. Nur wenn der Baugläubiger weiß, wann die einzelnen Raten des „Gesammtbaugeldes" fällig werden, ist er im Stande, bei Zeiten einzugreifen, um dessen Verwendung für andere als die bestimmungsgemäßen Zwecke vorzubeugen, und nur wenn er weiß, von wem sein Vormann bezahlt wird, kann er in geeigneter Weise auf dessen Forderung Hand legen.

Jedenfalls wird es deshalb geboten sein, die beiden Entwürfen gemeinsame Bestimmung des § 16 beizubehalten, die das Grundbuch und damit den Baugeldvertrag, soweit das Baugeld, was wohl stets zutrifft, hypothekarisch gesichert ist, Jedem erschließt, wobei ich allerdings rathen möchte, aus diesem „Jedem" zu machen, „Jedem, der sein Interesse als Baugläubiger nachweist". Im Uebrigen glaube ich, daß eine der im Staate New York geltenden Vorschrift analoge Bestimmung genügt, wonach der Eigenthümer verpflichtet ist, auf Verlangen eines Baugläubigers den Inhalt der Bauverträge und die auf sie geschuldeten oder in Zukunft fällig werdenden Beträge mitzutheilen. Der Baugläubiger erhält damit die Möglichkeit, die Auskunftsertheilung im Klagewege zu erzwingen, und man kann schließlich auch, wie das in Amerika geschehen ist, dazu übergehen, eine gewisse Strafe auf die Auskunftsverweigerung zu setzen, indem man, wie z. B. in New York, die Bauforderung dann nicht nur auf den unbezahlten Anspruch des Vormannes, sondern auf ihren ganzen Betrag erstreckt.

Die Entwürfe enthalten noch weitere, ebenfalls unter den vorbeugenden Schutz zu registrirende Vorschriften über die Bezahlung des Baugeldes vermittelst eines Treuhänders. Im Großen und Ganzen haben diese Bestimmungen keinen Widerspruch gefunden, und ich glaube, daß ihre Annahme segensreich wirken würde. In Amerika hat sich der Treuhänder, wie es scheint, bewährt, wenn es auch vielfach vorgekommen ist, daß er in Abhängigkeit von dem Baugeldgeber gelangt. Auch der österreichische Entwurf hat, wie schon gesagt, das Institut des Treuhänders rezipirt.

Ich gelange nun zu den Bestimmungen, welche dem vollstreckenden Schutze angehören. Diese Vorschriften sind für beide Gesetzentwürfe identisch, und ich wäre daher eigentlich im Rahmen meines Referates, das nur sagen soll, welchen der von einander abweichenden Vorschriften der beiden Entwürfe der Vorzug zu geben sei, gar nicht berechtigt, den Inhalt dieser Paragraphen zu berühren. Ich muß es aber thun, weil ich ketzerisch genug bin, in dieser Hinsicht keinem der Entwürfe die Palme zu geben. Ich habe bereits erwähnt, daß der Punkt, an dem ich Anstoß nehme, die vorherige Feststellung des Baustellenwerthes ist.

Vorausschicken will ich der Erörterung dieses Punktes nur noch die Bemerkung, daß das Prinzip des vollstreckenden Schutzes als solches, wie es durch die Regelung der Bauhypothek im Entwurfe A und B festgelegt ist, durchaus gebilligt werden muß. Man ist bei uns ebenfalls dem amerikanischen Beispiele gefolgt, das dazu gekommen ist, für die Gesammtheit der Bauforderungen an dem bebauten Grundstücke eine dingliche Sicherheit zu gewähren, an der alle Baugläubiger zu gleichen Theilen ratirlich theilnehmen. Die Rangstellung dieser, „Bauhypothek“ genannten Sicherheit ist dahin bestimmt, daß sie zur bevorrechtigten Befriedigung aus dem Mehrwerthe gelangt, den die Leistungen der Baugläubiger der Immobilie zuführen. Der Bauhypothek geht nur die zur Sicherung der Baugelder bewilligte Hypothek, aber auch diese nur so weit vor, als das Baugeld zur Befriedigung der Baugläubiger Verwendung gefunden hat.

Diese Regelung ist logisch und klar; sie schmiegt sich eng an den wirthschaftlichen Vorgang an und findet in ihm ihre Erläuterung. Die Baugläubiger, welche wir als eine an der spekulativen Operation beteiligte, in sich geschlossene Gruppe kennen gelernt haben, erhalten auf diese Weise eine ihnen allen gemeinschaftliche Sicherung, deren Rang sich bestimmt nach dem Bauvermerke, durch dessen Festsetzung die Zweifel darüber beseitigt werden, wie weit die Bauhypothek zurückzudatiren sei, Zweifel, welche in Amerika eine große Rolle gespielt haben, da man nicht wußte, ob man den Baubeginn oder das Bauende als Rangfestsetzungspunkt für die Bauhypothek hinstellen solle, und die auf diese Weise glücklich umgangen werden. Die Baugläubiger können nun verlangen, daß diejenigen Verpfändungen des Grundstückes, die erfolgten, *bevor* das Grundstück mit dem Baue besetzt war, auch auf den damaligen Werth der Immobilie beschränkt bleiben und daß die durch den Bau bewirkte spätere Werthsteigerung der Immobilie ihrer Befriedigung vorbehalten bleibe. Andererseits kann der Darleiher des Baugeldes, dessen Hingabe allein die Errichtung des Gebäudes ermöglicht, fordern, daß sein Anspruch pfandrechtlich vorgehe, so weit das Gebäude mit seinem Gelde zur Entstehung kam.

Insoweit stimme ich also dem vollstreckenden Schutze der Entwürfe zu. Schwere Bedenken erweckt in mir aber die Art, in der diese Rangfolge von den Entwürfen verwirklicht wird. Entwurf B nämlich und ebenso Entwurf A stellen sich durch Proklamirung des Grundsatzes, daß der Baustellenwerth vor dem Beginne des Baues, also vor Ertheilung der Bauerlaubniß genehmigt werden müsse, auf den Boden der s. g. Differenzkaution, d. h. es soll die Bauerlaubniß erst ertheilt werden, nachdem für den den Baustellenwerth übersteigenden Theil der hypothekarischen Belastung des Grundstücks Sicherheit geleistet worden ist.

Meine Herren, in dieser vorherigen amtlichen Feststellung des Baustellenwerthes erblicke ich eine unannehmbare Bestimmung. Dieselbe widerspricht zunächst, wie bereits hervorgehoben, dem Zwecke des Schutzrechts, nur die Auswüchse des spekulativen Baugewerbes zu treffen. Wird diese Vorschrift Gesetz, so muß sich Jeder, der einen Neubau aufführt, gefallen lassen, daß dem Beginne des Baues die amtliche Schätzung vorangehe, und Jeder muß, wenn diese Schätzung eine Belastung über den Baustellenwerth hinaus ergiebt, die Differenz baar oder in Werthpapieren hinterlegen. Dieser Prozedur muß sich Jeder unterwerfen, gleichviel zu welchem Zwecke er baut, gleichviel ob er ein rechtlicher Mann ist, der nicht daran denkt, sich auf Kosten seiner Baugläubiger zu bereichern, oder ob er als Betrüger bekannt ist.

Aber bedenken Sie weiter, meine Herren, welchen, ich möchte sagen, unerhörten Eingriff die amtliche Schätzung der Baustelle in das Privateigenthum bedeutet! Durch derartige Schätzungen kann jemand, der überhaupt nicht baut, über Nacht zum armen Manne werden! Nehmen Sie an, neben einem bereits stehenden bis zu einer gewissen Höhe beliehenen Hause solle auf einem bisher brach liegenden, aber schon beliehenen Acker ein Neubau errichtet werden. Bei der Abschätzung des Baustellenwerths ergiebt sich, daß dieser erheblich hinter der Taxe zurückbleibt, die der benachbarte Hausbesitzer bisher seiner Bilanz zu Grunde gelegt hat und von der seine Hypothekengläubiger ausgegangen sind. Glauben Sie, meine Herren, daß letztere, besonders wenn sie, wie Hypothekenbanken, die Interessen fremder Leute zu vertreten haben, einer solchen ihre eigene Sicherheit mindernden Schätzung des Baustellenwerts zusehen könnten, ohne sofort die Hypothek auf dem bebauten Nachbargrundstücke zu kündigen. Ich glaube es nicht, und ich habe, wo immer ich auch im Kreise meiner kaufmännischen Berufsgenossen diese Frage gestellt habe, überall gleiche Bedenken gegen diese Bestimmung äußern hören.

Zu vielen anderen Stimmen hat sich noch vor Kurzem die Handelskammer zu Kiel gesellt und nachdrücklich auf das Bedenkliche dieser alle Baugrundstücke treffenden vorherigen amtlichen Schätzung hingewiesen.

Und weiter, meine Herren, wer garantirt denn, daß die Feststellung des Baustellenwerths, die erfolgte, als die Baugenehmigung nachgesucht wurde, noch zutrifft, wenn der Bau vollendet ist und es zur Zwangsversteigerung kommt? Lassen Sie den Bau mitten in eine Krise fallen, lassen Sie unsere rothe Baugenehmigungslinie sich gerade brechen, wenn der Bau fertig ist, dann muß sich die Schätzung als völlig falsch erweisen! Kurz, ich sehe nur Schwierigkeiten aus der Regelung entstehen, wie sie die Entwürfe vorsehen. Meines Erachtens ist der einzig richtige Weg, um zum Ziele zu gelangen, der, daß man die vorherige Feststellung des Baustellenwerthes fallen läßt und die Feststellung in die Zwangsversteigerung, d. h. dorthin verweist, wo sie hingehört. Dann erreicht man, daß alle Bauten, bei denen kein Grund zum Einschreiten vorliegt, von den Beschränkungen der Schutzgesetzgebung befreit werden. Derjenige Bauherr, der den Bau in eigener Regie aufführt, derjenige, welcher das, was er schuldig wird, glatt bezahlt, wird dann von der Schutzgesetzgebung fast gar nicht berührt werden. In den Fällen hingegen, wo dem Baustellenhändler ein spekulatives Verschulden zur Last fällt, muß er hierfür dadurch büßen, daß die Werthminderung, welche sich nach der Bebauung herausstellt, auch seine Hypothek gefährdet. Die Regelung wie sie jetzt gedacht ist, läßt sich bezeichnen als der Versuch, durch polizeiliche Maßregeln zu verhüten, daß Jemand seine Baustelle zu theuer verkaufe. Ich halte dieses Vorgehen, auch abgesehen von den angeführten Gründen, volkswirthschaftlich für verfehlt; denn wo führt es hin, wenn wir derart in die freie Preisbildung eingreifen wollen!

Man kann nun in verschiedener Weise zum Ziele gelangen. Entweder läßt man, wie sich dies als Ergebniß der amerikanischen Rechtsbildung zeigt, die Werthminderung des Grundstücks, die in der Zwangsvollstreckung zu Tage tritt, auch die vorhergehenden Hypotheken treffen, d. h. man versteigert Grundstück und Gebäude gemeinsam und vertheilt den Erlös entsprechend dem Werthe des Bodens und des Gebäudes auf die vorgehenden Hypotheken und die Baugläubiger; oder man legt, wie es der Vorentwurf des schweizerischen Civilgesetzbuchs thut, die Werthminderung den Hypothekengläubigern nicht in vollem Maße, sondern nur soweit zur Last, als eine zu weit gehende Verpfändung des Grundstücks auf Gefahr der Baugläubiger stattgefunden hat. Der genannte Vorentwurf sagt nämlich in den §§ 824 und 825:

„Kommen die Forderungen der Baugläubiger bei der Pfandverwerthung zu Verlust, so ist dieser aus dem Verwerthungsantheil der vorgehenden Pfandgläubiger insoweit zu ersetzen, als diese durch ihre Pfandrechte das Grundstück auf Gefahr der Baugläubiger überlastet haben."

„Eine Ueberlastung" —

fährt das Gesetzbuch dann fort —

„auf Gefahr der Baugläubiger liegt vor, wenn ein Grundstück durch ein vorgehendes Grundpfand mit Rücksicht auf die aus dem Werk zu erwartende Werthsteigerung über seinen damaligen Werth belastet worden ist,"

sowie:

„wenn zum Zwecke der Errichtung des Werkes ein Grundpfand für ein Darlehen auf das Grundstück gelegt worden ist, das keine Verwendung für das Werk gefunden hat."

„Ob diese Voraussetzungen vorliegen", so schließt der Vorentwurf den Paragraphen, „entscheidet nach Anhörung von Sachverständigen der Richter nach seinem Ermessen".

Auch das schweizerische Recht scheut sich also nicht, die Feststellung des Baustellenwerthes, ebenso wie es das amerikanische Recht thut, zum Gegenstande der Beweisaufnahme in der Zwangsvollstreckung zu machen, und damit alle Bauten, bei denen es nicht zur Subhastation kommt, von den Fesseln des Schutzrechts zu befreien.

Mir selbst ist an sich die Lösung des amerikanischen Rechts sympathischer, weil ich diejenige Regelung für die logische halte, die davon ausgeht, daß, wenn die Zwangsversteigerung eines bebauten Grundstücks eine erhebliche Werthverminderung ergebe, dieser Werthfall Grundstück und Gebäude in gleichem Maße treffen müsse. Zu bedenken ist hierbei, daß die Hypothek, welche unter einer derartigen Regelung leiden würde, da es sich ja um Bauten auf unbebautem Terrain handelt, im Wesentlichen nur die Kaufgeldhypothek des Veräußerers sein kann, und da, meine Herren, möchte ich Sie wiederum an den Ihnen mitgetheilten Fall jenes Terrainspekulanten in Schmargendorf erinnern, der zur Kognition des Reichsversicherungsamtes kam. So sehr es meinem Gefühl widerstrebt, durch polizeiliche Beengung des freien Verkehrs Jemanden daran zu verhindern, sein Grundstück zu verkaufen so theuer, wie es ihm nur möglich ist, und so sehr ich mich gegen die vorherige Abschätzung der Baustelle wehre, ebenso sehr halte ich es für unbedingt erforderlich, daß ein derartiger Verkäufer, der bei Licht besehen, nur einen fiktiven Verkauf ausführt, aber durch geschickte Vertragsbestimmungen das Heft völlig in der Hand behält, auch das Risiko mittrage, welches mit der ganzen spekulativen Operation verknüpft ist. Die Rechtsprechung der Gewerbegerichte, des Reichsversicherungsamts und auch des Kammergerichts — nicht des Reichsgerichts — hat, ganz im Einklange mit dieser Anschauung, schon seit lange den Begriff des Bauherrn im Sinne des § 29 des Bauunfallversicherungsgesetzes dahin präzisirt, daß ein sich mit derartigen Kautelen schützender Verkäufer der eigentliche Bauherr sei und deshalb für die Versicherungsprämie haften müsse.

Von den Herren Gutachtern spricht sich Herr Justizrath Harnier entschieden gegen den Vorschlag, wie ich ihn zu unterbreiten mir erlaubt habe, aus. Herr Freese ist ihm geneigter und will ihn verwirklichen, indem er für das Gebäude ein besonderes Grundbuchblatt einrichten will, dessen Anlegung erfolgen soll, wenn die Bauerlaubniß ertheilt wird. Dieses Grundbuchblatt würde der Registrirung der Pfandansprüche der Baugläubiger und des Baugeldgebers dienen, während die Gläubiger der Baustelle auf deren Grundbuchblatt beschränkt blieben. Mir ist dieser Vorschlag in seinen Konsequenzen nicht ganz klar geworden. Die erwähnten beiden Grundbuchblätter müßten doch ein zusammenhängendes Ganzes bilden, denn den Baugläubigern kommt ja nicht nur der Werth des Gebäudes zu, sondern auch der Mehrwerth des Grundstücks, der durch den Bau des Gebäudes erzielt worden ist. Der Mehrwerth des Grundstücks plus Gebäude, ist aber etwas ganz anderes als der Werth des Gebäudes allein, das als Sondersache gar nicht versteigert werden kann.

Auch die Entwickelung in Amerika lehrt, daß diese äußere Scheidung von Grundstück und Gebäude, wie sie Herr Freese anstrebt, mit den modernen Verhältnissen nicht gut vereinbar ist. Gerade in den Vereinigten Staaten hat anfänglich eine vollkommene Trennung zwischen Grundstück und Gebäude bestanden. Hervorgerufen durch die eigenthümlichen lehnrechtlichen Anschauungen, welche dort im Eigenthumsrechte noch spuken, und gestützt auf die leichte Beweglichkeit des amerikanischen Holzhauses, hat man anfänglich kurzer Hand entschieden: Haus und Grundstück werden getrennt versteigert. Wenn es zum Zuschlag kommt, wird das Gebäude auf Abbruch verkauft; es wird von dem Platze auf dem es steht weggenommen, der Ersteher kann es sich holen. Im Laufe der Zeit ist man aber immer mehr dazu gekommen, einzusehen, daß dieses Verfahren mit modernen Wohnungsverhältnissen und mit dem Steinbau nicht mehr vereinbar sei, daß vielmehr die Beziehungen zwischen Grundstück und Gebäude zu eng geknüpft seien, um ihre äußere Trennung angängig erscheinen zu lassen. Die Folge dieser Erkenntniß war die Ausbildung des Satzes, daß Grundstück und Gebäude, wenn auch ein zusammenhängendes Ganzes, doch als getrennte Werthe zu betrachten seien, auf die der bei der Subhastation erzielte Erlös entsprechend vertheilt wird.

Endlich will ich, meine Herren, noch kurz streifen die Frage, inwieweit der § 21 des Entwurfes B, der den fünften Theil des Baugeldes reservirt, Zustimmung verdient. Auch diese Bestimmung ist dem amerikanischen Rechte entnommen. Ob sie acceptirt wird oder nicht, halte ich im Großen und Ganzen für gleichgültig. Ich glaube, man kann sie entbehren, wenn man Vorschriften vorsieht, welche verhindern, daß das Baugeld seinem eigentlichen Zwecke entfremdet wird; ich sehe aber kein Unglück darin, wenn man diese Vorschrift annimmt. Jedenfalls möchte ich die Diskussion nicht dadurch beschweren, daß ich nach dieser Richtung eine entscheidende Ansicht ausspräche.

Wenn der Entwurf A also angenommen werden soll, so müssen ihm diejenigen Bestimmungen des Entwurfs B einverleibt werden, die den Lieferanten und den mittelbaren Baugläubigern Schutz gewähren, wobei ich jedoch als unerläßliche Bedingung hinstelle: die Verlegung der Feststellung des Baustellenwerths in die Zwangsvollstreckung.

Vorsitzender: Bevor ich dem Herrn Korreferenten das Wort gebe, möchte ich ein paar kurze Bemerkungen zu dieser Frage machen. Es sind mir von der Geschäftsstelle des Westpreußischen Gewerkblattes im Auftrage der Handwerkerkammer zu Danzig eine Reihe von Blättern des Westpreußischen Gewerkblattes zur Vertheilung in dieser Abtheilung überreicht worden. Wesentlich scheint es sich gegen die Berücksichtigung der Lieferanten auszusprechen. Außerdem ist von dem Zentralverbande der städtischen Haus- und Grundstücksbesitzervereine Deutschlands, unterzeichnet von dem Verbandsdirektor Hartwig in Dresden, eine Eingabe an den Vorsitzenden der ständigen Deputation gemacht, die an die Abtheilung abgegeben ist und erledigt werden muß. In dieser Eingabe wird zunächst ausgeführt, daß der Verband, der 10000 Mitglieder zähle, natürlich ein besonderes Interesse an der von uns erörterten Frage habe. Dann heißt es weiter: „Wir müssen Werth darauf legen, daß dem Juristentage bekannt werde, welche Stellung unser Centralverein zu den jetzt vorliegenden Entwürfen einnimmt und welche er zu dem früheren Entwurfe vom Jahre 1897 eingenommen hat. Das Letztere müssen wir um so nothwendiger ansehen, als im Preußischen Justizministerium darüber die nicht zutreffende Meinung Platz gegriffen hatte, als sei unser Centralverband Gegner jenes früheren Entwurfs, während er im Gegentheil auf dem Verbandstage zu Wiesbaden 1898 Zustimmung dazu beschlossen hatte. Die beim Justizministerium vorhandene gegentheilige Meinung findet sich offiziell kundgegeben auf Seite 105 der Entwürfe eines Reichsgesetzes, betreffend Sicherung der Bauforderungen. Amtliche Ausgabe. Berlin 1901. R. von Deckers Verlag. Zur Berichtigung erfolgte unterm 23. November 1901 eine Eingabe an den Herrn Justizminister. Von Letzterem war am $\frac{\text{19. September}}{\text{30. Oktober}}$ 1901 an den Centralverband unter Beifügung eines Exemplars der neuen Gesetzentwürfe die Aufforderung ergangen, sich gutachtlich über dieselben zu äußern. Dieser Aufforderung entsprechend, sind die neuen Entwürfe in dem aus 16 Mitgliedern, darunter 3 Rechtsanwälten, bestehenden Vorstande des Centralverbandes sorgfältig berathen und begutachtet worden. Man hat dem Entwurfe B zugestimmt und nur wenige Aenderungen vorgeschlagen, die als wünschenswerthe Verbesserung bezeichnet wurden. Dieses Gutachten ist dem preußischen Herrn Justizminister unterm 20. Januar 1902 eingereicht worden".

Der Verband legt also großen Werth darauf, daß diese beiden Schriftstücke allen Mitgliedern des Juristentages bekannt werden. Er bittet daher um ein Verzeichniß der Mitglieder des Juristentages, um sie ihnen auf Kosten des Verbandes zuzustellen, und ersucht zugleich, zu gestatten, daß die Schriftstücke ausgelegt werden. Die Abtheilung ist aber natürlich nicht im Stande, diesem Wunsche zu genügen. Ich glaube, bisher hat weder eine Vertheilung noch eine Auslegung stattgefunden. Jetzt noch in dieser Richtung unternommene Schritte würden verspätet sein. Ich kann daher weiter nichts thun, als daß ich den Herren im Allgemeinen von dem Inhalte des Schreibens Kenntniß gebe. In der Hauptsache erfahren wir ja daraus, was der Verband erklären will.

Ich ertheile nun dem Herrn Korreferenten das Wort.

Mitberichterstatter Professor Dr. **Heymann** (Königsberg i. Pr.): Meine hochverehrten Herren! Ich werde mir gestatten, mich recht kurz zu fassen, da ja der Herr Vorredner bereits in einem sehr eingehenden Vortrag ein Bild von der Sachlage gegeben hat.

Ich möchte zunächst bemerken, daß ich mich im Einzelnen auf das amerikanische Recht nicht einlassen werde. Zwar interessire ich mich persönlich sehr für das angloamerikanische Recht und bin auch der Meinung, daß der Herr Vorredner sich durch sein umfassendes Buch über das amerikanische Bauhandwerkerrecht ein großes Verdienst deshalb erworben hat, weil man aus diesem amerikanischen Rechte ja deutlich ersieht, daß ein solcher Bauhandwerkerschutz auch unter den sogenannten fortgeschrittensten wirthschaftlichen Verhältnissen möglich ist. Indessen bin ich der Meinung, daß sich das amerikanische Recht in seinen Einzelheiten hier nicht besonders zur Diskussion eignet, weil diese Einzelheiten sich nicht unmittelbar für unsere Verhältnisse verwerthen lassen: dort fehlt das Grundbuchsystem und es besteht andererseits eine rechtliche Zweitheilung von Grundstück und Bauwerk in Anlehnung an das englische Lehnsrecht. Viele Bestimmungen bedürfen daher einer technischen Neuverarbeitung. Das ist auch das Bestreben der Entwürfe gewesen, die meiner Ansicht nach eine ganz vorzügliche Leistung darstellen, an der Jahre lang schon gearbeitet wird unter Mitwirkung des ganzen deutschen Volkes, fast aller Parlamente, der Juristentage, der Ministerien und des Reichsjustizamtes. Ich meine, man kann auf den Entwürfen weiterarbeiten und nur noch einzelne Verbesserungen machen und Details anbringen, in denen wir aber hier nicht zu weit gehen dürfen. Diese Details eignen sich besser für Zeitschriften, die dem Einzelnen ja gern ihre Spalten öffnen werden. Das wäre der allgemeine Standpunkt.

Ich meine, wir müssen uns möglichst zu einem der beiden Entwürfe entschließen. Das ist taktisch zu wünschen. Denn es ist über die Grundlagen der ganzen Sache gerade auch auf den Juristentagen hinlänglich debattirt worden. Wegen der Grundlagen möchte ich nur eins bemerken. Es geht der Entwurf von dem Gedanken aus, daß die Bauhandwerker ihre Bauhypothek unmittelbar hinter dem Baustellenwerthe bekommen sollen, und zu diesem Zwecke soll der Baustellenwerth abgeschätzt werden. Der Herr Vorredner hat ausgeführt, daß seiner Ueberzeugung nach die Abschätzung bedenklich wäre. Ich meine nach näherer Prüfung, daß die Bedenken nicht so stichhaltig sein werden.

Es ist zunächst gesagt worden, die Abschätzung sei schwierig, ja auch wohl, sie sei ganz undurchführbar. M. H., wenn wir die Kurse von Getreide und von anderen Produkten, von Werthpapieren abschätzen können, so können wir sehr wohl auch den Werth von Grundstücken abschätzen. Daß man es kann, beweist dieses Tableau. Es ist allerdings dabei in Rücksicht zu ziehen, daß Momente vielfach mitwirken, die die Abschätzung erschweren. Es ist zu berücksichtigen, daß im Baustellenhandel Krisen sehr schnell und plötzlich einzutreten pflegen, daß man da mit sehr starken Preisschwankungen zu rechnen hat. Indessen sind doch keine unüberwindbaren Schwierigkeiten vorhanden. Es wird sich, wenn Abschätzungen eingeführt werden, der Baustellenhandel wohl einigermaßen fügen, es werden solche Schwankungen in dem Maße vielleicht nicht mehr stattfinden. Aber es sei, wie es wolle, es werden die Schwierigkeiten jedenfalls zu überwinden sein. Auch die Frankfurter Hypothekenbank hat ausgesprochen, daß die Abschätzung möglich sei; es genügt, darauf hinzuweisen, daß sich eine Vertretung der Bankinteressen für eine derartige Maßregel ausgesprochen hat, um sie als möglich hinzustellen.

Es ist gesagt worden, wir dürften nicht in die freie Preisbildung eingreifen, und wenn wir abschätzten, griffen wir in sie ein. Ich glaube, wenn es irgendwo zulässig wäre, in die freie Preisbildung einzugreifen, würde es hier sein; denn der Grund und Boden ist nicht zu behandeln (wie einmal treffend gesagt wurde), wie ein Pfefferkuchen! Er ist anders zu behandeln als bewegliche Sachen; das ist ein Grundgedanke, der unser deutsches Recht seit Jahrhunderten durchzieht und den wir nicht verlassen dürfen. Ich glaube, daß gut organisirte Bauämter im Stande sein werden, die Grundstücke in geeigneter Weise abzuschätzen.

Und schließlich die praktische Seite. Es handelt sich ja gar nicht darum, daß jemand, für dessen Grundstück ein solcher Kurs festgestellt wird, unbedingt darunter leiden muß. Er tritt ja mit seiner Kaufgeldhypothek dann nur in der Höhe des übersteigenden Betrages hinter die Baugelder zurück. Bewährt sich das Gesetz sonst, so wird die Sachlage dann die sein: zunächst kommt bei der Belastung die Kaufpreishypothek in Höhe des Baustellenwerths, darauf die Bauhypothek der Handwerker und sonstigen Baugewerbetreibenden; an diese reiht sich die Baugeldhypothek und diese rückt im Verlaufe des ganzen Vorganges successive in die Stelle der Bauhypothek ein, sodaß schließlich nur der Baustellenwerth und dahinter die Baugeldhypothek auf dem Grundstücke lastet. Daran schließt sich natürlich der übersteigende Spekulationsgewinn des Baustellenverkäufers, und wenn wirklich die Abschätzung zu gering war, so wird der zuletztstehende Spekulationsverkäufer immer noch mit diesem Spekulationsgewinn, wenn er auf Grund desselben das Haus ersteht, gut zu Stande kommen. Daß der Preis vielleicht etwas gedrückt wird, ist möglich. Es ist aber dabei zu berücksichtigen, daß die Baustellenhändler ja doch nicht nur in einseitiger Eigenschaft, sondern als Verkäufer wie als Käufer auftreten und gegenseitig schon eine Regulirung der Kurse herbeiführen werden. Ich glaube, daß es den an solche komplizirte Verhältnisse gewöhnten Bauspekulanten nicht schwer werden wird, sich diesen Verhältnissen zu akkommodiren. Deshalb glaube ich, daß diese Grundlage durchaus geeignet ist.

Was nun im Uebrigen die Durchführung anlangt, so ist zunächst ein Punkt zu erwähnen, der in den Gutachten vielfach behandelt ist, nämlich, ob es sich empfiehlt, daß der Baustellenwerth unbedingt der Bauhypothek, also der Hypothek der Handwerker vorgehen soll, oder ob vielleicht der

Erlös repartirt werden soll, verhältnißmäßig zwischen dieser Baustellenhypothek d. h. der Kaufpreishypothek und der Hypothek der Bauhandwerker. Ich meine, daß sich ein derartiges Verfahren nicht empfiehlt, sondern, daß man, wie schon früher — und auch gerade beim Juristentage — ausgeführt worden ist, dabei bleiben soll, daß der Baustellenwerth in erster Linie steht und allen anderen Hypotheken vorgeht, sodaß insoweit der Baustellenverkäufer in jedem Falle gesichert ist. Dabei ist zu beachten, daß, wenn wir die Abschätzung bekommen, ja die abgeschätzte Summe, die den anderen Hypotheken vorgeht, immer nur erscheinen wird als der Grundbetrag, der zu Grunde gelegt wird, und der nicht ausschließt, daß der Kaufpreis und auch der wahre Werth des Grundstücks einmal ein höherer ist.

Die andere Frage ist das Verhältniß der Bauhypothek zur Baugeldhypothek. Hier ist der Grundgedanke beider Entwürfe der, daß die Baugeldhypothek, welche hinter der Bauhypothek steht, successive in den Rang dieser Bauhandwerker-Hypothek einrückt, wenn allmählich die Raten des Baugeldes gezahlt werden. Wenn eine Rate gezahlt ist, rückt die Hypothek, und zwar immer vor dem Rest der Bauhandwerker-Hypothek in die erste Stelle dieser Hypothek ein. Dieser Grundgedanke ist ebenfalls bemängelt worden. Man meint, daß es unzweckmäßig sei, wenn die einrückende Baugeldhypothek jedenfalls dem Reste der Bauhypothek vorgeht. Es hat dieses Bedenken seinen Grund darin, daß das Baugeld immer nur in Höhe von zwei Dritteln des Bedürfnisses gegeben wird, sodaß schließlich die Bauhandwerker mit ihrem letzten Drittel sehr gefährdet sein werden. Diese Erwägung ist richtig. Ich möchte aber doch davon abrathen, mit Rücksicht auf sie etwa von dieser Grundlage abzusehen. Dieses letzte Drittel wird jedenfalls hinreichend geschützt; wenn auch nicht so wie die ersten zwei Drittel dieser ganzen Hypothek, so wird immerhin noch einiger Schutz für die im letzten Drittel stehenden Bauhandwerker, die am meisten gefährdet sind, vorhanden sein.

Was nun die Wahl zwischen beiden Entwürfen anlangt, die hier eigentlich zur Diskussion steht, so bin ich mit dem Herrn Vorredner vollständig übrreinstimmend der Ueberzeugung darin, daß die Grundlage einer gesetzlichen Regelung nur sein kann der Entwurf B, der sich von dem ersten Entwurf unterscheidet durch die Aufnahme der Lieferanten, durch den Schutz für die Nachmänner und durch die Reservirung eines Fünftels der Baugelder bis nach Beendigung des Baues zur Befriedigung der etwa sonst ausfallenden Baugläubiger. M. H., was zunächst die Lieferantenfrage anlangt, so kann ich mich ganz kurz fassen. Ich glaube zunächst einmal, daß der Schutz, den man den Lieferanten danach gewähren soll, ein Postulat der einfachsten Gerechtigkeit ist. Wenn scherzhaft gesagt worden ist, daß man es mache wie der heilige Crispin, wenn man den Lieferanten die Bausicherung entzöge, so ist das eine ganz richtige und treffende Bemerkung, denn hier wird in der That der Baulieferant, der gegenüber dem Bauhandwerker zurückgestellt wird, nicht nur in seinem bisherigen Verhältnisse belassen, sondern einfach erheblich schlechter gestellt als der Bauhandwerker, und das geht meiner Ansicht nach nicht; es ist auf diesen Gesichtspunkt der Gleichberechtigung doch ein erhebliches Gewicht zu legen. Und die Nichtberücksichtigung der Lieferanten ist außerdem auch unzweckmäßig; denn es würde die Folge sein, daß man das ganze Baugewerbe in die Hände des Großkapitals treibt, daß die Lieferanten genöthigt sind, entweder als Selbstunternehmer aufzutreten oder daß sie sich hinter die Bauhandwerker verkriechen und dadurch zu einer Sicherung kommen. Ich glaube, deshalb muß man die Lieferanten jedenfalls schützen, obgleich gewiß der Entwurf für die Bauhandwerker viel günstiger wäre, wenn die Lieferanten nicht mit aufgenommen würden.

Der zweite Punkt ist dann die Frage des Schutzes der Nachmänner. Es ist in dem Gutachten von Harnier, das ja auf dem Standpunkte steht, man solle die Nachmänner nicht schützen, geltend gemacht worden, sie seien geschützt durch den § 826 des Bürgerlichen Gesetzbuchs. Das ist kein durchgreifender Einwand, § 826 gewährt eine rein persönliche Haftung, es ist gar keine dingliche Sicherung gegeben, das genügt keinesfalls. Gerade darum handelt es sich ja, daß man mit dieser Bestimmung jedenfalls nicht auskommen kann. Es ist dann als Haupteinwand aber immer wieder, um die einzelnen anderen Einwendungen zu übergehen, geltend gemacht worden: es wird das Gesetz zu komplizirt, wenn man die Nachmänner schützt. Die Begründung zum Entwurfe lese sich wie ein Buch mit 7 Siegeln, wie ein Lehrbuch der Mathematik. Meine Herren! An und für sich ist es für ein Buch kein Vorwurf, wenn es sich wie ein Lehrbuch der Mathematik liest; wenn etwas Vernünftiges drin steht, ist es vielleicht doch noch zu gebrauchen. Es ist aber auch zu bestreiten, daß der Entwurf so schwierig ist, wie es auf den ersten Moment erscheint. Ich glaube, daß die Baustellenhändler und die interessirten Kreise sich in das etwas komplizirte System des Entwurfes B leicht hineinfinden werden. Die finden sich, soweit sie unsolide Elemente sind, in die Wechselschiebungen und viele andere Dinge sehr leicht hinein, und auch die große Masse der soliden Elemente des Baugewerbes muß sich da hineinfinden, schon um ihre geehrten Mitkontrahenten etwas kontroliren zu können. Wer sich aber in diese Dinge hineingefunden hat, der wird sich auch in den Entwurf B hineinfinden. Und was die Juristen anlangt, so habe ich das unbedingte Vertrauen zu dem Juristenstande, daß, wenn sie sich in die Erbenhaftung des Bürgerlichen Gesetzbuches hineingefunden haben, sie sich auch in diesen Entwurf B hineinfinden werden. (Heiterkeit.)

Wir brauchen also als Juristen der Sache nicht zu ängstlich gegenüber zu stehen; sie ist gar nicht so sehr komplizirt. Wenn man sich diese Grundsätze ansieht, so kann man sie auf ein paar Grundgedanken zurückführen: der erste Baugläubiger bekommt die Bauhypothek, die nachfolgenden bekommen immer am Recht ihres Vormannes ein Pfandrecht; natürlich kann das Pfandrecht des Nachmannes gegenüber dem Vormanne nicht weiter gehen als das Recht des Vormannes selbst, weil ja eben zunächst weiter nichts da ist, was für den Nachmann haften könnte. Das ist der Grundgedanke, und nun darf gesagt werden: in gewissen Ausnahmefällen bekommt der Nachmann über dieses Pfandrecht am Rechte seines Vormannes hinaus noch ein übersteigendes Pfandrecht am Rechte des weiteren Vormanes; das ist zunächst für den einen Fall gegeben, daß der Vormann trotz einer Anzeige, die an den Schuldner gemacht worden ist, die Zahlungen in Empfang genommen hat, sodaß der Nachmann um die Zahlung geprellt ist; dann in einigen anderen Fällen, wo der Vormann nicht durch Offenlegung des ganzen Verhältnisses klargestellt hat, wie groß seine Forderungen waren, wann sie fällig waren u. s. w., sodaß der Nachmann sich nicht genügend danach richten konnte und im falschen Vertrauen auf das Vorhandensein eines genügenden Haftungsobjekts schließlich hineingefallen ist. Ich meine, das sind zwei so einfache Gedanken, daß man sie einem Kinde klar machen kann, und die jedem Menschen einleuchten. Daß das in der Fassung des Entwurfs etwas schwieriger erscheint, liegt einfach daran, daß, wenn wir überhaupt die Nachmänner schützen, immer von dem Gedanken auszugehen ist: wir müssen verhindern, daß Strohmänner eingeschoben werden. Wenn wir nur dem Vormanne das Pfandrecht gewähren, dann wird natürlich der erste Baugläubiger ein Strohmann sein, und der zweite ist der wirkliche Kontrahent. Es muß aber das Gesetz mit einer unendlichen Reihe von Strohmännern rechnen; denn wenn wir für fünf Gläubiger Bestimmung treffen, so wird erst der sechste der wahre Kontrahent sein. Deswegen muß die Sache immer für eine endlose Reihe ausgedrückt werden, und daher ist der Ausdruck schwierig. Das wird aber in der That nur auf dem Papiere stehen. Es ist gesagt worden, das wäre ein schlechter Trost. Das ist kein schlechter Trost, wenn es gelingt, eine Formulirung zu finden, die wirklich eventuell jeden Strohmann ausschließen würde; denn dann würden eben überhaupt keine Strohmänner genommen werden, und ich glaube, diese Formulirnng ist im Wesentlichen im Entwurfe B nach endlosem Mühen und unter intensivster Arbeit aller Betheiligten gefunden worden, und deshalb glaube ich, daß wir den Entwurf so, wie er ist, annehmen können.

Freilich mit einer Einschränkung. Ein Bedenken liegt nämlich darin vor, daß der Entwurf B fordert, daß der Unternehmer die gesammten Bauverträge der Oeffentlichkeit kundbar macht. Das schädigt den Unternehmer entschieden. Es ist unangenehm, wenn alle Leute sehen, wie er seine Verträge abgeschlossen hat. Und es schädigt auch die Handwerker im höchsten Grade; sie werden diskreditirt, wenn sie einmal zu einem sehr billigen Preise geliefert haben. Die Konkurrenz wird ihnen das vorwerfen; aber es kann sehr wohl einmal der solide Handwerker dazu genöthigt sein, sodaß es für alle Betheiligten unangenehm ist, wenn diese Verhältnisse in's Einzelne offengelegt werden müssen. Es sind daher die Gutachter nach dieser Richtung alle einer Meinung, auch Herr Freese hat sich auf den Standpunkt gestellt: hier muß eine Aenderung geschaffen werden. Ich halte auch den Vorschlag des Herrn Vorredners nicht für ausreichend, daß man diese Bauverträge nur dann zugänglich machen soll, wenn jemand es verlangt; denn dann werden eben die Interessenten es verstehen, durch einen Mittelsmann das Verlangen stellen zu lassen oder werden es direkt stellen, und dann werden die Verhältnisse doch offen gelegt. Ich möchte die Sache nur zur Diskussion stellen, als Antrag will ich es nicht formuliren: ich meine, daß es vollkommen genügt, wenn man statt dieser Offenlegung der Bauverträge sich begnügt mit der Offenlegung eines detaillirten Kostenanschlags und eines detaillirten Bauplanes, und daß man außerdem vielleicht noch verlangt — es wäre das auch nicht einmal unbedingt nöthig — daß der Name derjenigen Personen angegeben wird, die als Unterunternehmer oder Nachmänner bei dem Bau beschäftigt sind. Ich meine, damit kann man auskommen.

Es ist ja richtig, wenn nur bekannt ist, wie hoch ungefähr im Einzelnen der Bau hergestellt werden soll, wie die Einzelpositionen bewerthet werden sollen, hat der Nachmann, der mit dem Vormanne kontrahirt, keine Sicherheit, daß er auch unbedingt gedeckt sein wird. Es ändern sich erfahrungsgemäß die Bauanschläge, es können unrichtige Angaben darin enthalten sein. Es muß deshalb eine Sicherung gesucht werden. Man kann nun zunächst einmal eine Sicherung dadurch schaffen, daß man sagt: es werden an die unrichtigen Angaben der Bauanschläge dieselben Wirkungen geknüpft, wie jetzt an unrichtige Angaben über Bauverträge geknüpft werden. Es würde das aber noch wenig nützen; denn damit kommt man in den Fällen nicht weiter, wo es heißt: es haben sich die Verhältnisse geändert, und wir haben anders bauen müssen. Man könnte außerdem vielleicht aber noch Folgendes thun — und ich schließe mich da an einen Gedanken an, den in anderem Zusammenhange einmal beim Juristentage Herr Geheimrath Enneccerus geäußert hat: man könnte vielleicht sagen, daß jedesmal, wenn sich die Bebauung in wesentlichen Punkten ändert, wenn etwa statt eines Prunkbaues eine Miethskaserne erbaut wird, jeder Betheiligte das Recht hat, den Bau zu inhibiren, sodaß der Bau stillstehen muß. Das ist zwar ein gefährliches Mittel für den Unternehmer, der dadurch an den Bettelstab gebracht werden kann; aber es ist wirksam und technisch nicht schwer durchzuführen. Denn eine einstweilige Verfügung zu erwirken auf der einfachen Grundlage, daß „offenbar von dem angegebenen Bauplane abgewichen ist", ist nicht schwer; das kann man durch eidesstattliche Versicherung der Baugläubiger oder anderer Betheiligter machen. Das wäre ein Weg, um zu einer richtigen Angabe zu zwingen.

Es würde aber auch das noch nicht ausreichen; denn es bliebe immer noch eine Unsicherheit, und da möchte ich noch einen Punkt vorschlagen, auch wie gesagt, nur zu dem Zwecke, daß darüber diskutirt wird; das wäre, daß man doch wieder auf das alte Prinzip der versio in rem zurückgeht, und daß man sagt: es hat der Nachmann an und für sich einen dinglichen Schutz in dem Umfange des dinglichen Rechtes des Vormannes; es richtet sich dieser Schutz nach dem Umfange des Rechtes des Vormannes; es hat aber außerdem weiterhin der Nachmann einen darüber hinausgehenden dinglichen Schutz (der sich gegenüber dem übernächsten Vormann als unmittelbar darstellt) insoweit, als er einen nachweisbaren Werth in das Grundstück hineingesteckt hat, als der Werth seiner Verwendung beträgt. Diesen Werth der Verwendung thatsächlich festzustellen, ist nicht schwer; denn zunächst, was verwendet worden ist, stellt man sehr leicht (wie die Denkschrift an anderer Stelle und in anderem Zusammenhange dargelegt hat) fest dadurch, daß man eine eidesstattliche Versicherung abgiebt, oder eine Bescheinigung der Gehülfen, Arbeiter oder der anderen Baugläubiger beibringt. Die Frage, wie hoch nun aber die gemachte Verwendung zu bewerthen ist, die würde ich vorschlagen in der Weise zu regeln, daß man die Vermuthung aufstellt, daß die gemachte Verwendung den in dem Bauanschlag ausgeworfenen Einzelpositionen entspricht. So kann man dann für diese Frage den Bauanschlag verwerthen, und der Bauanschlag gewinnt auf diese Weise eine Bedeutung für den ganzen Hergang des Baues. Auf diese Weise könnten wir erreichen, daß ohne Offenlegung der Verträge auch der

Nachmann hinreichend geschützt wird. Er hat zunächst das Recht wie der Vormann, darüber hinaus nach der Höhe seiner Verwendung, natürlich begrenzt durch den von dem Entwurfe so genannten Anspruch aus dem Werkvertrage. Ich glaube, wenn man das annähme — und das ließe sich in einem einzigen Paragraphen, mit dessen Formulirung ich Sie verschonen will, machen — so könnten wir dann den Entwurf B in jeder Beziehung zur Annahme befürworten.

Denn — um auch das nur mit einem Worte zu erwähnen — es ist klar, daß die auch von dem Herrn Vorredner in gleichem Sinne geschilderte Zurückhaltung des einen Fünftels der Baugelder sich empfiehlt; sie hat sich auch in Amerika bewährt. Es wird leicht sein, ein Fünftel der Baurate zurückzuhalten, und dann bekommen die am meisten gefährdeten Baugläubiger wenigstens zwei Siebentel ihrer Forderung heraus, das wäre also etwa ein Viertel. Es ist ein verhältnißmäßig günstiger Betrag, jedenfalls viel besser als gar nichts. Diese letzten Baugläubiger möchte ich wenigstens mit einem Worte streifen. Nämlich ich sagte schon: ein Drittel der Baugläubiger ist allerdings gefährdet, weil die Baugelderhypotheken immer nur in Höhe von zwei Dritteln gegeben werden, und weil das letzte Drittel in Folge dessen nicht mehr gedeckt ist. Aber wir dürfen auch mit dem Schutze der Bauhandwerker nicht zu weit gehen. Es ist sehr richtig, die Bauhandwerker dürfen nicht so gestellt werden, daß sie sich nicht vorsehen; es muß ihnen das Bewußtsein beigebracht werden, daß jeder für sich selbst zu sorgen hat und die Gemeinschaft nur hülfsweise eintreten kann. Es ist vor einer Uebertreibung des Schutzes der Bauhandwerker zu warnen, und aus diesem Gesichtspunkte kann man etwas zurückstecken. Sie bekommen im letzten Drittel eine relativ gute Hypothek, eine Hypothek, die viel besser ist als die Hypothek, mit der sie jetzt bei der Subhastation regelmäßig ausfallen. Denn jetzt kann ihrer Hypothek ein unbeschränkter Betrag anderer Belastungen vorgehen, vor allem auch Scheinhypotheken und die Spekulationsgewinne des Baustellenverkäufers. Diese jetzige Hypothek ist in der That sehr schlecht. Ganz anders künftig, wenn die Baustellenhypothek unmittelbar hinter dem Bauwerthe steht; da wird das letzte Drittel immer noch realisirbar sein, es wird sich immer noch ein Käufer finden, für den etwas dabei herauskommt. Die Baugläubiger müssen daran denken, an das Gesetz einen energischen Selbstschutz anzuknüpfen, besonders auch bezüglich der Publikation der Bauanschläge, indem sie sich zu gegenseitigem Schutze zusammenschließen.

Es würde das meiner Ansicht nach ausreichen, um dem Schutzbedürfniß entgegenzukommen. Denn das, m. H., glaube ich allerdings auch mit dem Herrn Vorredner: der verderbliche Zustand im Baugewerbe ist augenblicklich nicht mehr in dem Maße wie vor einigen Jahren da; sicher wird er aber wiederkehren, wenn wir nicht vorbauen, und es ist gut, wenn das in einer Zeit der Ruhe geschieht, wo jede Animosität fehlt. Die Schweiz thut es auch, Amerika hat es lange gethan; auch wir müssen unbedingt zu dem Schutze kommen, und ich möchte Sie bitten, bei der ganzen Frage die Details nicht zu sehr in den Vordergrund treten zu lassen. Ich bin nach sehr eingehender Prüfung des Ganzen, die ich Ihnen vorenthalten will, zu der Ueberzeugung gekommen, daß es mit dem Entwurfe geht, er ist juristisch zu verstehen, und es werden sich alle Fragen erledigen lassen. Allen Anforderungen kann das Gesetz nicht entsprechen, es beruht auf einem Kompromiß der Interessen, und daher glaube ich, daß es genügt, wenn wir beschließen — und das möchte ich zu meinem Antrage machen im Einklange mit dem Herrn Vorredner — daß der Deutsche Juristentag empfiehlt, von den beiden amtlich veröffentlichten Entwürfen des Gesetzes zum Schutze der Bauforderungen den Entwurf B als geeignet zur Grundlage für eine hinreichende Sicherung der Baugläubiger zu erklären.

Damit wäre ich mit meinen Ausführungen am Ende.

Vorsitzender: Vielleicht hat der Herr Korreferent die Güte, den Antrag dann schriftlich einzureichen; im wesentlichen ist kaum ein Unterschied gegen den Antrag des Herrn Referenten. Dessen Antrag lautet:

(Wird verlesen.)

Nun klingt das, als wenn der Entwurf A zu Grunde gelegt werden soll, ergänzt aus B.

Berichterstatter Dr. **Solmssen** (Berlin): Ich ändere nunmehr meinen Antrag dahin, daß Entwurf B zu acceptiren, aber die Feststellung des Baustellenwerths in die Zwangsvollstreckung zu verlegen ist.

Vorsitzender: Es haben sich bereits vier Herren zum Worte gemeldet: zunächst Herr Kreisgerichtsrath Hilse, zugleich zur Begründung eines Zusatzantrages, nämlich dem § 3 Abs. 2 des Entwurfes hinzuzufügen:

„Es dürfen die aus den Feuerkassen zu zahlenden Entschädigungen zu keinem anderen Behuf als zur Wiederherstellung der abgebrannten Baulichkeiten verwendet werden und darf deshalb darauf nur derjenige Arrest suchen, welcher zu diesem Zwecke Materialien geliefert oder Arbeitslohn oder solche Geldvorschüsse zu fordern hatte, welche wirklich zum Bau verwendet worden sind.“

Außerdem haben sich zum Worte gemeldet die Herren Rechtsanwalt Dr. Scherer, Justizrath Harnier und Justizrath Boyens. Ich ertheile zunächst Herrn Kreisgerichtsrath Hilse das Wort.

Kreisgerichtsrath Dr. **Hilse:** Meine Herren! Zunächst gehe ich von der Annahme aus, daß beabsichtigt wird, einen Schutz für die Bauhandwerker zu schaffen. Deshalb sind die Interessen derjenigen Körperschaften in's Auge zu fassen, die geschützt werden sollen. In Folge dessen muß ich wie 1898 in Posen gleichsam im Namen des korporirten deutschen Bauhandwerkes, d. h. des Innungsverbandes deutscher Baugewerksmeister als dessen langjähriger Rechtsbeistand erklären, daß er jeden der beiden Entwürfe für annehmbar hält, weil sie den Grundsätzen Rechnung tragen, welchen der Posener Juristentag zustimmte und welche er selbst als Schutz für die Interessen des Bauhandwerkes begehrt. Ein solcher Schutz ist aber erforderlich, um der auf den Verhandlungen des Deutschen Juristentages in Stettin und Straßburg beruhenden Sicherungshypothek am Baugrundstücke, also dem seinen Beschlüssen zufolge in's Bürgerliche Gesetzbuch eingefügten § 648 die Eigenschaft eines todten Gedankens zu nehmen und ihm Leben zu geben. Denn nur wenn ein gesetzlicher Schutz dem Bauhandwerker gegeben wird, welcher dem Baugläubiger ermöglicht, seine Forderungen auf dem Baugrundstücke einzutragen und gegen Schiebungen in dessen Besitz und Belastung seitens zahlungsunfähiger oder böswilliger Bauherren Schutz zu finden, nur dann kann verhütet werden, daß das Baugewerbe in seiner gewerblichen und wirthschaftlichen Leistungsfähigkeit vernichtet wird. Es wird aber nothwendig, dem die Baulieferanten und Nachmänner mitumfassenden Entwurfe B Geltung zu verschaffen, wenn man nicht das ganze Baugeschäft der Macht des Großkapitals ausliefern will. Denn würde nur der Entwurf A angenommen, so würde bald der Brauch sich ausbilden, daß Ausführung und Lieferung von derselben Person übernommen werden, womit die Hypthekenbanken und die Terrainverkäufer das ganze Baugeschäft an sich ziehen. Einzelne große kapitalsstarke Baugeschäfte würden vielleicht fortbestehen, aber der Mittelstand würde vernichtet werden, welcher als festes Bollwerk zwischen der Kapitalmacht und der Arbeitskraft steht. Dem sozialen Problem des Aufrechterhaltens der heutigen Gesellschaftsordnung wird nur Rechnung getragen, wenn einem Aufeinanderplatzen dieser beiden einander feindlichen Elemente vorgebeugt wird. Ich befürworte deshalb mit den beiden Berichterstattern die Annahme des Entwurfes B.

Ein Beschluß über den Begriff Baugläubiger im Sinne des Entwurfes B ist insofern nothwendig, als wir sonst eine Unterscheidung schaffen zwischen Privatrecht und öffentlichem Recht. Der Herr Berichterstatter Dr. Solmssen hat bereits hervorgehoben, daß das Reichsversicherungsamt eine von den Lehren des heutigen Privatrechts abweichende Erklärung des Begriffs „Bauherr" aufgestellt hat. Dieser allerdings nur für den Regiebau geltende grundlegende Beschluß ist von seinem Präjudiziensenate unter dem 10. Juni d. J. erst gefaßt und unter der Nr. 1958 in den amtlichen Nachrichten des Reichsversicherungsamtes veröffentlicht worden. Derselbe beweist, daß noch in der neuesten Zeit die Nothwendigkeit erkannt worden ist, einen Schutz für die mittelbaren neben den unmittelbaren Bauhandwerkern zu schaffen.

Wenn ich etwas weitergehe und bitte, dem von mir gestellten Zusatzantrag Ihre Zustimmung zu ertheilen, so geschieht dies aus folgenden Gründen. Es wird nach § 2 beider Entwürfe der Werklohnschutz ausdrücklich ausgeschlossen, wenn es sich um den Wiederaufbau von abgebrannten Baulichkeiten handelt und wenn policemäßig die Zahlung der Brandentschädigung nur zur Wiederherstellung zu erfolgen hat. Es würde der von mir beantragte Zusatz zwar dann entbehrlich sein, wenn der § 1130 des Bürgerlichen Gesetzbuches thatsächlich die Bedeutung hätte, daß, während die Brandentschädigung nach § 1127 sonst den Hypothekengläubigern verpfändet ist, dies ausgeschlossen wäre, sobald die Versicherungssumme nur zum Wiederaufbau der abgebrannten Baulichkeiten verwendet werden kann, also eine andere Verwendung nicht statthaft wäre. Dies ist aber nicht der Fall. In Preußen galt nach § 972 Titel 11 Theil 1 des Allgemeinen Landrechts in Verbindung mit § 18 Titel 29 Theil 1 der Allgemeinen Gerichtsordnung, ferner in Bayern nach dem Hypothekengesetze § 12, in Württemberg nach dem Pfandgesetze Art. 27 und seit der Veröffentlichung des ersten Entwurfes zum Bürgerlichen Gesetzbuch auch in Sachsen nach § 393a des Bürgerlichen Gesetzbuches für das Königreich Sachsen die Einrichtung, daß die Feuerkassengelder zu keinem anderen Zwecke verwendet werden durften und daß auf diese Versicherungsgelder niemand anders Beschlag legen durfte, als derjenige, welcher zur Wiederherstellung der abgebrannten Baulichkeiten beigetragen hatte. Mehr als dies enthält mein Zusatzantrag nicht. Es wird Seitens der korporativen Verbände im Baugewerbe für absolut nothwendig gehalten, dem Grundsatze meines Zusatzantrages in Erweiterung des § 648 des Bürgerlichen Gesetzbuches gesetzliche Anerkennung zu verschaffen. Und aus diesem Grunde ersuche ich Sie, für den Entwurf B, unter Hinzufügen meines Zusatzantrages, sich zu erklären.

Rechtsanwalt beim Reichsgericht Dr. **Scherer** (Leipzig): Der heutige Entwurf beschäftigt zum zweiten Male den Juristentag. In Posen wurde der erste gelobt, heute wird der zweite gelobt und zur Annahme empfohlen. Wenn dieser Entwurf auf seinen Werth für die Praxis geprüft werden soll, so müssen wir fragen; wo ist die Ursache dieses Entwurfs? Und diese befindet sich einzig und allein in Berlin, und zwar im sogenannten Berliner Baurezept. Es ist uns gesagt worden, das Reichsversicherungsamt hätte vor einigen Tagen diesen typischen Fall publizirt. Ich will Ihnen einen anderen Fall anführen, der in der Juristischen Wochenschrift publizirt ist. Ein Grundstücksbesitzer will billig bauen; zu diesem Zwecke verkauft er sein Grundstück an einen Menschen, der nichts besitzt, und verpflichtet ihn durch eine Vertragsklausel, einen Bau im Werthe von 300 000 Mk. auszuführen. Der Verkäufer besorgt dem Käufer, damit er den Bau aufführen kann, bei einer Bank eine Baugelderhypothek in Höhe von 300 000 Mk., indem er (der Verkäufer) Garantie leistet.

Diese Baugeldhypothek enthält aber die Strafklausel: wenn irgend etwas nicht eingehalten wird, kann die Zwangsvollstreckung erfolgen; wenn der Bau fertig ist und ehe die letzten Baugläubiger bezahlt sind, ist die Strafklausel verfallen, die Zwangsversteigerung tritt ein; der Gläubiger kauft durch einen Zwischenmann den Bau wieder an, und die Handwerker, welche zuletzt in den Bau kommen, fallen aus. Im fraglichen Falle sind die Bauhandwerker um ca. 40 000 Mk. ausgefallen. Das ist ein Rezept, wie man billig bauen kann. Das Reichsgericht hat das Berliner Baurezept gebilligt, hat ihm seine Sanktion ertheilt; vergl. Juristische Wochenschrift 1902, 441, 442. Es ist selbstverständlich, daß diese Entscheidung in den betheiligten Kreisen großes Interesse erregt hat, und dieses Rezept ist die Ursache der beiden Entwürfe, die vorliegen.

Es fragt sich, ob es nothwendig ist, für diesen Spezialfall ein Gesetz zu erlassen, das 34 Paragraphen umfaßt. Bisher habe ich nur immer zustimmende Antworten gehört. Aber von Franke ist im „Recht", Jurist. Wochenschrift 1902, 389—391, vor Kurzem ein Aufsatz veröffentlicht worden; hier ist die entgegengesetzte Ansicht ausgesprochen, und sind Gutachten der Berliner Kaufmannschaft und des Hannöverischen Ständetages zitirt. Hiervon habe ich bei den Referaten kein Wort gehört.

Nunmehr wird empfohlen das amerikanische System. Ich war anfangs sehr gespannt auf dieses amerikanische Recht; schließlich habe ich nur gehört, daß der amerikanische Richter das Recht hat, sich wie der römische Richter über die Gesetze hinwegzusetzen, sie zu korrigiren. Warum soll dieses Römische Recht — so legen die Angelsachsen das corpus juris aus — mit Justinian verschwunden sein, dessen Gesetzbuch von sogenannten actiones utiles geradezu schwirrt, aufgehoben sein! Auch das französische Recht kennt jenes jus praetorium im milderen Sinne in Art. 1382 Code civil; man hat im ganzen rheinischen Rechtsgebiete mit diesem Artikel gute Erfahrungen gemacht. Weiter hat das rheinisch-französische Recht genau dieselben Prinzipien für die Baugelderhypothek, genau dieselben Prinzipien, wie sie heute für das amerikanische Recht entwickelt sind. Es hat den römischen Grundsatz verworfen: superficies solo cedit; Art. 2103 Nr. 4 Code civil.

Wie wurde verfahren? Wenn jemand bauen wollte, so hatte er das Recht, den Grund und Boden eines Grundstücks abschätzen zu lassen, ehe er den Bau begann, und 6 Monate nachher ihn wieder abschätzen zu lassen, und zwar durch Sachverständige. Auf diesen Gesichtspunkten beruhen auch die beiden Entwürfe; nur ist das Verfahren in Art. 2103 Nr. 3 Code civil viel einfacher geregelt. Was von der Schweiz gesagt worden ist, so muß ich bemerken: sie hat im Wesentlichen ihre Bestimmungen aus den Bestimmungen des französischen Rechts abgeschrieben. Trotzdem ist das französische Recht in dem Gutachten nicht berücksichtigt. Der Schutz der mittelbaren Bauhandwerker findet sich ebenfalls in Artikel 1798 Code civil geregelt; es ist Anzeige mittels Klage erfordert. Alles, was wir von dem amerikanischen Recht gehört haben, ist in den rheinischen Landen nichts Neues, war längst der Fall seit 1806, die betreffenden Artikel sind übrigens so wenig praktisch geworden, daß sowohl in Rheinhessen wie in Rheinbayern diese Sicherung 1888 und 1893 als überflüssig aufgehoben wurde, weil Art. 1382, actio culpae, vollständig ausreichte; vgl. Scherer, Das Erste Jahr des B.G.B. S. 38 Nr. 99. Nun frage ich, wozu soll heute dieser Entwurf dienen? Bloß dazu, um dem Berliner Rezept die Spitze abzubrechen? Dazu brauchen wir nicht ein Gesetz für ganz Deutschland.

Mein Antrag geht dahin: Keiner der beiden Entwürfe verdient Billigung, sondern die actio culpae ist einzuführen, falls sich ergiebt, daß sich diese Klage im rheinisch-französischen Rechtsgebiete als segensreich erwiesen hat. Wenn diese actio culpae angenommen wird, wird überdies eine ganze Reihe von Fragen verschwinden, die jeden Juristentag beschäftigen. Heute kommt z. B. die Frage des Rechts am eigenen Bilde. Das wird alles durch die actio culpae erledigt. Auf dem vorigen Juristentage handelte es sich um den Schutz der Briefe. Da hat es geheißen: die Franzosen haben das schon längst. Woher? Aus Art. 1382 actio culpae.

Ich will nun die actio culpae nicht ohne weiteres eingeführt wissen, sondern ich will sie erst dann eingeführt sehen, wenn sich ergeben hat, daß sie nicht zum Mißbrauch gedient hat, daß sie sich von 1804—1809 im rheinischen Gebiete bewährt hat, und dann ist das ganze Gesetz überflüssig. Denn wenn ein Grundstücksbesitzer so spekulirt, daß er denkt, zum Schluß fallen die letzten Bauhandwerker aus, so ist das eine Handlung, die mindestens unter die actio culpae fällt. Im rheinischen Rechtsgebiet hätte überhaupt kein Notar gewagt, so bedenkliche Urkunden über Baugelderhypotheken in der Art aufzunehmen, wie es hier in Berlin geschehen ist.

Der rheinische Notar, welcher eine Baugelderhypothek beurkundet, schließt sich an einen Bauplan an und wirft die Summen für die Erdarbeiten, Maurerarbeiten, Dachdeckerarbeiten usw. aus, und es wird nach Maßgabe des fortschreitenden Baues bezahlt. Der rheinische Notar hat nicht nur die Pflicht, zu beurkunden, was die Parteien wollen, sondern er hat noch einen Akt aufzunehmen, welcher einen geordneten Verkehr ermöglicht. Er darf seine Hand nicht dazu bieten, die Bauhandwerker, welche zuletzt an den Bau kommen, hereinfallen zu lassen. Deshalb könnte man im rheinischen Rechtsgebiet ein Gesetz beseitigen, was wir heute einführen wollen. Das rheinische Recht hatte aber den Vorzug, die Materie in zwei Artikeln zu erledigen, während hier ca. 34 empfohlen werden, dennoch hat dieser Entwurf keine anderen Prinzipien wie der Code civil. Es ist auch unrichtig, daß das französische Recht in dieser Hinsicht nie praktisch wurde. Als ich Rechtsanwalt in Mainz war, habe ich selbst für einen Bauunternehmer Wirth im Mombach gerade diese Bestimmung in Anwendung gebracht.

Ich komme nun zu einem zweiten Punkte. Wenn man überhaupt den Bauhandwerkern einen Schutz gewähren will, so ist das einzige Prinzip: der Mehrwerth gehört den Baugläubigern. Der Juristentag hat sich in der Regel darauf beschränkt, Direktiven zu geben, nicht genau ausgearbeitete Gesetzentwürfe, und deshalb bitte ich Sie, es dabei bewenden zu lassen.

Ich muß noch einen Punkt hervorheben. Man hat gesagt: was der Jurist leisten kann, das hat das Bürgerliche Gesetzbuch gefunden; das Bürgerliche Gesetzbuch ist so klar, so einfach, daß nicht viel dazu gehört, sich in ihm zurecht zu finden. Aber dieser Gesetzentwurf ist zwei Stunden lang vorgetragen worden, und ich glaube, er ist so schwer, daß er schwerlich von jedem so verstanden worden ist, daß er angewendet werden kann.

Dann darf ich noch auf einen Punkt hinweisen, daß ich im Ihering gelesen habe, im „Geist des römischen Rechts". Da ist ausgeführt, die Russen haben 6000 Gesetze. Das führt Ihering an zum Beweise dafür, daß die russische Gesetzgebung schlecht sei. Wenn wir so fortfahren mit Gesetzen und immer ein Spezialgesetz machen, wie hier für das Berliner Rezept, so werden wir den Russen bald gleichkommen und bald mehr als 6000 Gesetze haben.

Justizrath Dr. **Harnier** (Cassel): M. H., ich muß zunächst auf einige Ausführungen des letzten Herrn Vorredners antworten, obwohl ich das eigentlich nicht vorhatte, als ich mich zum Worte meldete. Ich glaubte, darüber, daß auf dem Gebiete, das uns heute beschäftigt, irgend etwas im Wege der Gesetzgebung erfolgen müsse, darüber sind wir auf dem Juristentage einig, denn darüber sind Beschlüsse ergangen. Für uns handelt es sich heute nur um die Frage, wie es auszugestalten ist.

Ich muß auch dem Unterschiede widersprechen, den der Herr Vorredner ausgesprochen hat zwischen den in wirthschaftlicher Beziehung unglücklichen Berlinern und den glücklichen Rheinländern. Die Mißstände bestehen keineswegs bloß in Berlin. Ich hatte kürzlich Gelegenheit, an den Verhandlungen der Handelskammer in meiner Vaterstadt Cassel theilzunehmen, und da wurden diese Uebelstände rückhaltlos auch für unsere Stadt Cassel bestätigt. Ich habe theilgenommen an den Verhandlungen der Vertreter deutscher Handelskammern in Berlin. Da wurde selbst aus kleineren Orten, z. B. aus Göttingen, das Vorhandensein derartiger Mißstände durchaus bestätigt. Also, daß das ein schönes Vorrecht der Berliner wäre, solche ungesunde Bauspekulation groß zu ziehen, das muß ich bestreiten.

Im Uebrigen ist es ebenso unzutreffend, zu behaupten, daß die rheinische Gesetzgebung dafür ausreichend sei; denn das französische Gesetz gilt nicht bei uns, und wir haben uns nicht darüber auszusprechen, daß irgend ein Gesetz, das nach rheinischem Rechte gegolten hat, in Deutschland einzuführen ist oder nicht, sondern darüber, ob einer dieser beiden Gesetzentwürfe unsere Billigung verdient.

Ich habe mich nun in erster Linie zum Worte gemeldet, um die Ausführungen des zweiten Herrn Berichterstatters zu unterstützen gegenüber dem ersten. Ich kann nicht anerkennen mit dem ersten Herrn Berichterstatter, daß man sich mit den Grundlagen des Entwurfs B einverstanden erklären kann, dann aber den Grundstein des ganzen Gebäudes, die vorherige Feststellung des Bauwerthes, herausnehmen kann. Ich glaube, das geht nicht. Ich kann nicht anerkennen, daß das, was der erste Herr Berichterstatter in dieser Richtung ausgeführt hat, geeignet gewesen wäre, mich von der Unmöglichkeit der Durchführung der gesetzlichen Regelung, die den beiden Entwürfen A und B gemeinsam ist, zu überzeugen. Herr Dr. Solmssen hat gesagt, die Feststellung sei schwierig. Nun, meiner Meinung nach ist sie in der Zwangsversteigerung noch viel schwieriger als im Anfang. Im Anfang, bevor der Bau errichtet wird, wo die Kaufverträge über dieses Grundstück, über das Nachbargrundstuck u. s. w. vorliegen, wird es viel leichter sein, eine befriedigende Feststellung vorzunehmen, als nach Jahren, wo es zur Zwangsversteigerung kommt. Also die bloße Schwierigkeit wird durch den Vorschlag Solmssen meines Erachtens nicht beseitigt, außerdem aber wird an diese Abschätzung nicht mehr, wie die früheren Entwürfe wollten, eine Verschiebung des Ranges der Hypotheken geknüpft, sondern lediglich die Leistung einer Differenzkaution. Es ist meines Erachtens in der Begründung nachgewiesen, wie gerade dieser veränderte Standpunkt einen wesentlichen Theil der Bedenken, die gegen die frühere Regelung vorgeführt wurden, beseitigt hat. Die einzige Schädigung, die jemand erfahren kann, ist, daß er eine etwas höhere Differenzkaution zu leisten hat, wenn die Schätzung zu niedrig ausgefallen ist. Des Näheren bin ich darauf in meinem Gutachten eingegangen.

Eine andere Frage, die ich nicht ausführen, sondern nur streifen will, ist die, ob die Regelung der Differenzkaution, wie sie vorgeschlagen ist, unter allen Umständen aufrecht zu erhalten ist mit Rücksicht auf die Baugeldhypothek. Die Begründung geht davon aus, daß die Bauhypothek hinter der Baugeldhypothek steht, daß also eine Differenzkaution dann nicht Platz greifen würde, wenn ein zu bebauendes Grundstück an erster Stelle lediglich belastet ist mit einer Hypothek, die dem wirklichen Werthe des Bauplatzes entspricht. Wenn aber eine Bank oder ein anders Geldinstitut einen Kredit eröffnet zur Erbauung eines Hauses und dafür eine Baugeldhypothek eintragen läßt, — ich will sagen: auf einem für 20 000 Mk. gekauften Grundstück soll ein Haus von 100 000 Mk. gebaut werden, und ein Kreditinstitut gewährt einen Kredit von 60 000 Mark, — so würde folgen, daß nun diese 60 000 Mark als Differenzkaution alsbald, ehe ein Spatenstich gethan ist, baar hinterlegt werden müssen. Das halte ich für eine Forderung, die nicht durchgeführt werden kann. Ich gehe nicht darauf ein, weil ich glaube mit dem Herrn Berichterstatter, daß die Befürwortung, die wir dem einen oder anderen der beiden Entwürfe zu Theil werden lassen, lediglich einen ganz allgemeinen Charakter hat und wir auf Einzelheiten überhaupt nicht einzugehen brauchen. Abgesehen von diesem einen Punkte, wo ich anderer Ansicht bin als der erste Herr Berichterstatter, habe ich mich auch hinsichtlich der mittelbaren Baugläubiger in anderem Sinn in einem Gutachten, wenn auch, wie der Herr Berichterstatter gesagt hat, schweren Herzens ausgesprochen. Einigermaßen sind meine Bedenken durch den zweiten Herrn Berichterstatter gemildert worden. Gelingt es, diese ganz unleidliche Anzeigepflicht aus dem Gesetze herauszubringen und gleichwohl den Schutz der mittelbaren Baugläubiger aufrecht zu erhalten, so würde ich diese Bedenken wohl schon eher in der Lage sein, zurücktreten zu lassen. Ich darf auch das erwähnen: in den Verhandlungen der Casseler Handelskammer wurde von hervorragenden Vertretern des Handels auf die Unleidlichkeit dieser Anzeigepflicht ganz ausschlaggebender Werth gelegt. Es gelang schließlich, eine Einverständnißerklärung mit großer Mehrheit — ich glaube, es waren nur zwei Herren dagegen — herbeizuführen, aber auch diese Mehrheit ging davon aus, daß diese äußerst lästige Anzeigepflicht beseitigt wird. Wenn das mit dem zweiten Herrn Berichterstatter möglich ist, dann würde ich meinerseits wenigstens den Widerspruch gegen Annahme des Entwurfes B hinsichtlich der mittelbaren Baugläubiger nicht gerade aufrecht erhalten, obwohl ich allerdings nicht verkenne, daß es recht schwierig ist, hier mit zu arbeiten, doch vielleicht etwas schwieriger, als die Herren hier gemeint haben. Entscheidenden Werth aber lege auch ich auf die Aufnahme der Lieferanten, aus den Gesichtspunkten, die bereits von früheren Herren Rednern erwähnt worden sind und denen ich hinzufügen möchte, daß ja die Verschlechterung der Lage der Lieferanten namentlich darin besteht, daß in Zukunft aus den Baugeldern an die Lieferanten gar nichts bezahlt werden dürfte, wenn sie nicht Baugläubiger wären, denn der Baugeldgeber, der für seine Baugeldhypothek die bevorzugte Stellung erwerben will, erwirbt sie nur insoweit, als er an Baugläubiger gezahlt hat; ist der Lieferant das nicht, so kann er aus den Baugeldern nichts bezahlt erhalten, weil der Geldgeber sagt: wenn ich z. B. den Steinlieferanten bezahle, so erwerbe ich keinen Vorzug für meine Hypothek. Darin gerade — das war vielleicht nicht so scharf hervorgehoben — liegt die wesentlich verschlechterte Stellung der Lieferanten. Die heute morgen so schön ausgeführten Grundsätze müssen gerade dazu zwingen, auch hier das gleiche Recht für alle zu verwirklichen. Auf die Verschiedenheit mit dem Fünftel lege ich gar keinen Werth. Ich halte die Sache für recht unpraktisch und bedauere überhaupt, daß sie darin steht. Wollen Sie sie mit in Kauf nehmen, in Gottes Namen. Ich glaube, es wird doch nachher sehr viel Wasser in den Wein gegossen werden. In der Praxis wird diese Bedingung mit dem Fünftel doch unter den Tisch fallen; wollen Sie aber in diesem Sinne aufnehmen in Bausch und Bogen, so habe ich nichts dagegen und kann mich also unter diesen Vorbehalten ebenfalls für Entwurf B als geeignetere Grundlage einer gesetzlichen Regelung aussprechen.

Vorsitzender: Ich habe mitzutheilen, daß Herr Dr. Heymann jetzt folgenden Antrag gestellt hat: „Der Deutsche Juristentag befürwortet von den beiden amtlich veröffentlichten Entwürfen den Entwurf B als geeignete Grundlage für gesetzgeberische Maßregeln." Außerdem ist ein Antrag des Herrn Rechtsanwalt Scherer eingegangen: „Keiner der beiden

Entwürfe verdient Billigung, sondern die actio culpae ist einzuführen, falls sich ergiebt, daß sich diese Klage im rheinischen Rechtsgebiet in der Zeit von 1804—1900 als segensreich erwiesen hat. Außerdem gehört der durch den Bau erzielte Mehrwerth den Baugläubigern."

Nunmehr ertheile ich das Wort Herrn Justizrath Boyens.

Justizrath **Boyens** (Leipzig): Auch ich stehe auf dem Standpunkte, daß etwas zum Schutze der Bauhandwerker geschehen muß, und meine, daß während der langen Verzögerung, die die Gesetzgebung in dieser Sache sich hat zu Schulden kommen lassen, die Krisis nicht völlig überstanden ist, auch eine neue eintreten kann. Aber ich verschließe mich nicht den Bedenken, die beiden Entwürfen entgegenstehen. Es ist bereits von dem ersten Herrn Berichterstatter auf das Bedenkliche einer Feststellung des Baustellenwerthes hingewiesen worden. Er meint, man könne dieser Schwierigkeit dadurch entgehen, daß man denselben hinterher bei der Zwangsversteigerung feststellte. Dieses Auskunftsmittel halte ich mit meinem sehr geehrten Vorredner für ausgeschlossen. Es würde dies noch gefährlicher sein, als wenn der Werth vorher festgestellt wäre. Denn es würde eine Unsicherheit der Eintragungen zur Folge haben: es würde sich erst in der Zwangsversteigerung entscheiden, ob die inzwischen eingetragenen Hypotheken überhaupt einen Werth haben, wenn eben die Belastungsfähigkeit des Grundstücks von dem Baustellenwerth abhängig wäre. Dieser Weg ist also nicht gangbar. Ferner ist mit Recht von verschiedenen Seiten hervorgehoben worden, daß das Anzeigesystem und die ganze Komplizirtheit der Entwürfe in der Praxis große Schwierigkeiten bereiten würde. Ich meinerseits glaube, daß derselbe Erfolg erzielt werden kann auf einem einfacherem Wege als dem, den die vorliegenden Entwürfe einschlagen. Die Sache ist doch so: bei jedem der hier interessirenden, wenn ich den Ausdruck gebrauchen darf, inkriminirten Bauten spielt stets der Baugeldgeber eine ständige Rolle. Denn es handelt sich um solche Bauten, bei denen der eigentliche Bauherr wenige Mittel hat oder gar insolvent ist. Nun bin ich der Ueberzeugung, daß es besser sein würde, wenn man die Baugläubiger in der Weise schützte, daß man ihnen ein festes Anrecht an das Baugeld giebt und dem Bauherrn dieses Recht abspricht, also die Sache so stellt, als wenn in dem Augenblicke, wo die Baugelderhypothek eingetragen ist, diese Baugelderhypothek durch eine gesetzliche Cession auf die Baugläubiger übergegangen wäre. Ich möchte also dem Baugläubiger ein direktes Recht an die Baugelder geben unter Ausschluß des Bauherrn. Dadurch würden die Baugläubiger besser geschützt sein als durch die Bestimmung der Entwürfe, nach welcher für sie eine gesetzliche Bauhypothek eingetragen werden soll. Welchen Werth hat denn die Bauhypothek? Ohne Baugeld wird sicher kein Haus gebaut, und das flüssige Geld ist das, was der Bauhandwerker verlangt. Wenn das Grundstück subhastirt worden und eine vielköpfige Gesellschaft von 10 und 20 Bauhandwerkern sich durch die Subhastation vermöge der Bauhypothek befriedigen soll, so ist das eine bedenkliche Sache. Ich habe das selbst in der Praxis durchgemacht, wenn für eine Anzahl von Handwerkern im Wege des Arrestes Hypotheken zum Schutz ihrer Bauforderungen eingetragen waren. Ich besinne mich allerdings auf einige Fälle, wo sich die Bauhandwerker zusammenthaten und das Baugrundstück gemeinsam erwarben, aber sie sind dabei recht schlecht gefahren. Eine ganz andere Sache ist es aber, wenn ihnen direkt ein Anrecht auf die Baugelder gegeben wird.

Der erste Herr Berichterstatter hat in seinem ausführlichen Vortrage aus dem amerikanischen Rechte und aus seiner eigenen Erfahrung uns vorgeführt: das eigentliche Ziel, das in's Auge zu fassen sei, sei, daß das Baugeld in die richtige Bahn geleitet werde, den rechten Weg gehe. Das ist vollkommen richtig; aber diesen rechten Weg haben die Entwürfe nicht gefunden. Die Entwürfe konstruiren eine Bauhypothek für die Baugläubiger. Dahinter soll die Hypothek des Baugeldgebers stehen. Dieser soll successive in die Bauhypothek aufrücken, wenn er Beträge gezahlt hat, die irgend ein Baugläubiger zu fordern hatte. Nun kann aber Folgendes entstehen: Eingeschlossen wollen unter die Baugläubiger die Lieferanten sein. Alle bisherigen Redner haben sich dafür ausgesprochen; auch ich will sie nicht ausschließen. Diese Lieferanten sind aber diejenigen, die zuerst mahlen. Der Mann, der die Steine liefert, der Holzlieferant u. s. w., die werden aus den Baugeldern befriedigt, und in demselben Moment rückt die Baugeldhypothek in die Bauhypothek, diese wird um so viel kleiner. Dadurch entsteht die große Gefahr, daß dann die übrigen Baugläubiger wenig oder nichts bekommen, ja es ist nicht einmal eine völlige Sicherheit dafür vorhanden, daß das Material, das an den Bau geliefert und bezahlt wird, wirklich in das Grundstück verbaut wird. Es kann sich so das, was den eigentlichen Bauhandwerkern verbleibt, auf ein Minimum reduziren. Die in dem Entwurf B vorgeschlagene vorläufige Zurückhaltung von einem Fünftel des Baugelds giebt keinen ausreichenden Schutz. Ich bin daher und durch meine Erfahrung an Hand von mir geführter Prozesse zu der Ueberzeugung gekommen, daß es richtig sein würde, wenn man die Baugelder von vornherein den Baugläubigern nach einem bestimmten Verhältniß, und zwar nach dem Verhältniß ihrer Leistungen, antheilweise überwiese. Dadurch würde auch eher die ganze wirthschaftliche Entwicklung des Bauwesens gefördert. Es würde die Kompliziertheit des Gesetzes wegfallen, das ganze Gesetz würde sich auf wenige Paragraphen reduziren.

Wie ich mir das im Einzelnen denke, werde ich durch Vorlesung eines skizzirten Gesetzes — natürlich, kann es nur eine Skizze sein — Ihnen zeigen. Ich will nicht gerade beantragen, daß sich der Juristentag speziell für diese meine Formulirung ausspreche. Es handelt sich nur um das Prinzip. Ich will nur beantragen, daß sich der Juristentag statt für die Entwürfe für ein auf der Grundlage, die ich vertrete, zu entwerfendes Gesetz ausspreche. Also die Skizze lautet folgendermaßen:

1. Die Eintragung des Bauvermerks — ich setze voraus, daß ein Bauvermerk eingetragen wird — hat die Wirkung, daß, so lange derselbe in Kraft steht, keine Grundschulden und nur solche Hypotheken eingetragen werden dürfen, welche die Gewährung von Baugeldern bezwecken. Diese Hypotheken werden als Sicherungshypotheken eingetragen und können erst nach Löschung des Vermerks in gewöhnliche Hypotheken umgewandelt werden.

Mit letzterer Bestimmung will ich dem vorbeugen, daß die Hypotheken vor der Befriedigung der Baugläubiger in dritte Hand übergehen und dadurch Einwendungen gegen die Hypotheken in gut gläubiger Hand abgeschnitten werden.

2. Jedem Gläubiger steht ein direkter Anspruch an die Baugelder in Höhe eines, auf Grundlage gleichen Rechtes für alle, sowie nach Maßgabe eines Anschlages zu berechnenden verhältnißmäßigen Antheils an jeder Baugelderrate wegen der bis zu ihrer Fälligkeit von ihm thatsächlich gewährten Bauleistungen zu. Dem Bauherrn ist jede Verfügung über das Baugeld untersagt.

Ich setze voraus, daß alle Herren wissen, was „Baugelderrate" bedeutet. An jeder Rate — z. B. der bei Vollendung des Rohbaues fälligen — sollen nach meinem Vorschlag alle diejenigen Lieferanten und Handwerker, die bis zu ihrer Fälligkeit wirklich in das Haus Gut und Blut hinein verwendet haben, ein Anrecht, und zwar unter Grundlage gleichen Rechtes für Alle haben. — Ferner, um ein solches Gesetz möglich zu machen, um einem Einwand der Baubanken zu begegnen, daß sie sich mit den einzelnen Handwerkern nicht einlassen könnten, wird folgende Bestimmung hinzugefügt:

3. Der Baugeldgeber zahlt gültig zu Händen eines gerichtlich zu bestellenden Treuhänders, der für die Baugelder Quittung ertheilt und sie grundbuchmäßig vertritt.

Ich beziehe mich auf § 1189 des B.G.B. in Betreff der Zulässigkeit eines solchen Vertreters.

Also die Baubank zahlt, wenn eine Baurate fällig geworden ist, das ganze Geld an den Treuhänder. Was soll der Treuhänder thun? Er soll es so vertheilen, daß alle Gläubiger nach Maßgabe der bereits geleisteten Bauleistungen bezahlt werden. Daher ferner:

4. Der Treuhänder stellt nach Fälligkeit jeder Baugelderrate einen Plan zur Vertheilung derselben an die Baugläubiger auf, der nach widerspruchslosem Ablauf einer gesetzlichen Frist seit Offenlegung vollstreckbar wird.

Diese Offenlegung denke ich mir so, daß an der Baustelle angeschlagen wird: „Der Plan zur Auszahlung der Baurate liegt auf meinem Geschäftszimmer aus. Von heute an beginnt die Frist zum Widerspruch.“ Es wird eine Frist von vielleicht einer Woche festgesetzt, erfolgt innerhalb dieser Frist kein Widerspruch, so wird die Vertheilung vollzogen; erfolgt ein Widerspruch, so muß der Betrag, den der Widerspruch betrifft, hinterlegt werden, und es muß weiter verfahren werden wie sonst in solchen Fällen. — Das sind die ganzen gesetzlichen Bestimmungen, die ich vorschlage. Sie sind einfach; sie würden dieses verwickelte Gesetz, das in der That von vielen und besonders auch von einer Reihe von Bauhandwerkern gefürchtet wird, unnöthig machen, und doch würde ein außerordentlicher Fortschritt gegenüber den jetzt bestehenden Zuständen gemacht sein. Das faktisch schon jetzt bisweilen bei freiwilliger Cession der Baugelder bestehende Institut des Treuhänders würde zu einem gesetzlichen werden. Der Treuhänder würde aber eine öffentliche Person werden mit ganz anderer Bedeutung wie jetzt, es würde die ganze Abwickelung eine leichtere sein.

Ich beantrage also, keinem der vorliegenden Entwürfe die Zustimmung zu geben, der Juristentag wolle sich vielmehr dahin aussprechen, daß auf Grundlage der vorgelesenen Sätze ein anderweitiger Entwurf eines Gesetzes zum Schutze der Bauhandwerker ausgearbeitet werde. Ich werde den Antrag gleich noch formuliren.

[Es wird Schluß der Debatte beantragt, von der Versammlung aber beschlossen, die beiden vorgemerkten Redner Mattes-Stuttgart und Prof. Dr. Oertmann vor dem Schlußworte der Berichterstatter noch zu hören.]

Rechtsanwalt Dr. **Mattes** (Stuttgart): Ich hatte mich ursprünglich nicht zum Worte gemeldet; erst die Ausführungen des Herrn Rechtsanwalts Scherer haben mich veranlaßt, das Wort zu ergreifen. Ich ging nämlich davon aus — und das habe ich auf Grund der beiden über den Gegenstand veröffentlichten Gutachten angenommen — daß die Frage, ob ein den Schutz der Bauhandwerker bezweckendes Gesetz überhaupt eingeführt werden solle, als durch die Beschlüsse des früheren Juristentags erledigt anzusehen sei und daß es sich heute nur darum handle, ob man dem Entwurf A oder B den Vorzug geben solle. Nachdem aber Herr Scherer die Frage, ob sich die Einführung eines solchen Gesetzes überhaupt empfehle, wieder aufgeworfen hat, und auch Herr Justizrath Boyens weiter auf diese Frage eingegangen ist, glaube ich in der That, daß auch die Erörterung der Vorfrage, die kurz ja auch vom Herrn Referenten Dr. Solmssen berührt worden ist, ob nämlich überhaupt gesetzliche Maßnahmen zum Schutze der Bauhandwerker ergriffen werden sollen, nicht ohne Nutzen ist. Ich gehöre nämlich gleichfalls zu denen, die einen Fortschritt in den beiden vorliegenden Gesetzentwürfen nicht sehen. Zwar gebe ich zu, daß sich in vielen Theilen Deutschlands das Bedürfniß eines besseren Schutzes der Forderungen der Bauhandwerker gezeigt hat, und ich wäre der letzte, der eine gesunde und glückliche Lösung dieser Frage nicht warm begrüßen würde. Aber ich kann in den beiden vorliegenden Entwürfen eine glückliche Lösung der Frage nicht erblicken; die beiden Entwürfe scheinen mir so komplizirt und insbesondere auch für die Anwendung so schwierig, daß, wie ich glaube, die Vortheile, die durch den größeren Schutz der Baugläubiger erreicht werden wollen und zum Theil auch erreicht werden, reichlich aufgewogen werden durch die Nachtheile, die sich auf anderen Gebieten aus dem Gesetze ergeben werden. Neben der in der Praxis zweifellos überaus schweren Anwendung der vorgeschlagenen komplizirten Gesetzesbestimmungen, die eine Menge zweifelhafter und schwieriger Prozesse hervorrufen werden — (sehr richtig!) — erscheint es mir zweifellos, daß durch das neue Gesetz die Bauthätigkeit erschwert und damit namentlich in großen Städten eine weitere Steigerung der Wohnungsnoth und Erhöhung der Miethzinse herbeigeführt werden wird. Diese Erwägung allein zwingt uns, glaube ich, zur größten Vorsicht bei der geplanten gesetzgeberischen Aktion. Nun wird mir entgegengehalten werden: das Gesetz ist ja nicht obligatorisch, sondern es soll durch landesherrliche Verordnung für einzelne Landestheile eingeführt werden können; ja, das ist recht und gut. Aber abgesehen davon, daß auf einem wichtigen Gebiete die kaum erlangte Rechtseinheit wieder durchbrochen wird, habe ich doch das Bedenken, ob den örtlichen Verhältnissen auch immer richtig Rechnung getragen werden wird. Jedenfalls würde ich es vorziehen, wenn in dem Gesetze selbst zum Ausdrucke kommen würde, daß dessen Einführung der autonomen Festsetzung durch die Gemeinden selbst überlassen sein solle. Ich habe zwar zu den einzelnen deutschen Staatsregierungen durchaus das Vertrauen, daß den Gemeinden nicht etwa gegen ihren Willen ein solches Gesetz aufgezwungen werden würde; aber man hat auch schon Fälle erlebt, wo in solchen die ganze Entwicklung eines Gemeinwesens berührenden Fragen auf diese bezw. ihre verantwortlichen Organe nicht die nöthige Rücksicht genommen worden ist: peccatur intra muros et extra. Mir scheint daher eine Anregung in der Richtung, daß eine autonome Festsetzung durch die Gemeinden selbst an Stelle der Einführung durch landesherrliche Verordnung treten soll, nicht ohne Werth; eine nausdrücklichen Antrag will ich zwar in dieser Richtung nicht stellen; es genügt mir die Feststellung im Protokoll: vielleicht wird diese Anregung bei der Berathung des Gesetzes im Reichstag oder in den einzelnen Landesvertretungen in dieser oder jener Form aufgenommen. Ich habe schon bemerkt, daß ich für keinen der beiden Entwürfe große Sympathie habe, und habe auch die Gründe hierzu kurz angedeutet. Ich kann hier auch einfügen, daß wir z. B. in Stuttgart keine große Sehnsucht nach dem Gesetze haben, und daß ich die zuständige Abtheilung des Stadtraths in Stuttgart, die sich auf Veranlassung der Württ. Regierung über die beiden Entwürfe geäußert hat, sich gegen die Einführung des Gesetzes überhaupt ausgesprochen hat. Bei uns in Stuttgart — das kann ich ruhig auf Grund genauer Information sagen — ist das typische Beispiel des Bauschwindlers wie es in den Motiven des Gesetzes so drastisch geschildert ist, einfach unbekannt. Neben einem kleineren Falle aus der jüngsten Zeit, auf den ich noch zu sprechen komme, ist, wie mir versichert worden ist, seit 1870 nur ein einziger Fall größeren Umfangs vorgekommen, in dem die Bauhandwerker unter Verhältnissen, wie sie das Gesetz im Auge hat, ihre Forderungen verloren haben. Dieser Fall, der Anfangs der siebziger Jahre passirt ist, war aber nicht so fest eine Erscheinungsform des Bauschwindels als solchen, sondern beruhte auf anderen Ursachen, insbesondere der damaligen wirthschaftlichen Lage überhaupt. So mag es kommen, daß auch in den Interessenkreisen Württembergs selbst der Wunsch nach der Einführung des Gesetzes nicht besonders stark zum Ausdruck gekommen ist; es liegt mir z. B. vor das Protokoll der Sitzung des Innungsverbandes deutscher Baugewerksmeister, der im vorigen Jahre hier in Berlin stattgefunden hat. Diesem Protokoll zu Folge hat sich der württembergische Vertreter, Herr Werkmeister Brinzinger, der Vorstand der Handwerkerkammer in Eßlingen, ungefähr ähnlich ausgesprochen, wie ich vorhin, daß nämlich in Württemberg kein Bedürfniß nach dem Gesetzentwurfe vorhanden sei.

Wenn man aber der Frage der Einführung eines gesetzlichen Schutzes der Baugläubiger näher treten und in den vorgelegten Gesetzesentwürfen eine geeignete Grundlage hierfür erblicken will, so gestatten Sie mir nur mit einem Worte noch auf einige Einzelheiten einzugehen: und da kann ich nun vor allem nicht einsehen und nicht als genügend begründet erachten, warum man die Umbauten vom Gesetz ausnehmen und nur die Neubauten unter dasselbe beziehen will. Ich habe vorhin davon gesprochen, daß in neuerer Zeit in Stuttgart ein Fall vorgekommen sei, in dem Baugläubiger theilweise um ihre Forderungen gekommen seien; dieser Fall betrifft nun eben gerade einen Umbau, nicht einen Neubau. Der Fall ist kurz der: es hat der Unternehmer eines Waarenhauses ein älteres Haus angekauft und es zu einem modernen Waarenhaus bekannten Stils umgebaut; die Baarmittel, u. a. auch die Baugelder wurden dazu benutzt, um Waaren einzukaufen — die mußten natürlich baar bezahlt werden — die Handwerksleute dagegen mußten Kredit geben; nach einiger Zeit brach der Konkurs aus und die Baugläubiger sahen sich vor die Frage des Verlustes ihrer Forderungen gesetzt. Die weitere Entwickelung dieses Falles ist aber so lehrreich — lehrreich in der Richtung, ob nicht auf andere Weise, als durch Gesetze, wie das vorliegende, der Schutz der Baugläubiger gesucht und erreicht werden soll — daß ich auch sie anführen will: die betr. Gläubiger schlossen sich nun ihrerseits zu einer Genossenschaft zusammen, erwarben das Gebäude, bauten es um und betreiben jetzt ein gutgehendes Hotel auf dem Grundstück. Es hat mir diese letzte Phase der Entwickelung dieses Falles recht lebhaft die Erwägung vor Augen geführt, ob die Frage des Schutzes der Baugläubiger nicht besser auf einem ganz anderen Gebiete, nämlich dem gewerblichen, gesucht würde. Die beste gesetzliche Vorschrift ist nichts werth und versagt, wenn die durch sie zu schützende Person sich nicht selbst schützt. Ich glaube, daß die Handwerker u. s. w. auf dem Wege der genossenschaftlichen Organisation vielleicht einen wirksameren Schutz erreichen würden, als durch die vorgesehenen Gesetzparagraphen, über deren Sinn die Juristen jetzt schon nicht einig sind und aus denen Laien noch viel weniger klug werden. Auf dem Gebiete der Selbsthilfe, durch den Zusammenschluß zu Genossenschaften, denen dann auch die wirksame Vertretung der Genossen im Falle der Gefährdung der Forderungen übertragen werden könnte, würde sich zweifellos manches für die Sicherung der Baugläubiger erreichen lassen. Ich erinnere nur daran, daß der Kaufmannsstand hier zu seinem Selbstschutz bereits in erfolgreichster Weise vorgegangen ist, so durch Organisation kaufmännischer Auskunftsbureaux und Schaffung von Associationen, die ein gemeinschaftliches Vorgehen gegen Kreditschwindler ermöglichen (Verein Kreditreform u. s. w.).

Um aber wieder auf die angeregte Frage der Einbeziehung der Umbauten unter das Gesetz zurückzukommen, so glaube ich, daß, wenn man einmal an die Einführung eines Gesetzes gehen will, kein genügender Grund vorhanden ist, die **Umbauten** von dem Gesetz auszunehmen.

Der Fall, daß Umbauten in größerem Stil vorgenommen werden, und daß gerade von Bauspekulanten ganze Quartiere zu diesem Zweck aufgekauft werden, ereignet sich garnicht selten. So erinnere ich daran, daß das Bestreben in vielen befestigten Städten dahin geht, — ich will aus jüngster Zeit nur Posen erwähnen —, daß die Befestigungen fallen oder über die engere Stadtgrenzen hinausgeschoben werdem. Mit der Erweiterung des Stadtgebiets geht Hand in Hand, daß die alten, eingezwängten Quartiere zusammengerissen werden und neuen luftigen Stadttheilen Platz machen müssen. Wollte nun ein Unternehmer auf einem solchen mit älteren Gebäuden überbauten Platz Neubauten herstellen, und es vermeiden, unter das Gesetz zu fallen, so brauche er nur so vorsichtig zu sein, sich die Bauerlaubniß ertheilen zu lassen, so lange das alte Gebäude noch steht, dann würde er dem Gesetz nicht unterlüegen; denn dann würde es sich nicht um eine Baustelle handeln, „die zur Zeit der Bauerlaubniß unbebaut ist". Diese unterschiedliche Behandlung der verschiedenen Baustellen stellt meines Erachtens einen Mangel des Gesetzes dar, der mich veranlaßt, an den Juristentag den Antrag zu stellen, sich prinzipiell auch für die Einbeziehung der Umbauten unter das Gesetz auszusprechen. Die Schwierigkeiten, die sich aus der Neuregelung der Pfandverhältnisse, namentlich mit Rücksicht auf schon bestehende Hypotheken erheben, sind nicht unlösbar, jedenfalls sind sie keineswegs größer, als diejenigen, die sich aus der Frage der Berücksichtigung der sog. **Nachmänner** ergeben. Bezüglich dieser Frage stehe ich auf dem Standpunkte des Entwurfs B und bin der Ansicht, daß die Berücksichtigung der Nachmänner nicht nur ein Gebot der Gerechtigkeit ist, sondern daß durch deren Nichtberücksichtigung der Umgehung des Gesetzes Thür und Thor geöffnet würde. Auch bezüglich der andern Punkte, in denen die Entwürfe A und B abweichen, so insbesondere in der Frage der Berücksichtigung der Lieferanten, glaube ich, verdient der Entwurf B den Vorzug.

Nachdem aber Justizrath **Boyens** einen ganz neuen Gesetzentwurf vorgelegt hat, so muß sich der Juristentag doch wohl vor allem die Frage vorlegen, ob dieser Entwurf nicht eine bessere Lösung der ganzen Frage darstellt. Ich werde daher in erster Linie für den Antrag **Boyens** stimmen, auf die Gefahr hin, daß die ganze Frage auf dem nächsten Juristentag eventuell nochmals behandelt werden muß.

Vorsitzender: Es ist ein Antrag des Herrn Kammergerichtsrathes Dr. Keyßner eingegangen, den Antrag Heymann anzunehmen, der also erklärt, es sei der Entwurf B die geeignete Grundlage, aber darin in dem Passus „als geeignete Grundlage" das Wort „geeignete" durch das Wort „geeignetere" zu ersetzen, also den Komparativ zu setzen. Außerdem ist jetzt ein Antrag von Herrn Rechtsanwalt Boyens eingegangen:

> Es empfiehlt sich, vorliegenden beiden Entwürfen nicht zuzustimmen, dagegen einen neuen Entwurf auf folgender Grundlage aufzustellen,

und nun folgt sein Gesetzentwurf.

Prof. Dr. **Oertmann** (Erlangen): M. H.! Verzeihen Sie, nur wenige Worte! Sie kennen vielleicht meinen prinzipiellen Standpunkt den Bauhandwerkern gegenüber, den ich wiederholt vertreten habe. Ich habe nicht den mindesten Anlaß, an meiner grundsätzlichen Stellungnahme etwas zu ändern oder von ihr Abstand zu nehmen. Selbstverständlich bin ich ein Freund der Entwürfe und freue mich, wenn wenigstens etwas zu Stande kommt. Ich habe mich eigentlich uur zum Worte gemeldet, weil die Bemerkungen des Herrn Rechtsanwaltes Dr. Scherer meines Erachtens nicht unwidersprochen bleiben können, sofern das französische Recht in Frage kommt, zumal Herr Scherer als Autorität auf dem Gebiete des französischen Rechtes anerkannt ist. Herr Scherer glaubt aus dem Umstande, daß die einschlägigen Bestimmungen des code civil nie angewandt worden sind, schließen zu dürfen, daß ein Entwurf überflüssig sei. Es wäre zunächst merkwürdig, wenn die Verhältnisse in den französischen Rechtsgebieten so anders sein sollten, als in den benachbarten Gebieten, in Cassel, Bielefeld, Bochum u. s. w. — und von dorther gerade sind verschiedene Klagen laut geworden, wonach dort der Bauschwindel in Blüthe steht. Schon deshalb dürfte man annehmen, daß in den benachbarten Gebieten des französischen Rechtes ähnliche Verhältnisse bestehen. Wir wissen auch ganz genau, warum das französische Recht unangewendet geblieben ist. Dasselbe hat nicht bloß die Wirkung des Vorrechts in der von den Entwürfen angenommenen Weise begrenzt, sondern es hat das ganze Vorrecht von einer zweimaligen Abschätzung abhängig gemacht, einmal vor Beginn der Arbeiten und einmal nach Fertigstellung derselben. Sämmtliche Schriftsteller, insbesondere aus Frankreich selbst Paul Pont und andere, haben ausdrücklich erklärt, daß diese Bestimmung allzu minutiös, die Sache in der Praxis nicht ausführbar sei. Es kam regelmäßig so, daß die Bauhandwerker zu vertrauensselig waren und nicht von vornherein mit der Abschätzung vorgingen, zumal sie andernfalls den Gegenkontrahenten gar leicht verscheucht hätten. Somit mußte das französische Gesetz ein todter Buchstabe bleiben. Wir können dasselbe also nicht als Argument für oder gegen die Zweckmäßigkeit oder Nothwendigkeit des Gesetzes verwenden.

Gegenüber den Ausführungen des Herrn Mattes wäre es sehr verlockend, ihm auf diesem Gebiete zu folgen; aber ich fürchte, bei der vorgeschrittenen Zeit würden wir damit nicht fertig werden. Wir würden diese Frage ebensowenig wie die soziale in einer allgemein befriedigenden Weise lösen, und wenn wir bis Mitternacht hier säßen.

Ich glaube, Jeder, der hier anwesend ist und sein Interesse für die Frage durch seine Theilnahme an der Sektionssitzung bethätigt, hat schon einen prinzipiellen Standpunkt, und so wenig wir eine grundsätzliche Debatte über den Schutz des Bauhandwerks zu scheuen haben, können wir, wie die Verhältnisse einmal liegen, sie um so weniger noch einmal hervorziehen, als der Juristentag seine prinzipielle Stellungnahme schon in Posen bethätigt hat. Ich glaube, es liegt nicht der mindeste Grund vor, auch nur einen Schritt zurückzuweichen; es wird sich in der That empfehlen, daß wir alsbald zur Abstimmung kommen.

Ich selbst habe früher dem Entwurfe A den Vorzug gegeben und sehe noch heute darin manches Gute. Aber ich muß bekennen, daß die Gutachter und die Herren Referenten mich bis zu einem gewissen Grad umgestimmt haben, und ich glaube auch dem Entwurfe B zustimmen zu können, obwohl ich den Entwurf A nicht vollständig verwerfen möchte. Wir müssen uns hüten, die beiden Entwürfe in einen allzu großen Gegensatz zu stellen. Ich glaube mit allen Gutachtern und Referenten darin einig zu gehen, wenn ich noch einmal betone, daß der Gegensatz der beiden Entwürfe weit zurücktritt hinter dem, was sie eint. Ob wir den Entwurf A oder den Entwurf B annehmen, erscheint mir als eine Frage von untergeordneter Bedeutung gegenüber dem, daß wir überhaupt zur Annahme eines Entwurfes kommen und daß der Juristentag noch einmal seine prinzipielle Meinung in der einen oder anderen Richtung abgiebt. Wer für den Entwurf A oder für den Entwurf B stimmt: das muß konstatirt werden, jedenfalls bewährt er sich als grundsätzlicher Freund des Bauhandwerkerschutzes. Daß sich der Juristentag in diesem Sinn allgemein für den Schutz der Bauhandwerker ausspricht, das würde ich nicht für die geringste Frucht unserer Berathungen und Erwägungen ansehen. (Beifall.)

Vorsitzender: Herr Dr. Mattes hat beantragt, der Juristentag wolle beschließen, daß auch die Umbauten in das Gesetz mit einzubeziehen seien. Der Antrag, m. H., auf Schluß der Debatte ist dadurch erledigt, daß sich Niemand mehr zum Worte gemeldet hat. Ich gebe daher nunmehr dem Herrn Korreferenten das Schlußwort.

Mitberichterstatter Prof. Dr. **Heymann** (Königsberg i. Pr.): M. H.! Ich will mich ganz kurz fassen.

Ich möchte nur wegen der Frage der Einbeziehung der Umbauten erwähnen, daß ich es für an sich wünschenswerth finde, daß wir auch bei den Umbauten dem Schwindel entgegentreten. Es hat sich nur bisher gezeigt, daß sich der Bauschwindel zum großen Theil, ja zum überwiegenden Theil, auf dem Gebiete der Neubauten abspielt. Wenn es uns gelingt, auf diesem Gebiete den Schwindel einigermaßen abzuschneiden, so wird es später unschwer möglich sein, die Bestimmungen auch für Umbauten geltend zu machen. Ich glaube, wir versuchen es erst einmal mit den Neubauten. Es ist überhaupt nicht eine prinzipielle Frage, sondern nur eine Frage der momentanen Taktik für alle die, die auf dem Standpunkte stehen, daß etwas geschehen muß. Und das, m. H., glaube ich unbedingt. Ich habe auch jetzt wieder den Eindruck gewonnen, daß eine sehr große Anzahl der Herren, die sich eingehend mit diesen Dingen beschäftigt haben, und die sich Mühe gegeben haben, in die Entwürfe einzudringen (eine Mühe, die vielleicht einen Tag beansprucht, und so viel kann man verlangen), zum großen Theile der prinzipiellen Regelung zustimmen. Ich habe mich sehr gefreut, daß auch Herr Justizrath Harnier und ebenso Herr Kollege Oertmann uns das Zugeständniß gemacht haben, daß sie mit dem Entwurfe B auch gehen werden; und darum möchte ich Sie bitten: nehmen Sie den Entwurf an und sehen Sie über die Kleinigkeiten hinweg. Es handelt sich hauptsächlich um die Frage: wollen wir auch die Nachmänner schützen, damit keine Strohmänner eingeschoben werden? Und wenn wir sagen: im Wesentlichen bildet der Entwurf eine Grundlage, dann sagen wir noch nicht, daß er genau so Gesetz werden soll, wie er vorgeschlagen ist. Ich glaube, wir können als Prinzip den vollen Schutz zunächst befürworten, das Uebrige können wir einer weiteren Behandlung in den Ministerien und auch in den Parlamenten überlassen. Es ist vom höchsten, nicht nur praktisch-wirthschaftlichen, sondern meiner Ansicht nach vom höchsten ethischen Werthe, wenn in dieser Frage vom Juristentag ein Protest gegen das Prinzip des absoluten laisser faire ausgeht. Denn unsere ganze Gesetzgebung hat sich seit dem Ausgange der 70er Jahre von diesem Prinzip abgewendet, und wenn wir für einen ausreichenden Bauhandwerkerschutz eintreten, thun wir etwas, was unserer gesammten Entwickelung entspricht; und darum bitte ich Sie von dem Standpunkt aus, daß wir in gewisser Beziehung die Tradition des deutschen Juristenstandes verkörpern, Stellung zu dem Entwurfe zu nehmen. Das Weitere können wir der Zukunft überlassen. (Bravo!)

Berichterstatter Dr. **Solmssen** (Berlin): Ich bin ebenfalls der Ansicht, daß die Frage, ob eine Schutzgesetzgebung nothwendig sei, heute nicht mehr zur Diskussion steht. Es wird jeder von Ihnen Gründe dafür und dagegen anführen können; es wird jedem vorgekommen sein, daß ein Praktiker ihm gesagt hat: machen Sie kein Gesetz; während ein anderer verlangte, daß das Gesetz endlich zu stande komme. Auch nach Distrikten geordnet, würde man wohl in jedem einzelnen Bezirke des deutschen Vaterlandes diese beiden verschiedenen Ansichten vertreten finden können.

Ich will nur noch einmal auf das zurückkommen, was Herr Prof. Heymann in seinem Korreferate bezüglich der Schätzung des Baustellenwerths ausgeführt hat. Er sagte, die Abschätzung habe gar keine Schwierigkeiten, denn genau so wie sich die Kurse von Industriewerthen oder Getreide feststellen ließen, könne man auch die Kurse von Grundstücken notiren. Das sind doch aber zwei ganz verschiedene Dinge. Die Kurse von Effekten ergeben sich aus abgeschlossenen Käufen und werden notirt für fungible Werthe. Die Schätzung des Baustellenwerths müßte hingegen jedesmal für einen neuen individuellen Fall geschehen und könnte nicht auf einem über ein kongruentes Objekt geschlossenen Kaufvertrage fußen. Hier handelt es sich darum, daß eine Behörde ganz einseitig eingreifen und dekretiren soll: Dein Grundstück ist so und so viel werth. Ich bitte Sie dringend, zu erwägen, ob man einen so schweren Eingriff in das Privateigenthum zugeben darf. Mit dieser Mahnung will ich mich bescheiden.

Vorsitzender: Es liegen hiernach folgende Anträge vor; zunächst der Antrag Heymann, der lautet:

„Der Deutsche Juristentag befürwortet von den beiden amtlich veröffentlichten Entwürfen den Entwurf B als geeignetere Grundlage für gesetzgeberische Maßregeln."

Als Zusätze dazu stellen sich nun heraus — mit dem „geeigneter" sind sie jedenfalls vereinbar —: Zunächst der Antrag des ersten Herrn Referenten Dr. Solmssen, wonach der Juristentag den Wunsch aussprechen soll, daß die Abschätzung in die Zwangsvollstreckung verlegt wird, indem die Festsetzung des Baustellenwerthes erst im Zwangsversteigerungsverfahren stattfindet. Ferner der Antrag Hilse, der dahin geht: „Dem § 22 ist hinzuzufügen: es dürfen die aus den Feuerkassen zu zahlenden Entschädigungen zu keinem anderen Behufe als zur Widerherstellung der abgebrannten Baulichkeiten verwendet werden und darf deshalb darauf nur derjenige Arrest suchen, welcher zu diesem Zwecke Materialien geliefert oder Arbeitslohn oder solche Geldvorschüsse zu fordern hatte, welche wirklich zum Bau verwendet worden sind."

Endlich der Antrag Mattes: „der Deutsche Juristentag wolle beschließen, daß auch die Umbauten in das Gesetz einzubeziehen sind."

Dagegen stehen im vollen Gegensatz zu dem Antrage Heymann die beiden Anträge Scherer und Boyens. Ich verlese noch einmal den Antrag Scherer:

„Keiner der beiden Entwürfe verdient Billigung, sondern die actio culpae ist einzuführen, falls sich ergiebt, daß sich diese Klage im rheinischen Rechtsgebiet in der Zeit von 1804—1900 als segensreich erwiesen hat. Außerdem gehört der durch den Bau erzielte Mehrwerth den Baugläubigern."

Ob über den Segen der actio culpae Recherchen vom Juristentag angestellt werden sollen, ist im Antrage nicht gesagt. Sodann den Antrag Boyens, der jetzt abgekürzt folgendermaßen lautet:

„Es empfiehlt sich unter Ablehnung der beiden Entwürfe zum Schutze der Baugläubiger bei Bestehen des Bauvermerks nur die Eintragung von Baugelderhypotheken zuzulassen, ein unmittelbares, ausschließliches und im Verhältniß zur thatsächlichen Bauleistung gleichmäßig zu bemessendes Recht der Baugläubiger an den Baugeldern anzuerkennen, die Auszahlung derselben an Treuhänder zu gestatten und diese zur Vertheilung an die Baugläubiger zu verpflichten."

Es wird beschlossen, zunächst über den Antrag Scherer, dann über den Antrag Boyens, schließlich über den Antrag Heymann abzustimmen.

Der Antrag Scherer wird gegen die Stimme des Antragstellers, der Antrag Boyens gegen eine Minderheit abgelehnt; der Antrag Heymann wird mit großer Mehrheit angenommen.

Es folgt die Abstimmung über die Zusatzanträge Solmssen, Hilse und Mattes.

Diese Anträge werden abgelehnt.

Hierauf wird beschlossen, die Angelegenheit nur zur Berichterstattung an das Plenum zu bringen. Als Berichterstatter für das Plenum wird Prof. Dr. Heymann bestimmt.

Im Archiv für Bürgerliches Recht Band 21 S. 389 ff. habe ich meine Darlegungen inzwischen näher begründet und ergänzt. Zur Vermeidung des Offenlegens der Bauverträge (vgl. Denkschrift S. 16) insbesondere schlage ich vor, § 7 b zu streichen, sowie an Stelle von § 7 und 7 a des Entwurfs B folgende Bestimmungen zu setzen:

§ 7. Der Eigenthümer hat vor dem Beginn des Baues und vor der Eintragung des Bauvermerkes dem Grundbuchamte einen Bauplan und einen spezialisirten Kostenanschlag einzureichen [sowie eine Erklärung, aus welcher die Personen der nach § 6 als Baugläubiger anzusehenden Unternehmer des Bauwerkes oder einzelner Teile des Bauwerkes ersichtlich sind]. Durch landesherrliche Verordnung können nähere Bestimmungen über die Einrichtung des Bauplans und des Kostenanschlags getroffen werden; insbesondere kann bestimmt werden, daß einzelne Theile des Kostenanschlags erst während des Baues eingereicht werden können. Wird während des Baues von dem eingereichten Bauplan und Kostenanschlag in wesentlichen Punkten abgewichen [oder ändern sich die Personen der als Baugläubiger anzusehenden Unternehmer], so hat der Eigenthümer unverzüglich dem Grundbuchamt eine Erklärung einzureichen, welche die im Absatz 1 vorgesehenen Angaben enthält oder berichtigt. Kommt der Eigenthümer dieser Verpflichtung nicht nach, so ist auf Antrag jedes als Baugläubiger anzusehenden Unternehmers die Fortführung des Baues durch einstweilige Verfügung zu untersagen.

Der Bauplan, der Kostenanschlag und die einzureichenden Erklärungen sind von dem Eigenthümer zu unterzeichnen.

Die Einsicht der überreichten Schriftstücke und Pläne ist Jedem gestattet.

Erfüllt der Eigenthümer die ihm nach Abs. 1—3 obliegenden Verpflichtungen nicht, so ist er jedem Betheiligten zum Ersatze des daraus entstandenen Schadens verpflichtet.

[In Ansehung der Erklärungen über die Person der als Baugläubiger anzusehenden Unternehmer finden die sich auf den Eigenthümer beziehenden Vorschriften des Abs. 1—5 entsprechende Anwendung auf diejenigen Unternehmer, welche die Herstellung des Bauwerks oder einzelner Theile des Bauwerks an andere Unternehmer weiterübertragen.]

§ 7b. Soweit der Anspruch eines Nachmanns aus dem Werkvertrage den Betrag der Bauforderung seines unmittelbaren Vormanns übersteigt, hat der Nachmann bis zur Höhe des nichtgedeckten Werthes seiner Verwendung in den Bau eine unmittelbare Bauforderung gegenüber dem Schuldner des Vormanns. Es wird vermuthet, daß der Werth der Verwendung den im Kostenanschlage für sie ausgeworfenen Beträgen entspricht.

Diese Vorschläge bezwecken die Durchführung des einfachen Prinzips (vgl. Archiv l. c. S. 404):

> „Daß die Werkvertragsforderung des Nachmanns pfandmäßig gesichert ist zunächst im Umfange der Forderung seines Vormanns, darüber hinaus aber bis zur Höhe der thatsächlichen Verwendung (§ 7 b) und ferner — unabhängig von der Bauforderung des Vormanns — soweit der Schuldner trotz Anzeige die Sicherung des Nachmanns durch Zahlung an den Vormann vereitelt hat (§ 6 d)".

Heymann.

Plenarversammlung vom 12. September 1902.

Bericht

des Herrn Professor Dr. Heymann.

Statistik

der

Boden- und Bauspekulation in Berlin

während der Jahre 1867—1900.

Bearbeitet von

Herrn Gerichtsassessor a. D. Dr. Solmssen.

Vice-Präsident, Sektionschef Dr. **Klein**: Nr. 4 der Berathungsgegenstände der ersten und zweiten Abtheilung betrifft die Frage:

„Welchem der jetzt amtlich veröffentlichten Entwürfe eines Gesetzes zum Schutze der Bauhandwerker ist der Vorzug zu geben?"

Ich ersuche Herrn Prof. Dr. Heymann, dem Plenum über die gefaßten Beschlüsse zu berichten.

Berichterstatter: Prof. Dr. **Heymann** (Königsberg): Meine hochverehrten Herren! Die Bauhandwerkerfrage hat schon 1898 den Juristentag in Posen beschäftigt. Es handelte sich dabei um das Ziel, die Bauhandwerker im weitesten Sinne dagegen zu schützen, daß sie unter dem Satze superficies solo cedit leiden derart, daß der von ihnen in das Grundstück eingebaute Werth den vor ihnen eingetragenen Hypothekaren zufällt und sie bei der Versteigerung leer ausgehen. Ich brauche das nicht näher darzulegen.

Es hat auf einen Antrag Brunner der Juristentag in Posen bereits beschlossen:

„Es empfiehlt sich, zum Schutze der Baugläubiger in Neubaubezirken die Bauerlaubniß von der Eintragung eines Bauvermerks in das Grundbuch abhängig zu machen, an den die Sicherung der Bauforderungen zu knüpfen ist."

Auf dieser Grundlage, die bereits den früheren Entwürfen des Preußischen Justizministeriums zu Grunde gelegen hat, beruhen nunmehr auch die beiden vom Reichsjustizamte veröffentlichten Entwürfe, die Entwürfe A und B des Bauhandwerkergesetzes, zu welchen von uns nur noch im Wege der Wahl zwischen beiden Stellung zu nehmen war. Es ist dabei im einzelnen die Durchführung bei beiden Entwürfen die, daß dem Bauvermerke vorhergehen dürfen Belastungen nur in Höhe des Baustellenwerthes, daß in übersteigendem Betrage Sicherheit zu leisten ist, oder aber, was natürlich die regelmäßige Folge sein wird, daß die übersteigenden Belastungen ihre Priorität der Bauhypothek einräumen, die ja an Stelle des Bauvermerks rangiren wird.

Es ist nun der Unterschied zwischen den Entwürfen A und B der, daß der Entwurf B, welchen die I. Abtheilung im Besonderen nahezu einstimmig als eine geeignete Grundlage für die gesetzgeberischen Maßnahmen empfohlen hat, in seinem Schutze weitergeht; denn er schützt außer den Bauhandwerkern und Gewerbetreibenden, auch den Lieferanten, d. h. er schützt außer denjenigen Personen, welche lediglich Werkverträge geschlossen haben, auch diejenigen, welche Baumaterial, besonders Steine und Holz liefern. Der Entwurf B geht ferner auch insofern weiter, als er nicht bloß diejenigen Baugläubiger schützt, welche direkt mit dem Unternehmer abgeschlossen haben, sondern auch ihre Nachmänner, an welche die Bauleistungen weiter vergeben sind.

Die beiden Referenten der Abtheilung, Herr Dr. Solmssen und ich, haben der Abtheilung den Entwurf B als den vorzuziehenderen vorgeschlagen, auch das Gutachten des Herrn Freese hat sich in gleichem Sinne ausgesprochen; das Gutachten des Herrn Justizrath Dr. Harnier stand auf dem Standpunkte, daß der Entwurf A wegen seiner größeren Einfachheit vorzuziehen sei. Indessen hat sich Herr Justizrath Dr. Harnier, nachdem das schwerwiegendste Bedenken, welches er gegen den Entwurf B hatte, nämlich die Frage der Offenlegungspflicht der Verträge, fortgeräumt war, sich dahin erklärt, daß für ihn ebenfalls der Entwurf B annehmbar sei. Die Abtheilung hat dabei beschlossen, daß der Entwurf B der geeignetere sei. Es kommt damit zum Ausdruck, daß die Grundlagen der beiden Entwürfe geeignet sind, gesetzgeberischen Maßregeln zum Ausgangspunkt zu dienen.

Es ist insbesondere das Bedenken des Herrn Berichterstatters Dr. Solmssen von der Abtheilnng nicht getheilt worden, wonach es sich empfiehlt, den Baustellenwerth immer erst in der Subhastation festzustellen und nicht schon vorher bei Eintragung des Bauvermerks. Es ist in der That ja zuzugeben, daß es eine gewisse Schwierigkeit haben wird, von vornherein für jedes Grundstück den Baustellenwerth festzustellen. Indessen ist erwogen worden, daß die Feststellung in der Subhastation vielleicht nach Jahren noch bedeutend schwieriger sein wird; und weiter ist erwogen worden, daß es sich bei dieser Feststellung nicht wirklich um eine endgültige Abschätzung, sondern bloß um die Festsetzung einer Art Beleihungsgrenze handelt, die sehr wohl ohne erheblichen Schaden der Betheiligten vorher festgestellt werden kann.

Im übrigen wurde in der Abtheilung besonders betont, daß es

wünschenswerth ist, wie es beide Entwürfe thun, möglichst die Baugeldgeber zu schonen, und auf alle Weise dahin zu arbeiten, daß, selbst wenn die Bauhandwerker dadurch ein größeres Risiko tragen, die Geldgeber und vor allen Dingen die Hypothekenbanken in der Lage sind, weiterhin in ruhiger Weise Baugelder an erster Stelle darzuleihen.

Was die Besonderheiten des Entwurfes B anlangt, so kommen da eben die beiden Punkte in Frage, die Frage des Schutzes der Lieferanten und der Nachmänner. Der Schutz der Lieferanten muß als wünschenswerth bezeichnet werden. Es entspricht das einestheils der Gerechtigkeit, denn die Lieferanten leiden ebenso wie die Handwerker unter dem Satze „Superficies solo cedit“. Es entspricht aber auch der Zweckmäßigkeit, denn es ist zu befürchten, daß, wenn man die Lieferanten ausschließt, sie sich entweder hinter die Bauhandwerker verkriechen werden oder, daß dann das ganze Baugeschäft in die Hände des Großkapitals getrieben und der entgegengesetzte Erfolg erreicht wird.

Was den Schutz der Nachmänner anlangt, den Kernpunkt in der Differenz der Entwürfe, so ist entscheidend für den Nachmännerschutz die Erwägung gewesen, daß, wenn man die Nachmänner nicht schützt und den Nachmännern ein dingliches Recht an dem Grundstücke gewährt, dann Strohmänner zwischen geschoben werden können. Es ist nöthig, den Gesetzentwurf so zu formuliren, daß alle Möglichkeit des Zwischenschiebens von Strohmännern ausgeschlossen ist. Von den dagegen geltend gemachten Bedenken stand im Vordergrund das, daß die ganze Regelung zu komplizirt wäre. Aber es ist darauf hinzuweisen, daß die Regelung in praxi nicht ganz so komplizirt sein wird, wie es in der Darlegung des Gesetzes erscheint, weil man im Gesetze auf eine unendliche Reihe von Nachmännern Rücksicht nehmen muß, im Leben aber, wenn das Gesetz geschickt gefaßt ist und man allen Eventualitäten vorbeugt, doch nur wenige Nachmänner in Frage kommen werden. Dazu kommt, daß es ja überhaupt kein Argument gegen einen Gesetzentwurf ist, den man an sich für zweckmäßig und brauchbar hält, daß die juristischen Bestimmungen zu komplizirt sind. Es kann am allerwenigsten Aufgabe des Deutschen Juristentages sein, zu erklären, daß die rein technischen Schwierigkeiten der verstandesmäßigen Bewältigung einer Rechtsnorm ein Grund seien, ein sonst zweckmäßiges Gesetz abzulehnen.

Es kommt hinzu, daß ein zweites Bedenken gegen den Nachmännerschutz geltend gemacht worden ist, das sich ebenfalls in den Berathungen der Abtheilung als nicht so schlimm darstellte, wie es von vorn herein erschienen war. Das ist die Frage der Offenlegung der Verträge. Der Entwurf fordert, daß alle Bauverträge offengelegt werden. Man meint das wäre in der That eine außerordentlich große Schwierigkeit für die sämmtlichen Betheiligten, gerade der Kredit der Bauhandwerker würde dadurch geschädigt. Es hat sich indeß ergeben, daß mit geringen Modifikationen auf die hier nicht einzugehen ist, eine Aenderung dahin möglich sein wird, daß nicht dieser Bauvertrag eingereicht wird, sondern daß es genügt, wenn ein eingehender Baukostenanschlag eingereicht wird. Von diesem Standpunkt aus hat die erste Abtheilung sich durchaus für den Nachmännerschutz erklärt, hat entgegenstehende Anträge abgelehnt, hat auch den werthvollen, wohldurchdachten Entwurf des Herrn Justizrath Boyens, der aber die bisher nun einmal den Berathungen zu Grunde gelegte Grundanschauung nicht theilte, wesentlich wohl deshalb zurückgewiesen weil wir nun mit dem bisher Erreichten weiter arbeiten wollen, möglichst etwas zu Ende bringen wollen.

Für eine Durchführung des Bauhandwerkerschutzes spricht vor allen Dingen der Umstand, daß sich in Amerika in weitestem Umfange ein Bauhandwerkerschutz als praktisch durchführbar gezeigt hat. Es ist das große Verdienst des Buches des Herrn Mitberichterstatters Dr. Solmssen, der dargethan hat, daß unter viel komplizirteren juristischen Verhältnissen ein solcher Schutz durchführbar ist. Es wird auch in der Schweiz ein solcher Schutz vorbereitet. Es ist daher zu wünschen, daß das Deutsche Reich mit einem derartigen Schutz nicht zurückbleibe. Es handelt sich hier darum, die wirthschaftlich Schwachen vor der Brutalisirung zu bewahren. (Lebhafter Beifall.)

Druck von Leonhard Simion in Berlin SW.

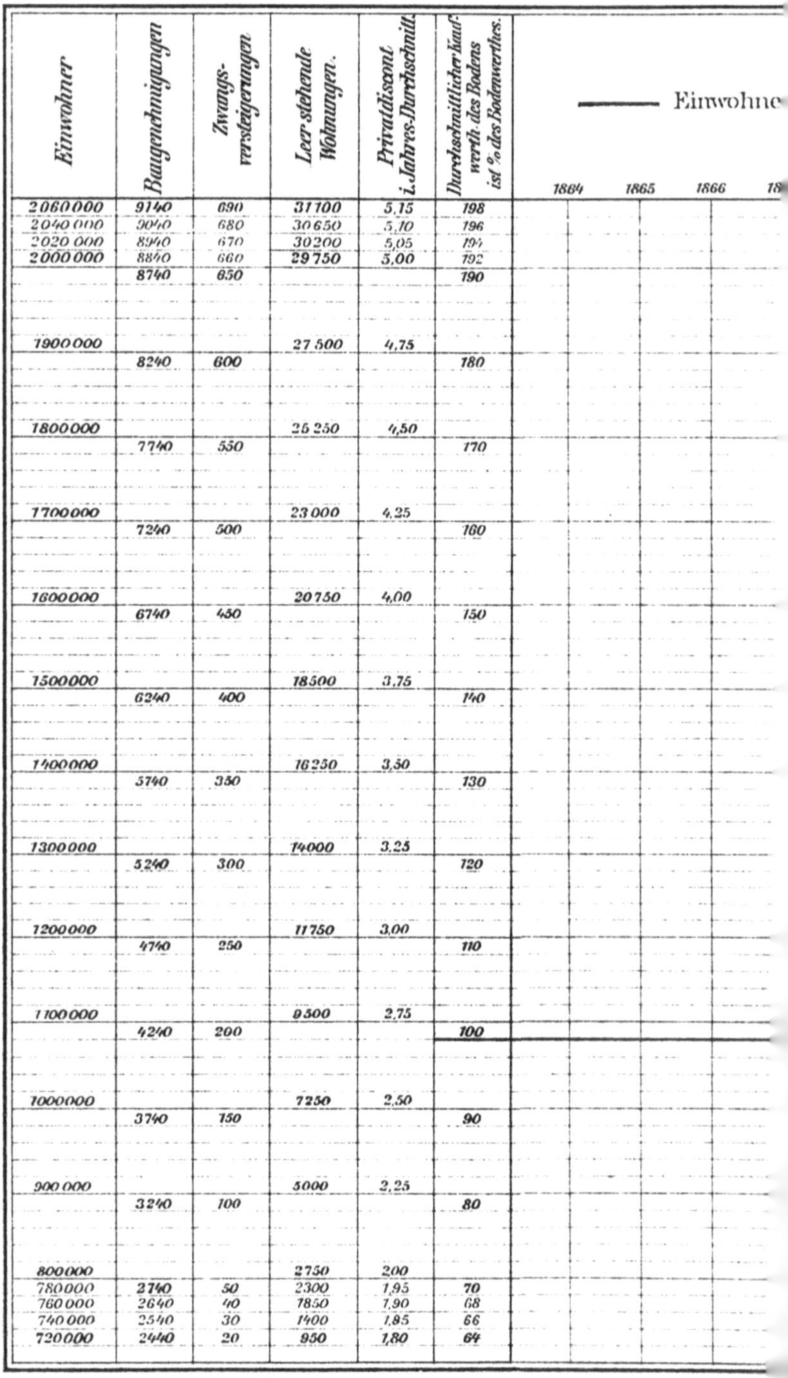

J. Guttentag, Verlagsbuchhandlung G.m.b.H. Berlin.

.tistik der Boden- und Bau-Spekulation

Baugenehmigungen   Subhastation bebauter Grundstü

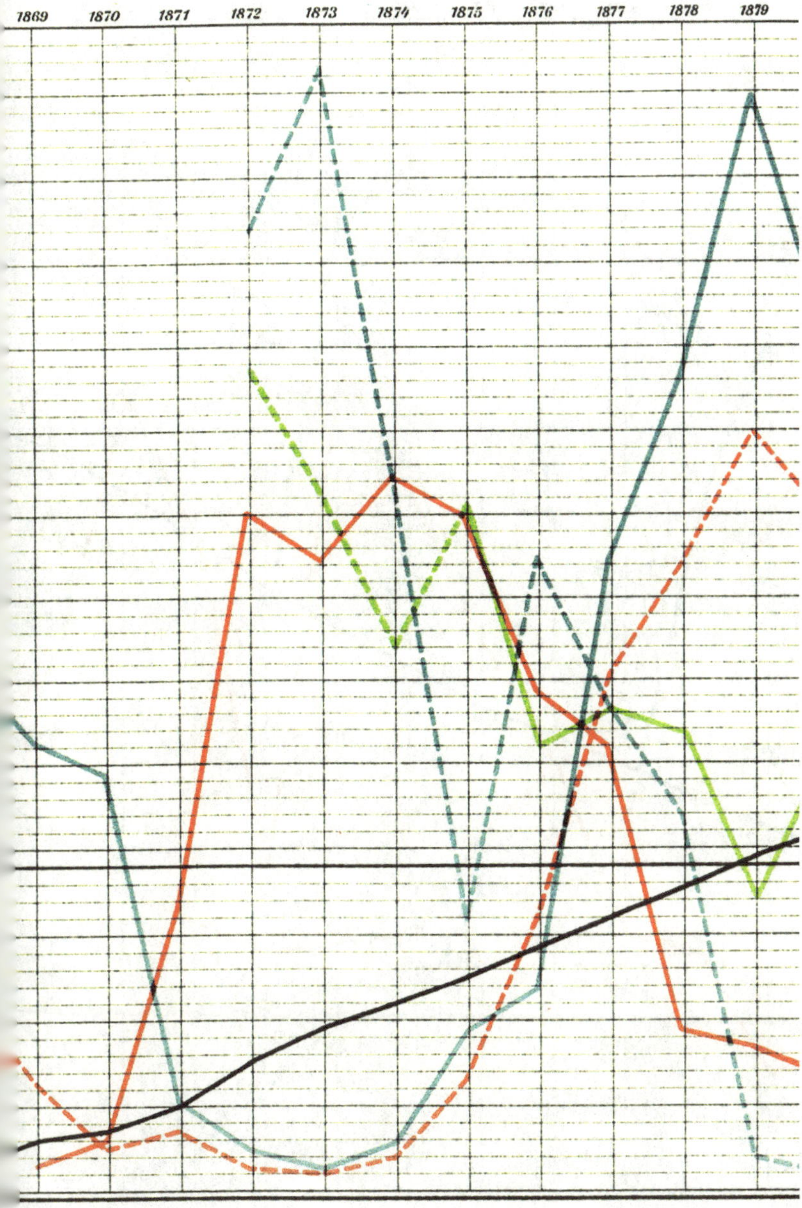

Die Erklärung der Tafel findet sich in a

ı in Berlin während der Jahre 1867-190

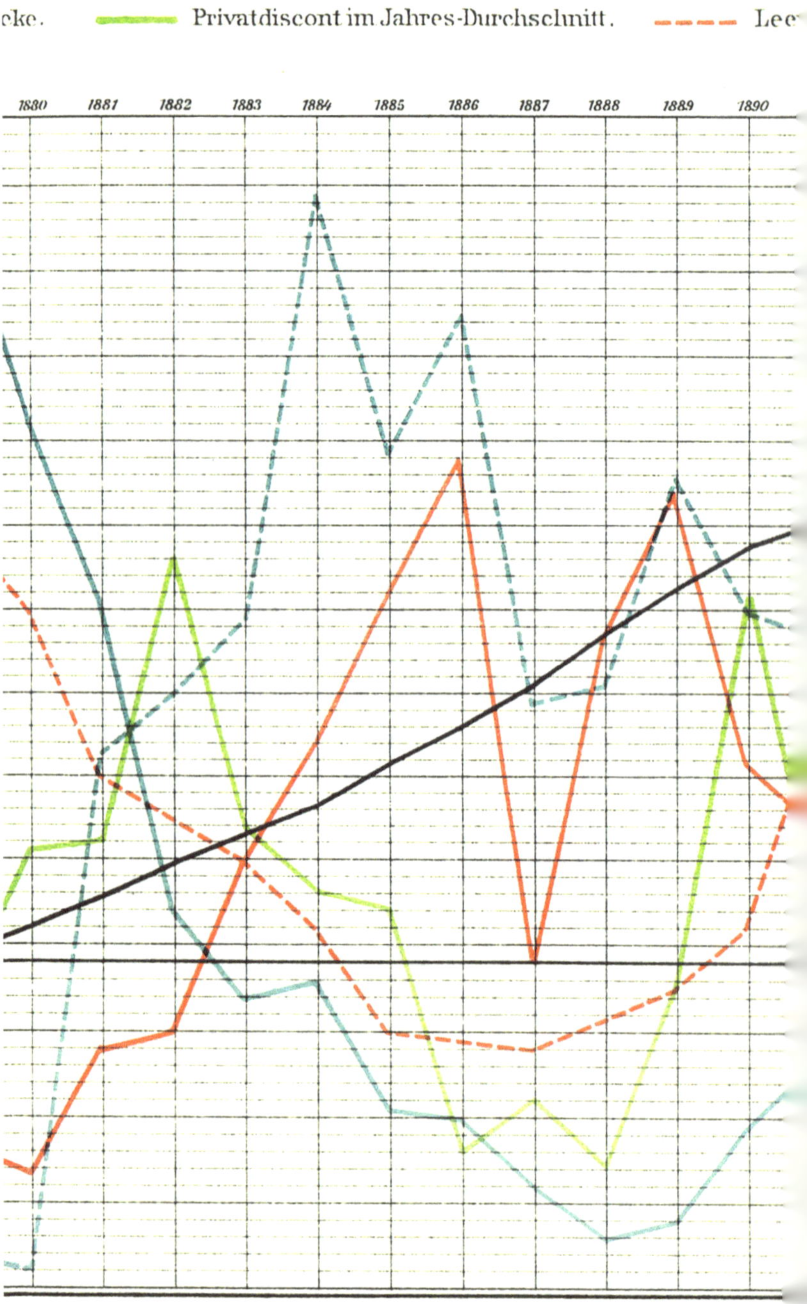

lem Referate des Herrn Dr. Solmssen.

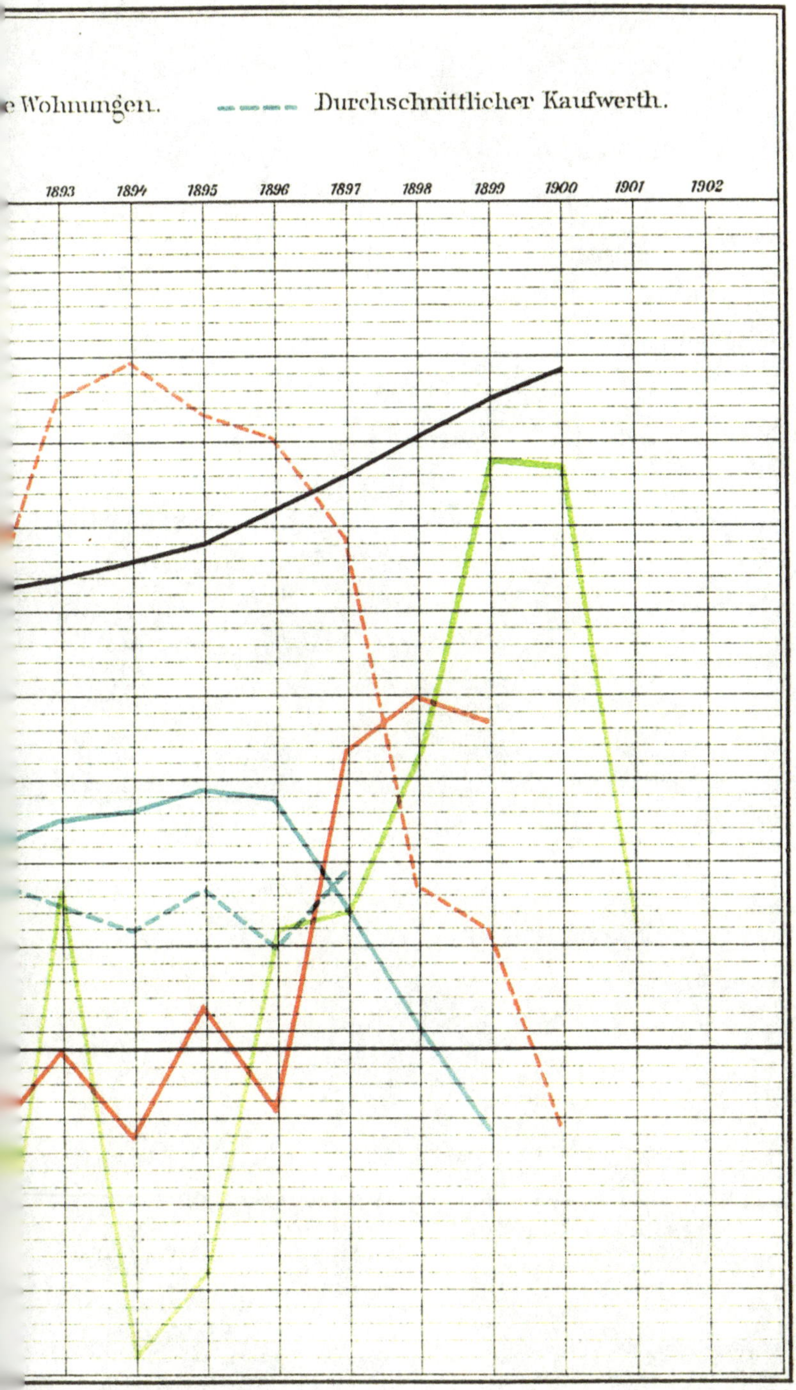

Lith. Anst. v. Bogdan Gisevius, Berlin W.

MIX
Papier | Fördert gute Waldnutzung
FSC® C083411

Kolibri 360 GmbH
Ferdinand-Jühlke-Straße 7
99095 Erfurt, Deutschland
produktsicherheit@kolibri360.de